为思维插上翅膀　让学习成为享受

THINKING FIRST

王殿军 / 主编

思维第一

教学设计与实施

教育科学出版社
·北 京·

出 版 人　李　东
责任编辑　殷　欢
版式设计　孙欢欢
责任校对　马明辉
责任印制　叶小峰

图书在版编目（CIP）数据

思维第一：教学设计与实施／王殿军主编．—北京：教育科学出版社，2020.7（2023.9重印）
ISBN 978-7-5191-2213-3

Ⅰ.①思⋯ Ⅱ.①王⋯ Ⅲ.①课程—教案（教育）—高中 Ⅳ.①G633

中国版本图书馆 CIP 数据核字（2020）第 103930 号

思维第一：教学设计与实施
SIWEI DI-YI: JIAOXUE SHEJI YU SHISHI

出版发行	教育科学出版社		
社　　址	北京·朝阳区安慧北里安园甲9号	邮　　编	100101
总编室电话	010-64981290	编辑部电话	010-64981269
出版部电话	010-64989487	市场部电话	010-64989009
传　　真	010-64891796	网　　址	http://www.esph.com.cn

经　　销	各地新华书店		
制　　作	北京金奥都图文制作中心		
印　　刷	中煤（北京）印务有限公司		
开　　本	720毫米×1020毫米　1/16	版　　次	2020年7月第1版
印　　张	17.25	印　　次	2023年9月第4次印刷
字　　数	211千	定　　价	48.00元

图书出现印装质量问题，本社负责调换。

编 委 会

主　　编：王殿军（清华大学附属中学校长）
副 主 编：王淑芳（西安高新第一中学校长）
　　　　　马向阳（海南中学校长）
　　　　　王德久（深圳市福田中学校长）
执行主编：房超平（清华大学附属中学校长助理）
编　　委：韩志军（西安高新第一中学）
　　　　　罗书昌（海南中学）
　　　　　王　娟（深圳市福田中学）
编 写 者：高　娜（语文，西安高新第一中学）
　　　　　刘洪亮（数学，清华大学附属中学永丰学校）
　　　　　江雨薇（英语，清华大学附属中学）
　　　　　张　婷（物理，西安市高新第二高级中学）
　　　　　罗书昌（化学，海南中学）
　　　　　左海珍（生物，深圳市福田中学）
　　　　　范全礼（思想政治，昆明西南联大研究院附属学校）
　　　　　李　庆（历史，西安高新第一中学）
　　　　　余海波（地理，深圳市福田中学）

本书编写体例

作为思维导学理论先导篇——《思维第一：全面提升学习力》（教育科学出版社 2018 年出版）的姊妹篇，这本书在理论引导和专家引领下，汇集了清华大学附属中学等多所名校的教师基于教学实践的研究成果，更突出学科专业性、实操性和示范性，可以称为思维导学课堂实操篇。读者可以在阅读《思维第一：全面提升学习力》一书的基础上，结合具体学科，模仿、借鉴本书的案例，尝试进行思维导学教学设计，开展课堂观察、评价和改进等实践活动。

本书由导论和高中语文、数学、英语、物理、化学、生物、思想政治、历史、地理九个学科的教学案例组成。

每个学科的教学案例均由教学设计、设计说明、课堂实录、要素评课、教学反思及专家点评六个部分组成。

● 教学设计包括课型、内容分析、学习目标、实现路径、课堂流程、检测练习、自主学习单七个部分。

● 设计说明包括分层目标设计依据，关键问题设计依据与解决路径，学生自主合作学习的要求及课前、课后完成任务的时间预设，以及学习目标达成度分析四个部分。

● 课堂实录是基于课堂教学记录的师生对话及活动。

● 要素评课是从学习目标的设计与达成、实现路径的规划与实施、关键问题的设计与解决、教学资源的挖掘与利用、多向交流的运用与效果、教师点拨的智慧与启迪六个维度进行的课堂评价。

• 教学反思是教师对从最初进行本节课教学设计到最后实施教学的整个过程的反思，注重总结经验和改进。

• 专家点评是思维导学首席专家房超平老师对每个案例从教学设计和教学实施两个维度进行的总评，既肯定了案例的亮点，也给出了改进方向。

本书部分案例还配备了教学视频（扫描书中案例"课堂实录"旁二维码即可观看），便于读者直观感受思维导学教学现场。

序

清华大学附属中学　王殿军

开展思维导学实验　推进课堂革命实践

什么样的课堂是好课堂？

应该怎样培养我们的学生？

当"课堂革命"的号角吹响，社会对教育的需求不断提高的时候，作为中学教育工作者，我们到底应该如何行动？

这或许需要"回头看"——我之所以选择不做大学教授而做中学校长，是因为我觉得，如果做中学校长，能改变中学的育人方式，培养更加符合未来社会发展需要的人才，那么我对社会、对国家的贡献可能比做大学教授大得多。我冷静思考过自己在做清华大学（以下简称"清华"）教授期间的一些感受，总感觉很多清华的学生在中学接受的教育还不够完善。虽然他们可能考的分数很高，但不一定是我心中的优秀学生。在我心目中，优秀的学生对人生要充满激情和正能量，要大气，有社会责任感，有更远大的抱负。

我读书的时候，教师要求我们不能只会念书，也要会琴、棋、书、画，还有体育、唱歌、写剧本、表演等。我现在经常琢磨，为什么当年在那种艰苦的条件下，一个农村学校的校长和教师能有让孩子全面发展的觉悟，而到了今天，我们的很多学校却在"应付"全面育人的要求？所以我经常跟清华大学附属中学（以下简称"清华附中"）的教师讲，不能将自身的水平作为学生追求的目标、上限，甚至天花板。教师不是要把学生"教出来"，而是要引导学生"学出来"。

我觉得，我们现在过于强调教师的水平了，大家往往用教师的学历、头衔来衡量一所学校的师资力量甚至办学水平。其实，优秀的教师要给学生创造好的学习氛围，为学生提供必需的学习条件，引导学生，激励学生，让学生对教师所教的学科产生兴趣。当学生产生了学习兴趣，就会自发地去钻研，可能比教师钻研的程度还要深，学得还要多，能力还要强。这应该成为一名优秀教师的必备素质。

当然，不同的学生要有不同的激发方式。学生是千差万别的，大道理不一定适用于所有的学生，让学生投入学习的方法应该是可取的、有效的；要因材施教，点亮学生心中的梦想，起动他内心的发动机，让他自己"运转"。一个优秀的、有经验的教师肯定不会只用一招对付所有的学生。

因此，作为中学教育者，我们要思考的是怎样激发学生的好奇心，让学生自发、自主地产生学习动力。教师先把学生"领进门"，然后调动学生自身的好奇心和学习主动性，让他们自发地去学习，遇到问题积极向教师请教。教师不应该简单地给学生灌输知识，手把手地教会每一个知识。因为全靠教师手把手地教，最多只能教出和教师一样的学生，不可能教出超越教师的学生。

基于自己对中学教学的思考，我在2018年1月与房超平老师做了一次深入交流。房老师倡导和推行的思维导学教改实验，让我和他产生了共鸣。他关于课堂教学的研究有很多独到的地方，特别是他对解决学生"不想学"和"不会学"这两个基本问题的思考和做法，与我在清华教学时的做法有相似之处，和我对中学教学改革的想法不谋而合。

从那时起，我们多次交流观点和看法。在交流过程中，我把自己建立综合教改实验班的思路和盘托出，那就是以思维导学为着力点，以自主教育、家校融合和评价改革为辅助手段，全面探索解决学生"不想学"和"不会学"两个教学基本问题的有效方法，为减负提质做出应有贡献。我请房老师按照这个思路起草了教改实验方案，并着手筹建全国高中名校思维导学教改联盟（以下简称"联盟"）的相关工作。

2018年9月，由清华附中牵头，西安高新第一中学、海南中学和深圳市福田中学参与的联盟在西安成立。由此，一场静悄悄的"课堂革命"在四所学校及其分校的部分班级有序展开。

自联盟成立以来，四所学校及其分校相继设立了教改实验班。各校实验教学相继启动后，联盟专家组每月走进学校，深入课堂，开展教学指导。参与实验改革的教师们克服压力大、任务重和时间紧等困难，在不影响日常教学工作的前提下，投入到这场改革实验中，做了大量艰苦细致的工作，取得了初步成效。据不完全统计，自联盟成立以来，联盟各校共开展全学科研课、观课、评课系列活动36次（其中对外展示活动3次），深度系统培训、学习和研讨6次，参与实验的教师70余人，在各级报刊发表相关文章和报道28篇，积累了丰富的经验和鲜活的案例。

为呈现实验学校和教师的教学改革成果，教育科学出版社组织参与教学改革实验的教师撰写教学案例，并从几百篇案例中选出46篇教学设计上交编委会审查。后来，经过房超平老师和教育科学出版社编辑们的反复研讨、筛选、修改、审定，选出语文、数学、英语、物理、化学、生物、思想政治、历史和地理九门学科的教学案例各一篇，组成本书正式出版。

书中的每个教学案例均包含教学设计、设计说明、课堂实录、要素评课、教学反思和专家点评六个部分，试图从学科教学实践的角度，呈现思维导学教学设计的基本要求、课堂实施的操作要领、实践过程的注意事项，以及课堂研究的真实状态。作为四所学校及其分校思维导学教改实验成果的集中呈现，这本书也是他们积极响应教育部陈宝生部长"掀起'课堂革命'"号召的有力行动。

衷心希望本书的出版能为有志于实践思维导学的学校提供一个可以借鉴和批判的蓝本，能为推动"课堂革命"的深入开展起到积极的示范作用，能为解决学生"不想学"和"不会学"这两个课堂教学的基本问题带来更多的智慧和希望。

在本书即将出版之际,特别感谢四所学校及其分校领导的大力支持和实验教师的积极参与,感谢教育科学出版社诸位编辑对思维导学推进工作的有效指导。

目 录

导论1　深化基础教育教学改革的九大行动 / 001
导论2　思维导学：实现"享学慧学"的有效途径 / 008

语文　把作家思维根植在每个学生心中
　　　　——以《苏武传》读写结合教学为例 / 019
　　教学设计 / 020
　　设计说明 / 028
　　课堂实录 / 030
　　要素评课 / 038
　　教学反思 / 044
　　专家点评 / 045

数学　从已知领域"轻松"进入未知领域
　　　　——以"正弦定理"教学为例 / 047
　　教学设计 / 048
　　设计说明 / 053

课堂实录 / 055

要素评课 / 062

教学反思 / 065

专家点评 / 068

| 英语 | **别样的英语语法课**
——以"现在完成时与现在完成进行时"教学为例 / 069

教学设计 / 070

设计说明 / 080

课堂实录 / 082

要素评课 / 092

教学反思 / 095

专家点评 / 099

| 物理 | **点亮思维之光**
——以"电源和电流"教学为例 / 101

教学设计 / 102

设计说明 / 108

课堂实录 / 110

要素评课 / 116

教学反思 / 119

专家点评 / 121

化学

放手让学生自主复习
——以"芳香族化合物同分异构体的书写规律"教学为例 / 123

教学设计 / 124

设计说明 / 133

课堂实录 / 136

要素评课 / 139

教学反思 / 142

专家点评 / 144

生物

探究性学习激活学习潜能
——以"孟德尔的豌豆杂交实验（二）"教学为例 / 147

教学设计 / 148

设计说明 / 154

课堂实录 / 157

要素评课 / 165

教学反思 / 168

专家点评 / 171

思想政治

让思想政治课更贴近生活
——以"政府：国家行政机关"教学为例 / 173

教学设计 / 174

设计说明 / 184

课堂实录 / 187

要素评课 / 197

教学反思 / 202

专家点评 / 205

历史	在"亲历"历史中学习历史
	——以"'百家争鸣'和儒家思想的形成"教学为例 / 207

    教学设计 / 208

    设计说明 / 217

    课堂实录 / 219

    要素评课 / 231

    教学反思 / 235

    专家点评 / 238

地理	"发现"学习的"新大陆"
	——以"水循环的过程和意义"教学为例 / 239

    教学设计 / 240

    设计说明 / 246

    课堂实录 / 249

    要素评课 / 253

    教学反思 / 257

    专家点评 / 258

导论 1

深化基础教育教学改革的九大行动[①]

王殿军

在推进课堂实践变革中，部分基层教师尤其是高中教师往往存在知行不一、标径（指目标与实现路径）不合、取舍不妥、动静失策、收放失当、难易失衡、进度缺统筹、对话缺深度以及评价缺引导等诸多问题，需要在变革中有效解决。

一、改进课堂行动，不断超越自我

课堂实践变革既是理论，更是行为。要把这种课堂实践变革变成自觉的教学行为，除了需要不断更新观念外，还必须在反思中逐渐改进教师的教学行为。而改进行为的关键是相信学生的学习潜能，进而做到"有所为有所不为"，把能"为"的事情做好，切实解决教学中的关键问题，力争做到学生自主合作学习能完成的任务，教师绝不包办代替，学生独立思考能解决的问题，教师绝不包办代替。

课堂实践变革是一个开放的体系，在教学实践中，教师要根据学科特点

---

① 本文发表于《人民教育》2020年第2期（收入本书时，有部分修改）。为帮助读者理解如何推进课堂教学变革、如何有效解决变革中的诸多问题，特将其作为本书的导论1。

和学习内容不断调整和完善，而不是拘泥于固定的格式。但在推进课堂实践变革的初期，教师先要模仿已有的比较成熟的模型进行实践，等自己熟悉这种变革的方式后，再尝试超越、突破现有的模型，进而逐渐创造自己的认知系统和行为系统。

教师专业成长的关键是反思。在课堂实践变革中，教师需要从改进学习目标、实现路径（尤其是课堂流程）和关键问题入手，随时反思自己的教学行为。简单可行的办法是，每天思考下面这个问题：今天还有哪些代替学生思维或学习的行为，该怎样改进？只要每天在实践中改进一点点，就会逐渐改变固有的"教为中心"的教学陋习，实现对自我的超越。

二、坚持目标导航，规划实现路径

推进课堂实践变革，要努力做到"目标有层次，路径有指导"。要按照学生的层次，设置不同层次的学习目标。可根据学生实际分成三层目标：一是所有学生通过自主学习能够达成的目标，即基础性目标；二是涉及学科核心素养、大多数学生能够达成的相关目标，即拓展性目标；三是学有余力的学生能够达成的目标，即挑战性目标。

不同层次的目标，需要不同的路径来达成。这就需要教师给学生"绘制"实现不同层次学习目标的"学习地图"，引导学生按图索骥，达成各自的学习目标。基础性目标主要在课前完成，课堂上只需要进行适当提问和检查。挑战性目标主要在课后完成，课堂上教师只需要进行适当点拨和提示。课堂上，教师要把主要精力放在解决与拓展性目标有关的关键问题上，每堂课完成这部分任务所需要的时间不应少于课堂总时间的 50%。为此，课堂流程应该围绕解决涉及拓展性目标的关键问题展开。

必须说明的是，学习目标与实现路径一定要相互对应。虽然课堂实践变革对实现路径有相对明确的要求，但教师在规划实现路径时，必须考虑完成不同层次学习目标所需要的时间，灵活、有效地安排各个流程的时间和完成相关学习目标的活动，不要生搬硬套。

三、整合学习内容，落实因材施教

学习目标必须根据学情做合理取舍，而不是过分强调课程、教材的要求。对于学习基础较差的班级，教师一定要大胆取舍，将不影响后续教学的过难学习目标和内容暂时放在一边。对于学习能力较强的班级，要设置适当高于考试要求的评价和创造类目标，以激发这些孩子的学习能动性。

规划实现路径特别是课堂流程时，要合理安排自主学习、合作学习以及教师及时点拨所需要的时间。需要强调的是，不能让教师处于从属地位，不要以为合作学习能解决一切问题，不要把所有问题都拿来讨论，而是要在不断强化学习型小组建设的基础上，充分发挥教师的引导作用，运用多种学习方式开启学生的思维大门。

课堂讨论、交流的内容必须是与本节课学习内容有关的关键问题。因此，课堂讨论的问题不是越多越好，学生自己一看就懂的问题不用讨论，课本上有明确答案的问题不用讨论，基础性目标涉及的问题不用讨论，少数学生不懂且不是关键问题的问题不用讨论。一节课原则上最多安排三次讨论和交流，否则讨论、交流过多，就会导致课堂任务难以完成，对于学习任务比较重的高中学校更是如此。

四、留足思考空间，促进深度学习

动起来是勇气，静下来是智慧。没有学生学习活动的课堂，是死气沉沉、无法调动学习积极性的课堂。相反，学生活动过于频繁，不给学生充分时间独立思考的课堂，则是没有深度学习、不能实现有效学习的课堂。

静并不意味着"教师认真讲，学生安静听"，而是要给学生充分的安静思考问题的时间和空间。学生思考问题的时间和流程不必严格限制，何时让学生思考、思考时间长短由教师根据实际需要灵活掌握。但每次安排讨论、交流前，必须给学生留出独立思考的时间，否则讨论、交流就是低层次的，没有实质意义。

深度学习需要有深度思考，深度思考需要提出有价值的问题。没有独立思考，就无法提出有价值的问题，也就无法进行有效的讨论和交流，更谈不上深度学习。反之，没有深度讨论和交流，思考只能停留在浅层次上。

五、建立信任机制，放手发动学生

放手是为了激活学生的思维，提高学生学习的主动性，而不是放任自流。放手的前提是课堂规范和习惯的养成，没有有效的课堂规范和严格的课堂习惯，一切课堂实践变革都会流于形式。为此，在所有任课教师的参与下，班主任引导学生共同制订行之有效的课堂公约就成为课堂实践变革的应有之义。

放手体现了对学生的充分信任，这种信任是建立在每个学生都是"二表人才"（爱听表扬的话、爱表现自己）基础之上的，这种信任是建立在每个学生都希望自己更加优秀基础之上的，这种信任是建立在每个学生都有一定的学习潜能基础之上的。没有学生不想成为优秀学生，关键在于教师是否充分信任学生，并为之建立了支持性的成长环境和氛围。

放是有序的，收才是有效的。放手不等于不要适当的收敛。在放手发动学生进行自主合作学习时，教师同样要及时引导学生通过自主合作等途径进行思维收敛，对所学知识进行系统归纳和提炼，进而使学习内容结构化、系统化。学习内容结构化、系统化有助于学生对知识的内化，有助于完善学生的认知体系，有助于促进深度学习，教师应该不遗余力地予以强化。

六、合理安排进度，适应变革需要

教师教的进度必须服务、服从于学生学的进度，这是教学的基本原则之一。若大多数学生无法达成学习目标的进度要求，只能导致达不成目标的学生对学习的畏难情绪。只有大多数学生能达到学习目标时，才能保证后续教学的有效性。

开展课堂实践变革初期，教师不能按照以往的要求过分强调教学进度，而是要给学生和自己适应的时间和周期。原则上，推进课堂实践变革至少要有一个月的适应期，否则可能会导致学生对新的教学方法的反感，也会加大教师对课堂实践变革的担忧。因此，在推进课堂实践变革时，学校一定要根据学情和师生适应有一定周期的实际，适当降低对进度的要求，给师生留出适应变革所需的时间和空间。

有效率的慢胜过低效率的快。虽然练习和复习能部分解决进度过快导致的教学效率不高的问题，但解决这些问题的关键还是课堂教学本身的效果。若课堂上没有解决好的问题造成了"夹生饭"，课后练习和复习也很难完全解决。对于基础较差的班级而言，甚至可以允许教师在一定时间内完不成教学进度，当这些学生具备一定的学习基础和能力、对学习产生强烈的兴趣时，再考虑逐渐加快进度。一些学校和教师的实践表明，三年只完成两年的进度，学生对学习内容掌握程度好，且胜过完成所有进度达到的效果。

七、促进难易转化，实现化难为易

课堂实践变革初期，由于受思维定式的影响，大多数教师实践起来会有一定的难度。因为从一定意义上说，课堂实践变革首先是教师的自我革命。随着时间的推移，当教师习惯于这种教学方法，而且相互之间实现了资源共

享时，变革的难度就会逐渐降低。因此，教师要克服本能的拒绝心理和对变革的畏难情绪。

学习的难与易从来都是相对的，教师的教学基本功之一是让学生感到学习不那么困难。为此，教师可以通过复杂问题简单化的方式来解决问题：把复杂问题分解为若干简单问题，让学生各个击破，再引导学生尝试解决复杂问题。也可以把简单问题复杂化：把简单问题逐渐演变为复杂问题，让学生在不知不觉中学会解决复杂问题。

教师要超越教学的难易关。对学生而言，他们在解决简单问题过程中会累积学习的兴趣和成就感，这有利于培养学生学习的兴趣。当学生解决问题的能力提高后，再逐渐加大问题难度，学生就不会对难题望而却步。

八、加强科学引导，培养创新思维

引导而不是代替学生思维，是课堂实践变革的又一重要原则。引导学生学习，需要制订以问题为导向的有效预习指导案，包括以往学过的与本节课有关的预备性知识、本节课学生自学可以完成的与基础性目标相关的内容。原则上，学生每节课课前的预习时间不超过15分钟，否则会加重学生的课业负担。

课堂教学中，不代替学生思维的有效办法是点拨，即通过有效的设问，引导学生从自己熟知的与未知领域相关的问题入手，尝试解决未知的问题，进入新的学习领域，再总结形成一般结论和规律，然后用于解决其他类似的特殊问题，并进一步完善结论和规律，从而有效培养学生的创新思维能力。

对话不是你问我答，而是建立在师生民主、平等氛围基础上的交流与质疑。引导学生思维，必须创造对话所需的适宜的氛围和条件。为此，教师不应居高临下提出问题，而应通过学生有效的预习和自主学习，引导学生大胆设疑，并与其他学生、教师进行双向探讨和交流。

九、尝试先扬后抑，激励延伸学习

评价学生的课堂表现，不是教师的特权。教师应当引导每一个学生参与到课堂表现评价中来。在评价学生的课堂行为时，教师可采取"先扬后抑"的做法对学生的表现进行激励，如：某某同学的表现值得肯定，主要表现为以下几点……，假如再在下列几方面有所改进就更加优秀了。

点评完学生的表现之后，教师要通过持续追问、反问和点拨，引导学生深入思考，不断完善对问题的认知，逐渐指向问题的本质和关键，形成对问题的系统思考，并最终培养学生的系统思维能力。为此，教师应该学习思维科学的基本知识，并将其自觉运用到课堂实践变革中。

教师对学生课堂行为的评价，要引导学生自觉延伸思考与课堂问题有关的问题，帮助学生比较不同知识的异同，逐渐建立不同知识之间的联系，逐渐在脑海中构建"知识树"，并通过思维导图使知识更加有条理、更加系统。

思维导学：实现"享学慧学"的有效途径[①]

房超平

每当看到或听到中小学生因课业负担过重而导致的悲剧，每一个教育工作者都应该深感焦虑，并积极思考解决问题的对策。本文从中小学生负担过重的成因入手，试图围绕课堂教学改革面临的学生"不想学"和"不会学"两个基本问题，寻根探源，并就笔者研究、实践多年的，对解决这两个问题有实质性帮助的思维导学教学方式的内涵与实质做简要介绍。

一、"三座大山"形影相随，导致负担过重

精神负担过重、机械作业过多、外界压力过大是导致学生负担过重的根本原因，这三个问题就像"三座大山"一样压在中小学生弱小的肩膀上，使他们的负担越来越重，甚至有不能承受之感。

1. 精神负担过重

不少教师偏重知识传授和问题解决，导致中小学生难以理解学习的意义和价值，把学习当成一种额外的精神负担，对学习的消极、抵触情绪随之而

[①] 本文发表于《陕西教育（综合）》2019年第1—2期（收入本书时，做了适当修改，并增加了第四部分内容）。为帮助读者了解思维导学教改实验的基本内容，特将其作为本书的导论2。

来，久而久之会扭曲学生的心理，给他们带来更大的精神负担。

2. 机械作业过多

部分教师以"熟能生巧"为借口，盲目给学生布置过量机械、重复的作业。机械作业过多，不但严重影响学生休息和身体健康，更会导致学生缺少深入思考的时间，学会学习只能是空中楼阁，更妄谈审辨式思维、创造性思维品质的培养。

3. 外界压力过大

成绩排名、分数、荣誉以及学校、教师、家长、社会对中小学生的无形压力导致学生学习的外动力变大，这势必会使知识、学习和思维的魅力减弱，最终导致中小学生学习的内动力越来越小，对学习产生厌烦情绪从某种程度上就成为一种必然。

从本质上看，这些问题都与"不想学"和"不会学"这两个课堂教学的基本问题密切相关。

二、直面现实，强化反思，探寻问题成因

笔者认为，课堂教学改革可以简化为两个基本问题：一是"不想学"的问题，二是"不会学"的问题。在这两个问题的研究和实践上，教育研究工作者和一线教师花费了比较大的精力，也做了很多有益的探索和尝试。但客观地讲，"不会学"的问题似乎有了比较好的解决方案，"不想学"的问题始终没有得到很好的解决。究其原因，就在于研究者和实践者往往把"不想学"的问题列入德育工作的范畴，而这对解决"不想学"的问题的作用更为有限。

1. "不想学"的问题越来越严重

"不想学"的问题，本质上就是学习动力问题。学习动力包括外动力和内动力。外动力主要来自外界刺激，分数、压力、利益等都是外界刺激。内

动力主要是来自学生内在的对学习和思维的驱动力。有一种观点认为，学习的外动力越大，内动力就越小；外动力很难持久，也不会引发强烈的学习兴趣和愿望。笔者非常认同这个看法。而在教学实践中，依靠分数、排名以及奖励等外动力刺激学生学习的做法却非常普遍，这或许是学生厌学现象越来越严重的根本原因。

笔者认为，学生学习的内动力主要与好奇心、成就感和创造性有关，但现在的课堂教学恰恰使这三个方面随着年级的增加越来越弱，甚至逐渐丧失。

一是好奇心不断减弱。到了高中阶段，学生的好奇心越来越弱。原因就在于，大多数教师的教学似乎就是为了解决问题，而不是为了激发学生的求知欲，放大学生的好奇心。学习与日常生活和未来可能从事的职业的关联度越来越弱，这就必然会使学生逐渐丧失学习和探究的好奇心。

二是成就感越来越弱。进入到初中、高中后，由于一些教师在课堂教学中片面强调课堂密度、知识容量，"满堂灌"现象越来越严重，学生学习的获得越来越依赖于教师的讲授，而不是自己的思考，学生"学习消化道"的"消化"能力由于教师"喂"给的是反复"咀嚼"过的知识碎片而越来越弱，部分学生不管怎么努力成绩始终难以提高，更会使他们缺乏成就感。即便学习好的学生也会因为缺乏深度学习而感到成就感不高。

三是创造性严重削弱。强调标准答案的考试注重低阶、中阶思维的训练，以审辨式思维和创造性思维为主要特征的高阶思维无法在这样的考试中呈现，因此在课堂教学中没有引起足够的重视。而高阶思维是人的创造性的主要来源，缺乏创造性的低级或中级智力活动无法激发学生的学习热情。

2. "不会学"的问题没有得到有效解决

"不会学"的问题虽然似乎有不少解决方案，但由于学习目标不明确、实现路径不清晰、练习作业不精准，这个问题并没有得到有效解决，具体表现在以下三个方面。

一是目标设计不明确。在教学实践中，有些教师在设计学习目标时常常照抄教学参考书或网络上的内容，究其原因，就在于直接把作为课程目标的"三维目标"或核心素养列为每一节课的学习目标，这使得课堂学习目标过于空泛而无法落实，致使学习目标形式化。再加之表述目标的"了解""理解"和"掌握"三个词不够具体，无法评价与测量，因而不能转变为检测目标是否达成的问题或练习。此外，"一刀切"的学习目标和内容，不能体现对不同层次学生的要求，也不具有激励性。

二是路径规划不清晰。在设计实现学习目标的路径（以下简称"实现路径"）时，不少教师只考虑课堂流程（即课中），没有对课前、课中、课后进行整体设计，即便是设计课中的课堂流程，也是"眉毛胡子一把抓"，不能抓住达成目标的关键问题，对大多数学生通过自学或交流学习能达成的目标和大多数学生难以达成的目标，都是反复讲解，导致课堂教学效率不高。

三是问题提炼不精准。由于目标设计不清晰，不少教师在设计课堂练习或课后作业时，不能按照目标要求进行精准提炼，这就必然导致课堂练习（包括例题）和作业的随意性较大。再加上教师对教学质量的担心，只好用过量的、机械的、重复的作业达成目标，从而造成学生作业越来越多的局面。

三、提高动力，增强能力，实现"享学慧学"

解决"不想学"和"不会学"的问题，需要从提高学生的学习能力和学习动力入手，也就是需要全面提升以思维力为核心的学习力，进而使学生的学习更加符合人类认识事物的规律，从本质上解决学生不想学、不会学的问题，进而促进学生"享学慧学"。

1. 思维力是学习力的基础

国际上关于学习力有多种定义。笔者认为，在诸多定义中，学习力的"三要素"说言简意赅，一线教师比较容易理解，即学习力是学习者学习能力、学习动力和学习毅力的综合体现。

在学习力的三要素中，学习能力是学习力的基础要素，它主要是指学习者接受新知识、新信息，并用所接受的知识和信息认识问题、分析问题、解决问题的智力——主要包括感知力、记忆力、思维力、想象力等。而在学习能力的诸多要素中，思维力是核心要素。因此，要提高学习者的学习力，就必须从提高学习者的学习能力入手，而提高学习能力这个学习力的基础因素，必须把思维力的培养放在首位。

学习动力是学习力的关键要素，它主要是指引发与维持学生的学习行为，并使之指向一定学业目标的一种动力倾向。学习动力包括外动力和内动力。有关研究表明，外动力愈强，内动力愈弱。学生厌学的主要原因是内动力显著不足。提高内动力必须以提高思维力为关键，推进学习方式转型，满足学生的好奇心，提高学生的成就感，激活学生的创造性。

而学习毅力是学习者为达到预定的学习目标而自觉克服困难、努力实现目标的一种意志品质。学习毅力与自信、专注、果断、自制和抗挫折等要素密切相关，而这些因素都与学习能力、学习动力密切相关。从一定意义上说，学习能力强，学习动力足，学习毅力就一定不会弱。

2. 思维力及其三要素

思维力是人借助语言把丰富的感性材料加以分析和综合，去粗取精，去伪存真，由此及彼，由表及里，从而揭示出不能直观感知的事物的本质和规律的能力。

套用物理学的力的"三要素"理论，思维力的大小取决于学习者掌握的关于思维对象的信息量的多少；思维力的方向取决于思考的价值目标以及围绕目标形成的思路；而思维力要找准作用点，就必须把思维集中在特定的对象上，并把握其中的关键环节。其中，思维力的大小、方向和作用点分别与思维的维度、向度（高度）和强度（深度）有关。

思维力的大小、方向与作用点都直接或间接与学习动力、学习毅力有关，但更重要的是它与学习能力这个基础要素密切相关。提高学习能力，关键在于有效地进行教学设计，而增强学习动力则与转变学习方式密切相关。

3. 提高学习能力，增强学习动力

提高学习能力，必须围绕思维力的三个要素展开教学设计：学习者需要掌握的关于思维对象的信息量与学习任务和学习内容密切相关；学习者思考的价值目标以及围绕目标形成的思路与学习目标以及实现路径密切相关；而要把思维集中在特定的对象上，并把握其中的关键环节，就必须设计好课堂教学的关键问题。因此，思维导学的根本原则是以学为本，基本途径是自主、合作、探究，核心要素是目标导航（学习目标的设计与达成）、路径导引（实现路径的规划与实施）、问题导向（关键问题的提出与解决）。

增强学习动力，必须变革学习方式，推动深度学习，提升学生的学习内动力，唤醒学生的学习热情，释放学生的学习潜能。在思维导学的研究和实践中，整体学习、关联学习、创造学习、对话学习、选择学习五种学习方式，与增强学习动力具有明显的正相关。

学习能力的提高，有利于解决"不会学"的问题；学习动力的增强，有利于解决"不想学"的问题。学习能力的有效提高，学习动力的不断增强，会促进学生实现由想学会学到"享学慧学"的转变。

4. 思维导学的内涵与实质

思维导学就是根据思维形成与发展的规律，以"以学为本"（以学习者为本，以学习为本）为根本原则，以自主、合作、探究为基本途径，以目标导航、路径导引、问题导向为核心要素，以整体学习、关联学习、创造学习、对话学习、选择学习为主要方式，促进学生思维力、学习力全面提升的一种课堂教学方式。

思维导学的首要目标：发展学生的思维力、学习力，进而全面提升学生的学习能力和水平。

思维导学的根本原则：以学为本。具体可以理解为三个方面：一是目标上以学定教——以学习者的基础和能力作为确定学习目标的主要依据；二是

手段上以学促教——以学习方式的变革促进教学方式的变革；三是评价上以学论教——以学习者自主学习的程度、合作的效度、探究的深度以及学习目标的达成度作为评价课堂教学的重要标准。

思维导学的核心要素：目标导航、路径引导、问题导向。根据目标设计问题，就能有效减少学生的作业量，而作业量减少了，学生就有充分的时间思考问题、解决问题，进而做到举一反三。

思维导学的主要学习方式包括整体学习、关联学习、创造学习、对话学习和选择学习五种，简述如下。

一是整体学习，指基于单元（章节、模块）、基于概念体系、基于现象理解的学习方式。这种学习方式有利于帮助学生建立知识框架，明白概念之间的异同，尝试用多学科知识解释事物或现象，进而提高学生的系统思维能力，增强学生把书本"由厚读薄"的本领和结构记忆的能力。

二是关联学习，指基于概念之间，基于学科之间以及基于知识与社会、生活、科技前沿之间关系的学习方式。这种学习方式有利于帮助学生建立同学科乃至不同学科概念之间、同学科乃至不同学科知识之间，以及知识与社会、生活、科技前沿之间的关系，使学生进一步提升对学习意义和价值的认识。

三是创造学习，指基于知识发现、基于改题编题、基于学科思想的学习方式。这种学习方式有利于学生打开思维，创造属于自己的认知，增强对学科思想的感知和理解，进而提高学生的创造性思维能力。

四是对话学习，指基于小组学习、基于师生交流、基于超越文本的学习方式。这种学习方式有利于建立民主、平等的师生关系，促进师生相互学习、共同提高，进一步强化学生对文本材料的感知能力，引导学生学会交流与协商，培养学生的合作意识和质疑能力。

五是选择学习，指基于学习目标、基于课后练习、基于自由分组的学习方式。这种学习方式有利于学生根据自己的实际情况选择适合的学习目标和内容，同时也有利于学生选择合适的学习方式和不同的同伴有效展开合作学习，促进因材施教原则的落实。

四、模仿尝试，大胆探索，推动落地实施

《思维第一：全面提升学习力》一书出版后，我们先后在清华附中、西安高新第一中学、海南中学、深圳市福田中学等学校组织部分教师进行教改实验。结合一年多的实践研究，笔者认为，推动思维导学教改理念落地，需要从以下三个方面入手。

1. 围绕目标，突出关键，优化教学设计

有效实施思维导学，必须设计好教学方案。而设计教学方案，最重要的是要根据课程标准、布卢姆教育目标分类体系及学情，设计好三个层次看得见、说得清、摸得准的学习目标。

目标明确了，实现目标的路径就清晰了——基础性目标主要通过自主学习来实现，拓展性目标主要通过合作学习、展示学习来实现，而挑战性目标则主要供学有余力的学生完成。实现路径明确后，课堂流程就自然浮出水面：30%的时间用来完成基础性目标，50%以上的时间用来完成拓展性目标，剩余的时间用来检测、小结和点拨挑战性目标的实现路径。同时，有了明确的学习目标，教师一可根据目标从各种习题集中筛选与目标对应的问题，二可根据《思维第一：全面提升学习力》中介绍的方法，自己创编或改编与目标相对应的问题。

从具体教学实践看，教师在设计学习目标时，遇到的主要问题有两个：一是囿于惯性，不能正确表述学习目标，经常用回原来习以为常的"了解""理解"和"掌握"三个模棱两可的结果动词；二是目标"假大空"的问题会反复出现，目标不具体、不明确，无法转变成关键问题，不具有可测性。当然，教师对一个全新的尝试也需要比较长的适应过程，不能操之过急。实

验学校的实践表明，经过半年左右有意识的主动改进，这个问题能够得到比较好的解决。

从提高效率的角度看，教师可以把以前的教案或导学案拿出来，尝试对其中的学习目标进行修改，先去掉其中无法实现的大而空的目标，再按照如下步骤完成学习目标设计。一是模仿本书案例中的学习目标，改变目标的语言描述方式，尽量使其具体化；二是对照布卢姆教育目标分类体系，判断每一个目标属于哪个层次，并对照六个层次的目标，把缺少的补好；三是根据学生的学习基础，适当升降目标层次。如此这般，基本上就可以设计出一份好的学习目标了。当然，为了提高目标设计的精准性，学校可以备课组为单位进行学习目标设计专题研讨，聚焦目标的表述方式、目标层次确定以及目标对班级的适应性等主题。

上完课之后，还可以根据学生的实际反馈和目标达成情况，对学习目标进行反思，看看哪些目标是课堂上无法达成的，哪些目标不适合自己的学生，哪些目标的表述需要进一步修改。必要时，还可以征求学生的建议和意见，以使目标更符合学情。此外，学习目标除了用于指导教学设计外，还需要在课堂上呈现给学生：既可在下课前呈现给学生，引导其对照检查自我目标达成情况；也可在上课开始呈现给学生，使学生明确本节课的努力方向和可能的学习收获。

教学设计是思维导学实施的关键，有了比较科学的教学设计，再把理论所学逐渐渗透进教学实践中，就会使思维导学逐渐为教师所用。

从教学实践看，开始实施时，教师和学生都需要适应新的教学方式，因此会出现课堂任务完不成的情况。对此，教师大可不必担心，因为当我们自己和学生都适应了新的方式后，就会有效加快教学进度，提升教学实效。

2. 分解任务，减轻负担，强化团队合作

好的教学设计需要花时间和精力来打磨。据观察，在实验实施初期，设计一份好的教学方案至少需要四五个小时。如果让每个教师每节课都按新的要求设计教学方案，时间久了就会让教师望而却步，这显然是不现实的。

怎么办？部分实验学校的经验表明，新的集体备课能够有效解决这个问题。这种集体备课每周进行两次，第一次集体备课，备课组组长将下周的备课任务拆分给每一个教师，然后承担任务的教师分别阐述自己的设计思路，大家研讨补充需要注意的事项。之后，承担任务的教师完成任务上交备课组。第二次集体备课，大家交换各自的教学设计，讨论并互提修改意见，经备课组组长审核，把修改后的教学方案共享到备课组群里，供大家借鉴使用。之后，再由每个任课教师根据各班实际，做有针对性的修改，作为教学实施的依据。这样，在十个班以上的年级备课组的每个教师只需要每周认真备好一节课就可以了。这就大大减少了教师的备课时间，同时发挥了集体的智慧，促进了交流学习，提高了教师教学设计的效能。

为了保证团队合作落到实处，学校的评价机制也应做相应的调整，即把原来以考核教师个体的教学质量为主，改为以考核年级备课组团队教学质量为主，否则难以形成真正的团队合作。同时，学校还要相应地修订、完善集体备课制度，以确保集体备课的时间有保障，责任得到落实。

3. 分步实施，化难为易，激活实践动力

作为一个系统的教改行动，思维导学实验不可能一蹴而就。我们的研究和实践表明，将思维导学实验分解为三年一个周期，有助于实验的稳步推进，也能降低操作的难度，激发教师实践的动力。三年的具体任务如下。

第一学年：高端定位和系统创建。重点任务是"一开发四建设"：一是开发实施工具，为教师开展教改实验提供工具支持；二是建设培养机制，培育教改实验和思维导学的种子教师；三是建设课堂模型，促进实验教师实现课堂教学方式的基本转型；四是建设观课模型，让实验教师学会课堂观察的基本方法，并据此改进自己的教学；五是建设班级机制，形成自主教育班级管理机制和班级文化建设机制。

第二学年：整体提升和模式打磨。重点任务是"五狠抓"：一是狠抓不

同课型模式构建；二是狠抓学生学习能力提高；三是狠抓课堂教学品位提升；四是狠抓新型常规制度建设；五是狠抓课堂教学文化建设。

第三学年：模式完型和全面推介。重点任务是"五优化"：一是优化新型教学模式，形成有各学科特色的教学模式，并总结经验，形成推广机制；二是优化复习课堂结构，形成思维导学理念下的新型复习课堂结构，提高复习课教学效果；三是优化自主教育机制，构建班级自主教育新模式；四是优化师徒培养机制，建立新一轮教改实验实施机制；五是优化教改理论模型，编辑出版教师实训指南、学科教学设计指南等，撰写理论文章并发表。

特别是第一学年，要按月依次进行下列专题研讨，以降低操作和实践的难度：目标设计、路径规划、问题凝练、整体学习、关联学习、创造学习、选择学习、对话学习和要素评课。可以把要素评课的要求在第一个月就传达给每一个教师，让教师每次尝试选择一个角度进行观察和评价，并逐月轮换，到年底进行要素评课研讨时，教师就基本能运用自如了。

为了减少改革的阻力，确保实验的有序推进，还须对学生和家长进行必要的培训，让学生明确改革的价值和意义，学会新的学习方式；让家长知晓学校改革的意图和思路，形成促进改革的强大合力和正能量场。

需要说明的是，思维导学是一个开放的系统，一个不断更新的系统。因此，这本书收集的九个学科的教学案例，并不是"金科玉律"，而是可供模仿、借鉴、批判的蓝本。恳请读者朋友不吝赐教。

语文

把作家思维根植在每个学生心中
——以《苏武传》读写结合教学为例

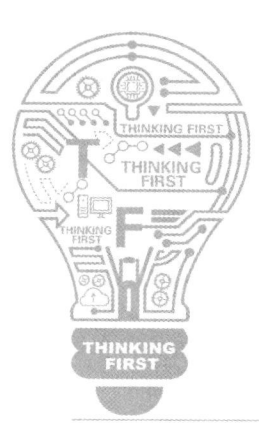

西安高新第一中学　高　娜

〔教学设计〕

一、课型

传记类文言文读写结合课。

二、内容分析

正史之首《汉书》中的《苏武传》是古代传记经典名篇，也是高中语文古文教学中的重头戏。

（一）单元定位

《苏武传》一文安排在人教版高中《语文》必修 4 第四单元。该单元的学习要求："学习这些作品，要在读懂课文的基础上，结合时代背景，把握人物身上的闪光之处，体会作者对笔下人物的感情倾向；要注意这些传记作品多样的叙事写人手法，体味文章的风格与韵味。"教学落点繁杂，取舍尤为重要。针对该单元的三篇人物传记，教学应切中"教一文，知一类"之肯綮。

《思维第一：全面提升学习力》一书中提出语文学科创造学习的核心目标是"把作家写作创造的思维方式移植给每一个学生"。必修 4 第四单元安排了三篇学习文章：《廉颇蔺相如列传》《苏武传》《张衡传》。这三篇文言文的教学序列既符合时序，又体现思维层级梯度提升的认知规律，所以第二篇《苏武传》在学生的学习中有着承上启下的重要作用。在《苏武传》第二课时的分层目标中，要先引导学生探究传记选材的技巧，理解作者写作时塑造传主"德""行""言"高度契合、相互交融的表现手法，并可尝试运用这些技巧创写出个性化的、形象鲜明的人物小传。

（二）知识关联

学生刚刚学完《廉颇蔺相如列传》，对人物传记的一般体例比较熟悉，现在学习《苏武传》，可以对比作为第一部官史的《汉书》与著名的私史

《史记》在人物形象和主题指向的表现上有何异同。本课的学习也为讲解《张衡传》做了铺垫。

（三）自学任务

通读《苏武传》课本节选部分，疏通翻译。查阅班固及《汉书》的相关知识。选定语文学科小组长组织本组同学展开人物传记群文阅读。

（四）关键问题与语文学科核心素养培养指向

《苏武传》第二课时的关键问题：围绕"信义安所见"这个主题，作者选取了哪些素材？

通过课堂对话中的听与说，引导学生自主合作，深入阅读，钻研人物传记的表达技巧，最终以读促写，完成"写最熟悉的人——创写人物小传"的任务。这种书面表达的形式也体现了语文学科"观点表达"的培养指向。

三、学习目标

基础性目标	1. 我能画出《苏武传》人物关系图、课文结构图、苏武生活轨迹图。 2. 我能说出班固及《汉书》的相关知识。 3. 我会根据所画的思维导图，找出文章中"劝降"的三部分内容，并说明其异同。
拓展性目标	1. 我能归纳传记文学"信义安所见"在组织材料和艺术表达方面的技巧，并学会运用这些技巧描述个性鲜明的人物形象。 2. 我能找出文章中使用"德""行""言"相互交融的写作手法的段落和句子并说明。 3. 我能根据自己的兴趣，在教师提供的传记作品目录中，展开人物传记的群文阅读，拓宽自己的视野。
挑战性目标	1. 我能根据课堂讨论和小组创造的成果，应用《苏武传》一文中艺术手法的某一点，独立创作一篇人物小传。 2. 我能就《苏武传》的主旨与传记人物"言"与"行"的逻辑关系进行思辨质疑，发表与课本或资料上观点不同的想法。

四、实现路径

预备性知识学习	课前：自读《苏武传》，疏通翻译。 绘制人物关系图或苏武生活轨迹图。

续表

基础性目标 实现路径	课前：所有学生完成《苏武传》自主学习单预备性知识练习。 课堂：核对自主学习单第一页答案，小组合作完成自主学习单基础性练习。
拓展性目标 实现路径	课前：80%以上学生合作完成自主学习单拓展性练习（4）。 课堂：围绕"信义安所见"开展学生演唱、表演、展讲、讨论等活动，教师点拨，全班对传记表达技巧进行归纳和梳理。
挑战性目标 实现路径	课前：鼓励有特长的学生承担展演任务并自主排演。 课堂：课堂对话中及时生成板书总结要点，引导学生展讲。 课后：结合"信义安所见"，总结选用材料的特点，创写人物小传。教师批改后，请部分学生在语文课上分享自己的传记作品。

五、课堂流程

流程	时间	教师活动	学生活动
情境导入 呈现目标	2分钟	课件展示歌曲《苏武牧羊》歌词，呈现学习目标。	学生二胡伴奏并演唱《苏武牧羊》，全班品味歌词内容。
出示导图 初识结构	3分钟	基础性练习展示： （1）用思维导图展示课文结构； （2）展示手绘地图。	1. 学生上台展示基础性练习成果。 2. 互评或自评。
课堂展演 激活思维	10分钟	创设关联情境： （1）布置情境任务； （2）鼓励尝试自主发现写法； （3）针对发言精彩部分，现场摘要板书。	学生展讲： （1）展演课文中两段劝降的场景； （2）展示说明两次劝降写法的异同； （3）展示说明《苏武传》运用的写作手法。
比较阅读 归纳写法	10分钟	在学生展示过程中，通过追问引导学生思考，并板书主题词。	自愿分享的小组派代表汇报，各组讨论归纳人物传记写法之要诀。
互动交流 深入探究	15分钟	引导学生深入讨论，将要点归纳形成板书。	组内讨论三个问题： （1）《苏武传》中"信义安所见"的选材标准是什么？ （2）为《苏武传》拟一个能高度概括苏武人品的标题。 （3）为苏武创写一段120字左右的颁奖词。

续表

流程	时间	教师活动	学生活动
课堂小结 提升意义	3分钟	教师展示小组完成的相关文段,引导学生小结。	小组练笔,写在大白纸上,班内展示。全班每人投票选出最欣赏的两幅作品,得票高者胜出。
布置作业 延伸学习	2分钟	1. 布置本周群文阅读文章目录。 2. 请学生选定一位自己熟悉的老师或同学,仿照从《苏武传》和群文阅读中发现的名家写法,创作一篇千字左右的纪传体人物小传。	

六、检测练习

1. 解释下列句中加点的重点字词

（1）武帝嘉其义

_____

（2）因厚赂单于

_____

（3）阴相与谋劫单于母阏氏归汉

_____

（4）武复穷厄

_____

（5）独有女弟二人

_____

2. 给出下列句中加点的古今异义词的古义

（1）汉亦留之以相当　古义：_____；今义：程度副词,表示程度高。

（2）皆为陛下所成就　古义：_____；今义：事业上的成绩。

（3）兄弟亲近　古义：_____；今义：亲密地接近。

3. 重要语句翻译

武留匈奴凡十九岁,始以强壮出,及还,须发尽白。

_____

_____

七、自主学习单

1. 预备性练习

(1) 了解班固及《汉书》的相关知识。

(2) 整体阅读初中课本中人物传记相关文章。

2. 基础性练习

(1) 绘制《苏武传》中的人物关系图。

(2) 在西汉疆域图(此处略)中标注苏武奉命出使—被扣幽禁—北海牧羝坚守气节十九年的生活轨迹图。

(3) 对文中段落进行概括,分别起一个小标题,并概括主要内容。

段落	小标题	主要内容
①		
②—⑧		
⑨—⑩		

3. 拓展性练习

(1) 根据课文两段劝降场景完成下表。

人物场景	人物言行	信义精神星级
卫律逼降		☆☆☆☆☆
李陵劝降		☆☆☆☆☆
苏武不降		☆☆☆☆☆

（2）情境任务：请你为班固代言，说说你在《汉书》里这两次劝降的写法有何异同，你要集中体现的是苏武怎样的精神。

	卫律逼降	李陵劝降
写作手法		
正史主旨		

（3）尝试自主发现写作手法：为表现传主苏武的高尚气节，班固在《苏武传》中都运用了哪些写作手法？

（4）对比阅读以下材料，发现写法逻辑之优劣。自己归纳人物传记的关键写法，然后小组讨论。

| 莎士比亚写道："上帝说，因为我爱你，所以我要伤害你；因为我要成就你，所以我要惩罚你。"
苏子卿，老天之所以伤你甚深、罚你太重，就是因为太爱你，要借你创作不朽的经典，成就一个关于爱国与气节的不朽传奇。 | 巴尔扎克说："不幸，是天才的晋身之阶，是信徒的洗礼之水，是能人的无价之宝，是弱者的无底之渊。"
无妄之灾突降异域，本想自尽，单于却定要招降；欲要守节，周遭却一傅众咻，苏武若不懂自强自立，只能空死亡人之地；若不能坚守气节，他便如李陵一样，无法从不幸的怨愤与矛盾中突围。 |

（5）班固在《汉书》中借苏武的形象传达的主题是什么？

（6）苏武与李陵的价值观判若云泥，你若是班固，会在《汉书》里收录《答苏武书》吗？读下面两段文字，给出你的结论，并做好小组交流准备。

孔子称"志士仁人，有杀身以成仁，无求生以害仁""使于四方，不辱爵命"，苏武有之矣。

——（汉）班固

且足下昔以单车之使，适万乘之虏，遭时不遇，至于伏剑不顾。流离辛苦，几死朔北之野。丁年奉使，皓首而归；老母终堂，生妻去帷。此天下所希闻，古今所未有也。蛮貊之人尚犹嘉子之节，况为天下之主乎！陵谓足下当享茅土之荐，受千乘之赏。闻子之归，赐不过二百万，位不过典属国，无尺土之封加子之勤，而妨功害能之臣尽为万户侯，亲戚贪佞之类悉为廊庙宰。子尚如此，陵复何望哉？且汉厚诛陵以不死，薄赏子以守节，欲使远听之臣望风驰命，此实难矣。

——李陵《答苏武书》

4. 挑战性练习

（1）巩固素养练笔。

①为《苏武传》拟一个能高度概括苏武人品的标题。

②苏武这一历史人物的哪些品质对你有所触动？任选一个角度，为苏武创写一段120字左右的颁奖词。

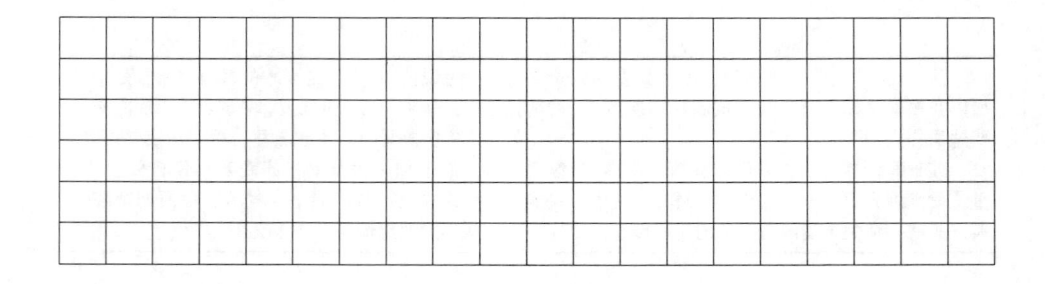

（2）根据提供的三个示例（来自学生习作），掌握议论文的写法要点，并运用到周末的写作练习中。

示例①：遭遇挫折与放大痛苦

快乐的人生，也不免遭遇挫折，有的人能直面挫折，化解痛苦，而有的人却常常夸大挫折，放大痛苦。不一样的选择，带来了不一样的人生之旅。我们要让心灵的戈壁开满鲜花，就只能直面挫折，而不是放大痛苦。

当苏武被流放到北海时，北海的羊群咩咩地叫着，似在欢迎这位坚贞不屈的大汉臣子。这十九年的经历如果只当作一次挫折，那么这次挫折无疑是痛苦的，可是这位放羊人却不曾放大痛苦。他持节不悔，十九年后，大汉的千秋汗青上书写下了苏武不屈的坚贞气节。

示例②：相信自己与听取他人意见

他毡巾覆首，独立于苍茫无际的荒原，在孟春的黄昏，赶着羊群归返穹庐。"生当复来归"是妻子临别的叮嘱，"富贵如此"是卫律的诱惑，"何久自苦"是李陵的劝说。听取他人的意见去投降吗？还是相信自己的信念，相信历史的公正？

他遥望大汉，眼中含蓄着无限悲哀，又好像燃着一缕希望。他相信自己，相信自己的祖国。他的心中只有大汉，妻子的叮嘱他不顾，卫律的劝说他不听，李陵的建议他当耳旁风。谁的劝降，他都不听，他相信自己的原则，他用忠诚与气节塑造了自信与自尊。当你在喧嚣嘈杂里迷茫了方向时，当你在高楼广厦中难寻一份信念时，不如去读读苏武，他会告诉你什么是"诚甘乐之"。

示例③：有意义的人生

我们记住了屈原，不是因为他在官场上的起起落落，而是因为他坚持自我的执着和坚毅；我们记住了苏武，不是因为他羁留异域的不幸，而是因为他穷且益坚、忠贞不渝的气节与信念；我们记住了陶渊明，不是因为他逢喝必醉的嗜好，而是因为他傲岸的风骨、质朴的诗文；我们记住了托尔斯泰，不是因为他平凡的外表，而是因为他对俄罗斯文学笔耕不辍的奋斗与贡献……

有信念、梦想、奋斗与奉献，才使他们的人生更有意义。

5. 周末课后作业

（1）群文阅读：从《张衡传》《阿Q正传》《名人传》《毛泽东：忆往昔，峥嵘岁月稠》《光荣的荆棘路》中任选一篇或一本认真阅读，自主探究人物传记的写作方法。

（2）创作传记：选定一位你熟悉的老师或同学，仿照从《苏武传》和群文阅读中发现的名家写法，创作一篇千字左右的纪传体人物小传，一周后交。

[设计说明]

一、分层目标设计依据

美国教育家布卢姆在教育目标分类学中提出，一个完整的知识体系应由识记、理解、应用、分析、评价、创造六个层次共同组成。《思维第一：全面提升学习力》结合布卢姆的教育目标分类体系，提出"三层目标"，围绕目标设置关键问题。语文学科的关键问题之一是"艺术表达"，这一创造学习的核心目标是"把作家写作创造的思维方式移植给每一个学生"。要实现这一目标，需要采用目标分层的办法，把自我学习与同伴答疑、群体展学、教师点拨等途径结合起来。

《苏武传》教学共需三个课时，组织学生开展自主合作学习，每节课均基于以上理论设置了分层目标。

二、关键问题设计依据与解决路径

1. 设计依据

（1）根据传记文学"文以载道"的原则，本节课把"德""行""言"三个方面的任务作为小组研讨的关键问题。

（2）依据"举一反三"的教学原则，本节课按照思维导学的理念，围绕人物传记读写策略，以学生的创造学习为核心，把作家写作创造的思维方式移植给每一个学生，读写结合，学以致用，落实创写。

2. 解决路径

为了让学生不仅会读传记，还会写传记，本节课预设的解决路径如下。

（1）课前每个学生利用两周的时间开展史传文学的群文阅读。

（2）课上围绕《苏武传》中"德""行""言"三个方面，分组讨论《汉书》的传记写法。

（3）课后自主探究人物传记的写作方法，选定一位熟悉的老师或同学，仿照从《苏武传》和群文阅读中发现的名家写法，创作一篇千字左右的纪传体人物小传，教师批改后择优分享。

三、学生自主合作学习的要求及课前、课后完成任务的时间预设

1. 自主合作学习的要求

（1）连续两个早读，学生诵读《苏武传》。

（2）第一课时结合前一天完成的自主学习单疏通文章大意，针对"劝降"的三个部分，厘清层次，区分异同。

（3）查阅班固及《汉书》的相关知识，制作本课的思维导图。

（4）每组选定一名小组长组织本组同学展开人物传记群文阅读，提炼出传主的主要精神。

（5）根据课堂所学，应用《苏武传》写作手法中的某一点，独立创作一篇人物小传；或自主总结时代对传记主题的影响，完成品评某一传主"德""行"关系的小论文。

2. 课前、课后完成任务的时间预设

学习过程	任务	预估用时
课前	独立构思，画出《苏武传》中人物关系图，或合作画出课文结构思维导图或苏武生活轨迹图。	15分钟
	自主搜集班固及《汉书》的相关知识。	学生自己安排
课堂	围绕《苏武传》中"信义安所见"这一维度，探究班固是怎样选用素材的，并学写人物小传。	45分钟
课后	理解时代对传记主题的影响，写出品评传主"德"与"行"关系的千字左右的小论文。	30分钟
	学以致用，借用人物对比、环境烘托、历史事件选取等人物传记的写作技巧，写出凸显个性特征的人物小传。	

四、学习目标达成度分析

《苏武传》预设的教学时长是三个课时，而本节课作为第二课时，具有承上启下的重要作用。在《苏武传》第二课时的分层目标中，要先引导学生探究传记选材的技巧，理解作者撰写传记时"德""行""言"高度契合、相互交融的选材特点与表现手法，尝试运用这些技巧写出个性化的、形象鲜明的人物传记。

学生通过自主阅读和合作探究能够比较容易地找出《苏武传》中的具体选材特点与表达技巧，故80%以上的学生都能在课堂上完成拓展性目标。课堂上引导全体学生对苏武言行展开解读，让学生认识传主苏武与李陵不同的人格境界，从而厘清"德"与"行"的关系，所有学生都能体悟到人物传记中适用于自己的一些读写策略。再鼓励学生课后仿照史传文学，完成一篇人物小传，令至少10%的学生可以达成挑战性目标。最终在全班选出五六篇学生作文进行分享还是比较容易实现的。实践证明，学生写作热情很高，作文获得展示的学生备受鼓舞，被写的学生也很欣喜，完成情况令人满意。

通过课堂学习，学生能对《苏武传》的传记写法进行分析、归纳，对中国古代史传文学"信义安所见"也能有比较具体的认知，达成学习目标的学生达95%。少数优秀学生能将儒家正史的写作手法用于创作，高质量达成该目标的学生在5%以上。

【课堂实录】

环节一：情境导入，呈现目标

教师展示《苏武传》学生预习思维导图（课前张贴好）；学生表演才艺，二胡伴奏并演唱《苏武牧羊》。

师：同学们，我们今天继续学习《苏武传》。这是在上一

扫描二维码，走进《苏武传》课堂

节课学习的基础上进行的第二课时学习。第一课时，我们梳理了《汉书》节选部分的内容，感知了苏武的民族气节；这节课，我们的重点将放在史传文学的写法上。今天我们的创写任务是针对你身边最熟悉的人写一篇人物小传。从班固这位史学家的写作笔法中，我们可以得出许多有益借鉴。可课题"信义安所见"中的"安"是什么意思呢？

生（齐声）：安，疑问代词，哪里。

师：那就是说班固写苏武的"信义"从"哪里"体现。来，大家先听一段《苏武牧羊》，从比较文学的角度，看看传记与歌曲在表达上有怎样的区别。有请陕西省"春芽杯"两位获奖者表演大家期待已久的《苏武牧羊》。

（学生朱子茗、井怡文二胡伴奏演唱2分钟，课件展示《苏武牧羊》歌词，全班品味歌词内容。）

"苏武留胡节不辱！雪地又冰天，拘留十九年。渴饮雪，饥吞毡，牧羊北海边。心存汉社稷，旄落犹未还，历尽难中难，心如铁石坚。夜坐塞上时闻笳声入耳心痛酸。

苏武留胡节不辱！转眼北风吹，雁群汉关飞。白发娘，盼儿归，红妆守空帏。三更同入梦，两地谁梦谁；任海枯石烂，大节定不亏。终教匈奴惊心碎胆共服汉德威。"

板书课题："信义安所见"，读写巧结合——《苏武传》班固

（全班为表演同学鼓掌。）

师：请大家再读第二段歌词，品味一下，其中凸显的情感是什么？

生：悲伤、凄凉。

师：对。歌词是诗歌的分支，诗言志，文载道。功能是大不相同的。

师：现在来看看这节课的学习目标，请大家默读。

环节二：出示导图，初识结构

师：请大家拿出你们的思维导图，小组交流后，选出能代表本组最高水平

的进行展示。

生分别展示，互评或自评。

师：有一组同学展示了手绘的地图，非常好，让我们对苏武出使的过程有了比较清晰的了解。

环节三：课堂展演，激活思维

师：据我了解，两组同学准备了"卫律逼降"和"李陵劝降"两场戏，大家一起来欣赏。

生分别表演。

师：对于这两场戏，我们不妨比较来看，为什么有的人是站着的，有的人是坐着的？先请"导演"王嘉琦来谈吧。

生：因为我们发现，第一场中，卫律是利用单于的威势，逼迫苏武投降，苏武作为大汉使臣，宁死不降，所以他们应该都是站着的；而第二场戏中，李陵是以老朋友的身份来劝降，他首先设了一个酒宴，先喝酒叙旧，自然要坐下来，在饭桌上谈劝降之事。

师：就是说卫律、李陵二者身份不同。他们各自是什么身份呢？

生：卫律是叛徒，李陵是降将。

师：表演中一站一坐的安排一是因为强敌威逼，二是因为好友苦劝，王导这种设计是一种富有表现力的思路。那么如果从传记写法的角度来看呢？班固写这两段在表现手法上有何区别？

生：我想从情节的叙事节奏来说。

师：好的。（板书：1. 情节节奏）

生：前者叙事节奏是紧张的，卫律举剑两次，步步紧逼，令人惊心，节奏是紧张的。卫律逼降，激化了矛盾。

师：对。（板书：1-①紧逼——矛盾激化）

生：后者叙事多用对话，宴席间两位久别重逢的好友在轻声交谈。李陵的转述用了淡化情节的手法，即使是来劝降，节奏也是舒缓的。

师：区别是一个激化，一个淡化。（板书：1-②舒缓——情节淡化）

生：卫律逼降的一段，动作描写多一些，多用短句，显得情节紧凑；而写李陵劝降的一段，语言描写多一些，句子都比较长，是动之以情、晓之以理。

师：好。你是从人物描写角度来比较的。（板书：2. 人物描写 2-①动作描写，短句紧凑；2-②语言描写，长句缓慢）还有吗？

生：其实还有一些非常细微的描写。大家看班固写的这两段，苏武对卫律，直接用的是"骂"这个字；而他对李陵，即使不接受劝降，也一直用的是"曰"这个字。还有，苏武即使不想再与李陵谈下去了，也只是改了一下对李陵的称谓，用了"王"这个字。其实比较一下，就可以明了苏武与二者之间是完全不同的关系。

师：很好，一字见褒贬。（板书：苏武——①"骂"；②"曰"……"王" 一字千里）

生：其实，作为课本剧苏武的扮演者，我在琢磨苏武语言的过程中，切实体会到了班固的传记中人物语言虽然不可能像剧本台词那样直接出现舞台说明来指明人物此刻是什么情感，但班固撰写传记在心态动词的选择上已经表明人物情感了。比如苏武的"骂"和"曰"，在情节节奏上是有明显不同的。

师："骂"的节奏紧张，因为卫律是逼降的；而"曰"的节奏较平缓，因为是好友间的交谈，即使意见不同，也可以有话好好说，苏武把李陵称呼为"王"，是暗示李陵，我知道你已是单于的"右贤王"了，你不要再劝了，再劝就不是我的朋友了，所以苏武用的是婉商的语气。

生：对，而且班固笔下的这些人物对话都是虚构出来的，班固是东汉人，苏武他们都是西汉的，但班固笔下人物言行的细节都能合乎人物个性与人物之间的关系。

教师板书心态动词细节，展示人物关系。

环节四：比较阅读，归纳写法

师：请你为班固代言，说说《汉书》里此两番劝降的写法为何不同。班固要集中体现的是苏武怎样的精神？为表现传主苏武，班固写《苏武传》都运用了哪些手法？大家发言的精彩部分，老师会摘要板书。

（展示两段例文。）

莎士比亚写道："上帝说，因为我爱你，所以我要伤害你；因为我要成就你，所以我要惩罚你。" 苏子卿，老天之所以伤你甚深、罚你太重，就是因为太爱你，要借你创作不朽的经典，成就一个关于爱国与气节的不朽传奇。	巴尔扎克说："不幸，是天才的晋身之阶，是信徒的洗礼之水，是能人的无价之宝，是弱者的无底之渊。" 无妄之灾突降异域，本想自尽，单于却定要招降；欲要守节，周遭却一傅众咻，苏武若不懂自强自立，只能空死亡人之地；若不能坚守气节，他便如李陵一样，无法从不幸的怨愤与矛盾中突围。

生：第一篇逻辑牵强，认为东汉史学家班固宣扬的是"伤害"与"惩罚"的客观处境造就了苏武的千古佳话，绝对是曲解文意。

师：说得真好，还有别的观点吗？

生：好的作品主题一定是关乎人物主观能动性的。显然，第二篇就在凸显苏武的气节与坚持。

生：苏武的优秀品质绝不是他遭遇了不幸，所以第一个文段是强加逻辑。

生：班固借苏武弘扬的是忠君爱国的气节，但又不仅仅是气节。《苏武传》中的优秀品质应该还有他人际关系的通达与过人的荒野求生能力。纪传体文学的最大特点就是传记中的主要人物是"活生生的那一个"，苏武的品质有很多，正所谓"千江有水千江月"，每个读者看重的品质是不同的。

（全班掌声。）

师：看来大家非常认同这位同学的观点。

生：我赞同这位同学的观点，但我要补充一下，苏武之所以有这样强大的独自生存能力，与他出使前做"栘中厩监"时不耻下问的学习能力有关，所以我认为学习力才是苏武成功的核心品质。请大家看这一段课文"积五六年，单于弟於靬王弋射海上。武能网纺缴，檠弓弩，於靬王爱之，给其衣食。三岁余，王病，赐武马畜、服匿、穹庐"。苏武是凭自身的本事而受到匈奴人器重的，这些本事是他年轻时凭着职务便利一点一点学来的。即便苏武是个"官二代"，但自古技多不压身，神救自救者，关键时刻还得靠能使自己长本事的学习力。

（全班掌声。）

环节五：互动交流，深入探究

师：接下来，同学们围绕《苏武传》"信义安所见"的主题，为《苏武传》拟一个能高度概括苏武人品的标题，然后小组讨论，把你们组讨论形成的最佳结果呈现在黑板上。

学生交流后，纷纷展示学习成果。优秀标题有："苏武——忠义的旗帜，不朽的丰碑""千百年高风亮节，义写春秋志无惑；十九载卧雪吞毡，忠书青史气长存"。

师：看来大家对苏武的评价非常高，接下来请同学们思考苏武的哪些品质对你最有触动，任选一个创写维度，为苏武创写一段120字左右的颁奖词并展示。

经过短时间准备，学生创作出了优秀的练笔作品。

一朝持节赴匈奴，你以强壮出；十多年守节临大湖，你以白首归。

那栉风沐雨的凄凉谁人能解？那吞毡饮雪的磨难无人过问。

在蛮荒，马畜弥山，叛徒得意；在汉宫，歌舞升平，兄弟失意。

单于的盛情你毫不动心，武帝的冷遇你从未介意。

你用话语唤醒良知，你用行动阐释忠义，你用美德教化后世。

你是汉臣苏武，亦是忠于祖国不朽的传奇。

——2021届　方青青

听，牧笛声声，是谁在夕阳下赶着羊群？

看，荒原莽莽，又是谁在忍受穷厄孤单？

北海牧羊十九年，掘野鼠，弄草实，其间多少孤苦辛酸？

单于劝降终不降，妻离子散终无怨。

是你给予了儒家"富贵不能淫，贫贱不能移，威武不能屈"最好的注解。

你，就是立地顶天的义士——苏武。

——2021届 邵逸豪

环节六：课堂小结，提升意义

师：请每个小组把你们组最优秀的小组练笔写在大白纸上，并在全班展示。然后同学们在你最欣赏的两幅作品上投票，选出最优秀的作品。

环节七：布置作业，延伸学习

师：同学们这节课表现得非常好。课后请大家从《张衡传》《阿Q正传》《名人传》《毛泽东：忆往昔，峥嵘岁月稠》《光荣的荆棘路》这些人物传记中，任选一篇或一本认真阅读，自主探究人物传记的写作方法。在此基础上，选定一位你熟悉的老师或同学，仿照从《苏武传》和群文阅读中发现的名家写法，创作一篇千字左右的纪传体人物小传，一周后交。下课。

附：学生习作

何子俊小传

西安高新第一中学 2021届16班 张赟洁

何子俊，陕西长安人也。其家世代从医，其母杨氏命其小名曰"杨阳"。子俊虽天赋甚好，而无骄娇二气，不好手机游戏，善数理，能属文。

何子俊年十二，考入初中，为高新侠也。就学长安，通习奥数，今为高新一中高一十六班吾同窗闺蜜也。为人耿介爽直，酷爱读书，不拘小节，不慕名利。初入吾班，逢人戏曰："中考失利否？奈何于此见汝？"随即以几声大笑，掩饰落寞失意。少顷，又挑眉朗声道："一起加油！"

子俊者，慷慨也。

军训时，夜宿八人间军营斗室，从未到外地军训过的莘莘学子多少都有些东西没带，而作为舍友的子俊，竟带全各式物品。担心大家羞怯不敢向她借，又怕有人晒伤自己，她总会在涂防晒霜的时候，装作不经意地问："有没有需要保护自己皮肤的舍友？"可谓"与朋友共，敝之而无憾"。哪个同学用了多少，有没有说声感谢，她都毫不介意。常于助人之后，仰天长笑而去。

子俊者，好学也。

高中伊始，在首次竞赛班选拔测试中，子俊以数学成绩 102 分位居榜首。其成绩成为全年级同学眼中可望而不可即的分数。她的答题卡在一位又一位数学老师手中传阅、翻看，赞叹之声不绝于耳。甚至有同学前来打探年级数学状元是何许人物。

子俊对数学有着疯狂的喜爱，她在初中升高中的暑假并没有像其他毕业生一样出去旅游、玩耍，而是一门心思地钻研数学，上数竞课，周末她照样有着繁重的竞赛课程，虽然她的数学水平已经远远超过众人，她亦是乐此不疲，诚甘乐之。

子俊者，积极也。

何子俊心态阳光，常好自嘲，曾于课间在教室内叹息："廪食不至，掘野鼠弄草实而食之。"然一上课，她立即"手不离笔，笔不离纸"，下课常是第一个满脸笑意踱出教室，笑声爽朗，感染力强。然何子俊看到了某些学校对学生的管理并不严格，学生旷课去做一些"闲事"，子俊义愤填膺，众人见其皱眉思索，刻苦钻研，不便打扰，常常噤声自律。

何子俊为人积极。虽亦常有不顺心之事，但她总会一个人消沉一会儿，马上重拾积极快乐的心态。同班张赟洁生病缺课，子俊闻之，欣然将笔记悉数借之。同窗雪莹、欣然遇难题，欲解而无措，子俊即便放弃休息，亦为其耐心讲解，确保其会做且做对，方才罢休。其人热心积极，一时无二。

子俊以2018年盛夏至高新，除为政治课代表，虽官微禄无，亦积极为同学谋福利。作业未完之徒，难逃其法眼，子俊不畏豪强，亦不顾人情，秉笔记录，无一纰漏。班主任嘉其贤，累迁至午自习班长，子俊下车伊始，治威严，整法度，班级五育量化考评午休绝少违纪，上下肃然，师生称赞。

子俊入高一十六班已十月有余，始以数学一枝独秀、其余成绩平平入，及文理分班，各科已尽居前茅矣。

教师评语：
初具传记特征，为你和她点赞！

〔要素评课〕

本评课实录由西安高新第一中学高一语文备课组整理成稿。在高一语文备课组组长齐虹老师的统筹安排下，齐老师负责学习目标的设计与达成维度的观察，史晓亮老师负责实现路径的规划与实施维度的观察，张黎老师负责关键问题的设计与解决维度的观察，吴鸥老师负责教学资源的挖掘与利用维度的观察，陈晨老师负责多向交流的运用与效果以及教师点拨的智慧与启迪维度的观察。

维度一：学习目标的设计与达成

第一，高娜老师的设计首先树立了以学生为本的理念，教师讲得少一点，学生思得多一点，符合《思维第一：全面提升学习力》一书中提出的语文学科创造学习的"核心目标"理念——"把作家写作创造的思维方式移植给每一个学生"。教师以目标导航，以路径导引，做好引领主导，努力发挥好学生的主体作用，充分体现出思维导学中"导"的作用，较好地体现了以学生发展为根本、以学定教、以学促教、以提高学习动力为关键、以提高学习兴趣为导向的教学理念。

第二，设计的学习目标为逐层提高的三层目标，贴近学情，循序渐进。在《苏武传》第二课时的分层目标中，先引导学生探究传记选材的技巧，理解作者创作传记时"德""行""言"高度契合、相互交融的表现手法，再尝试运用这些技巧写出个性化的、形象鲜明的人物传记。

第三，从时间安排来看，设计比较合理：课前预习用时 15 分钟，课上基础性目标用时 5 分钟，拓展性目标用时 25 分钟，挑战性目标用时 10 分钟，课堂小结与布置作业用时 5 分钟，课后写作用时 30 分钟。

维度二：实现路径的规划与实施

第一，充分利用本班学生资源。高老师在导入新课时，就着意为学生搭建展演平台：请一位二胡特长生演奏《苏武牧羊》，同时请一位声乐特长生演唱，挑选一位学生做导演，导演从九个小组提供的剧本里选出最佳剧本，剧本获选的同学成为编剧，导演选择三个主角、三个配角、三个剧务，还请一位播音主持特长生负责剧情背景画外音……，调动全班 48 位同学人人参与课本剧展演。每位演员都能熟背台词，制作道具的剧务负责人也非常认真。比如为了制作苏武的节杖，剧务组三名学生查阅了大量的资料，苏武给单于行礼时节杖怎样拿、中国结在汉初出现了吗、节杖有几层、上面有何图腾等都是学生自主探究获得的。学生们在课堂上表演的两段劝降场景也给了其他同学对"苏武拒降"场景最直观的感受。

第二，为使目标实现路径明确，高老师力求使每一个教学环节都有明确的目标，而后再寻找最有效、最科学的路径来实现目标。为此，高老师教《苏武传》第二课时，围绕"演、思、写"三个关键要素进行设计，力求活动少而精，既能凸显重点，又能清晰路径。

第三，在"主题争鸣"的问题上，高老师采用了不同的方法，以调动不同层次学生的学习热情，激发兴趣，激活思维，开发多元智能，力求实现高效课堂。与传统 45 分钟的授课相比，思维导学的教学方式更加灵活多样，思维的深度、广度亦明显提升。

在第一个班上课时，原本是根据课后练习设置互动环节。问题为："苏武与李陵的价值观判若云泥，谈谈你对二人形象的认识与评价。"结果一石激起千层浪，九组讨论后，九名小组长中有四名偏向李陵，其中有一名学生的回答是："我对苏武身上的忠君爱国式气节只能报以善意的怜悯。但我想大多数人会像我一样倾向李陵的价值观。因为保护自己是人类的本能，而忠诚与气节是少数人所拥有的情感意志。在人类群体中，这种品质不是人人皆有的，也不该强求人人如此。所以，自私常见，利他罕有。正因如此，我们应尽一切力量，保护苏武爱国之心，也应换位思考，理解李陵利己有因。"有学生当即反驳："有原因的叛国就不是叛国吗？爱国之情本是赤子之心，不该讲条件。古有甘愿位居相如之下的廉颇，也有持节不屈、牧羊北海的苏武，今有放弃留美的钱学森、邓稼先。这才是真正的爱国！"在思维的碰撞中，学生围绕这一主题进行了质疑与思辨，这也正是语文教学的价值所在。

鉴于课堂只留有 5 分钟进行比较分析，时间不够进行充分讨论，所以高老师在第二个班上课时，将互动话题改为对史传文学的选材标准之讨论，具体改为：选材——苏武与李陵的价值观判若云泥，你若是班固，会在《汉书》里收录《答苏武书》吗？

依然是九组学生讨论，九组均认为不收录《答苏武书》为好。归纳互动后得出选材标准：精当删选，适合主题的才是最好的。

通过上述学生广泛参与的多维度互动，不仅可以提高学习效率，"把作家写作创造的思维方式移植给每一个学生"，还可以让学生各抒己见，各展其才，培养其思辨与创造的思维习惯，从而切实提升其语文素养。

高老师基本做到了以学生为本，能从学情出发，将思维导学核心要素落实到位，目标导航、路径导引、问题导向，力求做到目标明确、任务具体、路径清晰、导向科学。课前与课上学生参与度100%，课后练笔完成率85%，优秀率15%。

维度三：关键问题的设计与解决

高老师将关键问题设计为挑战性互动，由以下环节组成：学生用3分钟完成《苏武传》"信义安所见"的探究环节后，开展练笔互动。先小组合作，为《苏武传》拟一个能高度概括苏武人品的标题。5分钟后，学生依次上台展示各组成果。

此处还有一个小插曲，前来听课的专家惊异于学生课堂互动的表现，现场请思维导学实验班的李荣一同学再拟一副描述北宋权臣秦桧的对联，该生略加思索，脱口而出"名虽有桧，节却不直"。专家竖起大拇指，还要了学生的联系方式，欲与其进一步切磋，该生颇受鼓舞。

其实，当互动成为教学常态，学生的语文素养自会提升。在师生互动中，将每一个教学环节的核心问题展现出来，并将其有机地结合在一起，构建出这节课的框架，便可水到渠成地解决这节课"信义安所见"的问题。

维度四：教学资源的挖掘与利用

第一，为上好这节课，高老师将《思维第一：全面提升学习力》一书研读了很多遍，将各联盟学校思维导学的实验过程认真总结回顾，严格按照思维导学的要求，参照书中提供的案例，结合前期进行的两次思维导学实践课例，有效进行了教学资源的整合。为寻找相关资料，高老师从图书馆借书，并从网上购书，研读专著，也促使我们语文组的教师们与她一同对中国传记文学进行更深层的学术探讨与教学研究。

第二，为了解学情，高老师主动参与学校话剧社的迎新展演，还带领全班认真观看学校高年级的课本剧《雷雨》的表演，鼓励学生积极参与剧本创作。这些活动为思维导学的教学设计提供了有益、丰富的借鉴。

第三，这节课对课内文本资源的探究用了 25 分钟，文本以外生成教学资源用了约 20 分钟，比例为 5∶4。课堂生成的资源包括对传记写作技巧的探究、练笔与拟题、三次课堂展示。作为一节读写结合课，各环节时间分配比较合理。

维度五：多向交流的运用与效果

第一，问题多元开放。在本节课中，学生开展了充分的多向交流活动，既有个体的独立思考，也有小组的合作学习；既有学生之间的争鸣，也有师生之间的交流互动。教师预设的问题答案具有开放性，学生的回答异彩纷呈。

第二，学习方式多样。这节课将独立思考与集体交流、个体学习与合作学习有机结合。比如在分析苏武与李陵的价值观选择上，高老师采用了多种方式，鼓励学生通过合作表演、集体讨论、自评、互评、争鸣、情景创写等形式进行互动交流，调动学生开展多种思维活动，进行多元智力的开发，达到了良好的教学效果。

第三，思维水平层层推进。这是一节生动的语文课，灵活而切实地践行了思维导学"思维第一"的理念。学生绘制的思维导图把课堂重点明确地展示出来，小组相互补充，相互引导，既给了学生发挥与展示的平台，又培养了学生的独立思考能力，让学生体会到了思考之美和成就感。最后，借鉴名家笔法完成个性化创写又将学生的思维水平推向新的高度。

终于明白为什么学生去上高老师的语文课总是热情高涨了，因为这样的课堂是学生展示的舞台、学习的范例、高效思维的孵化器。高老师班上学生"思维导学"教学模式测评满意度为 100%，所带实验班语文成绩也稳居同层次第一。

维度六：教师点拨的智慧与启迪

第一，高老师在短暂的 5 分钟内让学生通过思维导图温故知新，通过展演置身情境中。课堂上提出的启发性问题能激发起学生的探究欲。针对传记写作技巧的点拨，不仅教会学生根据课堂互动所发现的艺术手法独立创写人物小传，实现读写融合，而且为学生理解《苏武传》的主旨与传主"言""行"的逻辑关系，得出不同想法的创造性思维提供了基础。

实验班张赟洁同学在学完这一单元后，完成了周末练笔。高老师将其作文发至班级群开展家校互动，众家长纷纷点赞，小作者的家长特别自豪。传主的家长也非常感谢这一活动设计，说"通过这篇小传，我们从另一个角度认识了自己的孩子，也开始理解孩子的志趣与性格"。

第二，这节课给人的感觉是一场头脑风暴。学生学习的主观能动性被调动起来了，原来文言文还可以这样教、这样学。这节与众不同的语文课对新修订的高中语文课程标准的执行与落实提供了可供参考的范例。所谓敏捷性，往往来源于对优秀经验的反复模仿，而《思维第一：全面提升学习力》提出的语文创造学习的目标正是"把作家写作创造的思维方式移植给每一个学生"，教师应该做好经验应用的助推者。高老师采用了个别点拨与生生互评相结合的方式，用时5分钟，选出最佳标题，促使学生加深了对苏武形象的认识。

第三，这节课不仅凸显了史传文学单元的教学重点，而且有效地指引学生学以致用，读而能写，切实提升了学生的语文核心素养。45分钟的语文课上，学生上台达21人次，举手发言16人次，课后100%的学生参与投票，选出优秀小传5篇，并且张贴展示，有效激发了学生创写的积极性。

建议高老师今后把文言文教学有机融入语文组构建的读写结合教学序列中，长远效果会更好，这样即使学生分班了，人员搭配有了变化，其他教师接续思维导学知识体系的建构也会比较顺畅。

[教学反思]

一、内容设计方面

本节课最大的失误：预设多而密，过于琐碎、功利。无怪乎评课教师中有人惊呼"这节课令人有'头脑风暴'之感""第一次听语文课感觉到了烧脑"。如果能在思维导学理念之下大胆取舍，本节《苏武传》能再给学生多留一些思考的时间与对话的机会，可能还会有更多的亮点。

本节课的一项收获：学生读写结合，完成的人物小传佳作频出。因为学生写的是"最熟悉的人"，写作素材问题就解决了；用"自己在人物传记群文阅读中发现的名家写法"来写，创写路径就明确了。可见房超平老师指导的先读后写、以读促写的创造学习教学路径是一种可操作的有效路径。

二、课程理念方面

高中语文课程的任务之一是对学生高阶思维的培养。这样的思维锻炼要求有一个阶梯式的提升过程。这一过程需要学生、文本、教师之间进行多重对话。调动学生举一反三，善用评价，教学相长，都是实现思维导学创造学习的有效路径。

曾听一位专家谈当今语文课堂对话中单一低效的评价时说："大多数评价学生的传统做法主要表现如下，教育评价是盲目的，评价时机是即兴的，评价方式是单一的，评价标准是随意的。课堂评价常常起不到对学习积极性的激励作用和对学生思维方式的指导作用。"专家提出的修正办法：使课堂教学评价成为教师的一种自觉而常规的活动，并将其植入课堂，评价要具体而中肯，善用激励，巧用追问，慎用断定，相信学生的创造力是巨大的。

三、教学启发方面

"千江有水千江月"。学生如"江"，教师如"水"，文本如"月"。"月"

是同一个，而"江"的"流程""流向""流速"却各有不同，折射出的月影自然也是千差万别的。教师对掬一捧"水"所见的月影也许颇为自得，但那不一定就是解读文本核心的标准答案。最好的语文课应该是在学生真正自主阅读之后能激活学生思维，让学生依照本心，不为前人结论所囿，不被教师预设所限，在自主阅读的心得分享中，锻炼表达能力、辨别能力、借鉴能力和写作能力。

正如苏格拉底的"产婆术"教学法告诉我们的，教师要善于在教学的对话中运用启发式思维导学，激发和引导学生自主发现并归纳总结。教师唯有尊重学生思维发展的科学规律，才能真正实现思维导学的要义——全面提升学习力。

【专家点评】

就传记类文言文的教学而言，高娜老师执教的这节课定位非常高，其核心是引导学生在客观解读文言传记文本的基础上，阅读更多的传记类文章，并学会借用传记类文章的写作技巧提高自己的写作能力。

从教学设计看，这节课把字、词、句这些学生通过阅读注释或查阅资料自己可以解决的问题放手交给学生独立完成，目标、路径和问题都围绕"人物、脉络和写法"这三个要素展开，目标指向性高，路径操作性强，问题和练习直指阅读和写作教学的核心，充分体现了语文思维导学"把作家写作创造的思维方式移植给每一个学生"的核心诉求。尤其是"学一篇，带一群，通一类"的群文阅读指导思路，引导学生展开传记类群文的比较学习，更是激活了学生思维，把学生带进了阅读的自由王国。假如能引导学生归纳总结传记类文章的写作特点，加强对传记类文章写作的指导，则更能凸显语文学科思维导学的要旨。

从实施效果看，这节语文课可供教师们借鉴或借力的环节有很多，比如，对学生的个性化评价、群文阅读的方法探究、学生质疑思辨的导向及第二课时中心问题"信义安所见"的文本材料的归纳方法等。这些具有提纲挈领效果的设计使这节课的教学实施路线图更加明晰，切入更有抓手。同时，高老师把教学落在了厚重的"文"上，而非简单的"言"上。在本单元的语文教学中，这种方法有高度亦有深度，是值得推广的。假如教师在传记单元教学中都能从凸显传主形象的选材角度展开教学，合并相关环节，突出关键问题，强化理性归纳，将更能有效地提升学生的思维力和学习力。

数学

从已知领域"轻松"进入未知领域
——以"正弦定理"教学为例

清华大学附属中学永丰学校　刘洪亮

[教学设计]

一、课型

概念课。

二、内容分析

（一）从教材角度分析

正弦定理是人教版普通高中教材《数学》必修第四册（B版）第九章"解三角形"中的第一小节内容，主要包括正弦定理的探究、证明及应用等。"解三角形"是对初中"解直角三角形"内容的延续，通过对三角形边角关系的探究，量化任意三角形中的边角关系。同时，正弦定理紧跟必修第三册三角函数、向量的数量积与三角恒等变换等知识，可以启发学生联想所学知识，运用平面向量的数量积、三角函数等，推导正弦定理。正弦定理与余弦定理是解三角形的重要工具，本质是利用代数方法解决几何问题，用代数方法研究几何特征，体现形与数的结合，同时它们也是数学建模的有效工具。

（二）从课程标准分析

《普通高中数学课程标准（2017年版）》（以下简称"数学新课标"）将必修课程内容分为预备知识、函数、几何与代数、概率与统计、数学建模活动与数学探究活动五个主题。"解三角形"已不独立成章，归属于主题三"几何与代数"，为平面向量及其应用这一部分的最后一环"向量应用与解三角形"。笔者认为，数学新课标对正弦定理的内容定位：借助向量的运算，探索三角形中的边角关系。正弦定理揭示了一般三角形中重要的边角关系，实现了三角形边角几何关系的代数化，开辟了用代数方法研究三角形的新途径，深刻地反映了三角形的度量本质。

（三）从核心素养分析

数学学科核心素养包括数学抽象、逻辑推理、数学建模、直观想象、数学运算、数据分析六个方面，这些数学学科核心素养既相互独立又相互交融，是一个有机整体。数学定理课的教学旨在帮助学生建构数学概念之间的本质联系，从而揭示数学对象的规律性和逻辑必然性。教师应创设问题情境，让学生经历归纳猜想、抽象概括、演绎证明、符号表示、模式建构等思维过程，培养数学探究能力。本章通过对三角形边角关系的探究，揭示任意三角形边角之间的定量关系，着力提升学生的数学抽象、逻辑推理、数学建模等核心素养。

本节课基于学生初中对三角形中大边对大角的认识，引导学生自主、合作、探究，猜想并通过直角三角形验证结论，进而在锐角三角形、钝角三角形中进行推理论证。得出正弦定理后，鼓励学生尝试用向量的数量积等方法进行证明，并引导猜想边与角的正弦的比值和三角形的关系，在代数式的恒等变形中，尝试实现边与角的转化。

三、学习目标

基础性目标	1. 我会利用三角形中大边对大角的特点，猜想边与角可能存在的定量关系，并通过直角三角形进行验证。
	2. 我会利用底角30°的等腰三角形再次验证上述猜想，并尝试归纳正弦定理。
	3. 我能利用正弦定理，在已知三角形任意两角和一边的前提下，解三角形。
拓展性目标	1. 我会在锐角三角形、钝角三角形中验证正弦定理。
	2. 我能利用正弦定理，在已知三角形两边和其中一边的对角的前提下，解三角形。
	3. 我能利用大边对大角、三角形内角和等知识，剔除解三角形产生的增根。
挑战性目标	1. 我可以尝试运用向量法、等积法等多种方法，证明正弦定理。
	2. 我可以利用圆尝试证明三角形各边和它所对角的正弦之比为 $2R$，在代数式的恒等变形中，尝试实现边与角的转化。

四、实现路径

预备性知识学习	课前：复习预备性知识内容，完成预备性知识练习1。
	课堂：快速解决预备性知识练习单的问题，核对练习1答案，学生互相补充。

续表

基础性目标实现路径	课前：自主合作解决问题1，猜想边与角可能存在的定量关系。
	课堂：利用练习1、直角三角形验证4个猜想，自主探究问题2（1），小组合作完成例1，学生板演、相互补充，教师点拨。
拓展性目标实现路径	课前：根据提示，学生自主探索问题2（2）—（3）。
	课堂：小组合作探究问题2（2）—（3），学生自主总结归纳正弦定理，规范正弦定理的证明。自主完成例2和变式训练2，总结正弦定理可以解决的问题类型，探寻剔除解三角形产生的增根的方法。
挑战性目标实现路径	课前：鼓励学生根据自身能力自主选择完成问题4。
	课堂：在时间允许的情况下，对各边和它所对角的正弦的比为$2R$进行证明，并对例3进行展讲。
	课后：小组代表公布问题4、例3答案，由学生自主矫正后再学习。

五、课堂流程

流程	时间	教师活动	学生活动
明确目标拉齐基础	2分钟	展示本节课的三层学习目标，向学生交代本节课的学习任务，指导学生自查自纠。	核对预备性知识练习1答案，互相补充。
主动探究基础过关	5分钟	提出问题，补充猜想，及时点拨。	大胆猜想，主动探究，验证猜想，自主探究问题2（1）。
合作探讨组间展评	10分钟	组织小组讨论，并进行及时指导，指导汇报学生规范正弦定理的证明。	小组合作探究问题2（2）—（3），指定汇报者汇报，小组之间互相补充。
合作探讨拓展能力	15分钟	指导小组完成正弦定理的描述和特点的讨论，指定小组进行展讲，及时点拨，并对表现优异的学生进行表扬。	小组内讨论解决问题3及例1、例2，重点讨论如何剔除例2产生的增根，互相补充，并记录不懂的问题。
挑战突破答疑解惑	5分钟	组织学生展示不懂的问题，时间充分的情况下，选择挑战性问题和练习进行点拨。	各组将不懂的问题逐一写在黑板上，会做的同学上台展讲，其他同学补充完善。
对照目标检测效果	2分钟	再次展示本节课的三层学习目标。	对照本节课的基础性目标和拓展性目标，检测自己的学习效果，分享目标达成度。
自我小结挑战点拨	1分钟	请学生分享课堂收获、体会，点评、肯定、补充。	分享课堂收获，互相补充。

六、检测练习

1. （基础性目标3）一个三角形的两个内角分别为30°和45°，如果45°角所对的边长为8，那么30°角所对的边长是_____。

2. （基础性目标3）在△ABC中，已知∠A = 45°，∠B = 75°，c = 1，则 a = _____。

3. （基础性目标3）在△ABC中，已知 a = 14, b = 7, ∠B = 30°，则∠A = _____。

4. （拓展性目标2）在△ABC中，$a = 3, b = \sqrt{6}, \angle A = \dfrac{2\pi}{3}$，则∠B = _____。

5. （拓展性目标3）在△ABC中，若 $a = 3, b = 3\sqrt{3}, \angle A = \dfrac{\pi}{6}$，则∠B = _____。

6. （挑战性目标2）在△ABC中，当 $c = 2a\cos B$ 时，试判断△ABC的形状。你还能给出类似的条件来确定三角形的形状吗？

七、自主学习单

	预备性知识	预备性知识练习
解直角三角形	如图，Rt△ABC中的边角关系： sinA = _____, sinB = _____, sinC = _____。	练习1　如图，在Rt△ABC中，∠A = 30°，斜边 c = 2，则△ABC的其他边和角为多少？
三角形中边与角的对应关系	大边对大角 $a > b \Leftrightarrow$ _____。	

续表

探究新知	基础性练习
问题1（基础性目标1） 三角形中大边对大角，那么边和角是否存在某种特定的数量关系呢？请根据预备性知识练习1初步验证你的猜想。所有的直角三角形都满足这个猜想吗？ 问题2 任意△ABC中的边角关系是否也满足这个猜想呢？有没有其他证法？（向量、面积） （1）（基础性目标2）在等腰△ABC中验证猜想。$\angle A = 30°$，边 $b=1$。 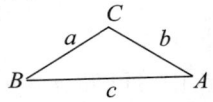 （2）（拓展性目标1）在锐角△ABC中验证猜想。 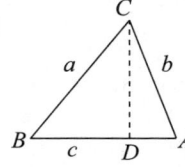 （3）（拓展性目标1）在钝角△ABC中验证猜想。 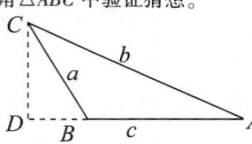 问题3（基础性目标1、拓展性目标2） 请你用文字语言和符号语言对猜想进行描述，并说出正弦定理的主要特点。你的猜想结论中包含了哪几个等式？每个式子中各有几个量？它可以解决三角形中哪些类型的问题？	一、已知三角形任意两角和一边解三角形 例1（基础性目标3） 若△ABC中，$AC = \sqrt{3}$，$\angle A = 45°$，$\angle B = 60°$，则 $BC = \underline{\quad}$。 变式训练1（基础性目标3） 在△ABC中，已知 $a = \sqrt{6}$，$\angle A = 45°$，$\angle B = 75°$，则 $c = \underline{\quad}$。 注：已知三角形两角和任一边求其他各边和角，可直接利用正弦定理。 **拓展性练习** 二、已知三角形两边和其中一边的对角解三角形 例2（拓展性目标2） 在△ABC中，若 $c = 2\sqrt{3}$，$\angle C = \dfrac{\pi}{3}$，$a = 2$，求∠A。 变式训练2（拓展性目标3） 在△ABC中，若 $c = 2\sqrt{3}$，$a = 2$，$\angle A = \dfrac{\pi}{6}$，求∠C。 注：已知三角形的两边和一边的对角，求另一边的对角，可能会出现两解，要注意检验（用三角形内角和或三角形内大边对大角来检验）。
挑战突破	**挑战性练习**
问题4（挑战性目标2）在△ABC中，$\dfrac{a}{\sin A} = \dfrac{b}{\sin B} = \dfrac{c}{\sin C}$ 为定值，这个定值是多少呢？这个定理还有什么作用？	例3（挑战性目标2） 在△ABC中，$\sin^2 A = \sin^2 B + \sin^2 C$，试判断△ABC的形状。
应用小结	
对照学习目标检查学习效果。	

[设计说明]

本节课以数学新课标、《中国学生发展核心素养》为理论依据和指导思想，坚持以学生发展为本，面向全体学生，关注学生的成长，注重数学学科核心素养的培养，倡导学生自主学习、实践体验、合作交流，力求最大限度发挥学生的主动性，使学生的学习过程成为在教师的引导下的"再创造"过程。

数学新课标指出，要让学生亲身经历将实际问题抽象成数学模型并进行解释与应用的过程。根据思维导学的理念，本节课教学设计提倡学生自主合作，采用小组式探究的形式，每组设立组织者、汇报者、鼓励者、记录者。各组在组织者的组织下开展探究活动，探究结束的小组举手示意。等所有小组探究结束后，各组汇报者代表小组发言，同一组的其他组员和其他组的汇报者可适当补充。

一、分层目标设计依据

目标类型	目标内容	目标设计依据
基础性目标	1. 我会利用三角形中大边对大角的特点，猜想边与角可能存在的定量关系，并通过直角三角形进行验证。	学生已经熟知解直角三角形的方法，通过直角三角形和底角为30°的等腰三角形验证猜想的定量关系，符合由特殊到一般的探究过程。
	2. 我会利用底角30°的等腰三角形再次验证上述猜想，并尝试归纳正弦定理。	
	3. 我能利用正弦定理，在已知三角形任意两角和一边的前提下，解三角形。	
拓展性目标	1. 我会在锐角三角形、钝角三角形中验证正弦定理。	进行定理证明的整个思维过程：化一般三角形为直角三角形，符合数学新课标的要求，注重知识的形成过程，并对定理进行应用。
	2. 我能利用正弦定理，在已知三角形两边和其中一边的对角的前提下，解三角形。	
	3. 我能利用大边对大角、三角形内角和等知识，剔除解三角形产生的增根。	

续表

目标类型	目标内容	目标设计依据
挑战性目标	1. 我可以尝试运用向量法、等积法等多种方法，证明正弦定理。 2. 我可以利用圆尝试证明三角形各边和它所对角的正弦之比为2R，在代数式的恒等变形中，尝试实现边与角的转化。	本节课初学正弦定理，针对已知三角形两边和其中一边的对角解三角形时可能存在增根的情况，学有余力的学生可以尝试剔除增根，并尝试在等式或比例关系式中实现边与角的转化。

二、关键问题设计依据与解决路径

关键问题	设计依据	解决路径
三角形中大边对大角，那么边和角是否存在某种特定的数量关系呢？你能在你熟悉的三角形中验证、评价你的猜想吗？	基于学生对三角形的已有认识进行拓展，并从特殊到一般进行推理论证。	小组自主、合作探究。
正弦定理 $\dfrac{a}{\sin A}=\dfrac{b}{\sin B}=\dfrac{c}{\sin C}$ 中包含了哪几个等式？每个式子中各有几个量？它可以解决三角形中哪些类型的问题？	基于学生应用新知的学习欲，探究公式可以解决的问题类型。	实践体验。
在 $\triangle ABC$ 中，$\dfrac{a}{\sin A}=\dfrac{b}{\sin B}=\dfrac{c}{\sin C}$ 为定值，这个定值是多少呢？这个定理还有什么作用？	基于学生对三角形的认识进行拓展，并从特殊到一般进行推理论证。	自主、合作探究，实践体验。

三、学生自主合作学习的要求及课前、课后完成任务的时间预设

　　学生自主合作学习的要求：课前通过阅读课本，自主完成预备性知识练习1、探究新知问题1至问题3，时间预设10分钟；课堂进行小组合作探究，学生分享小组成果，聆听他组观点；课后自主完成检测练习，时间预设为15分钟。小组代表公布问题4和例3答案。

四、学习目标达成度分析

　　由学生熟知的解直角三角形和三角形中大边对大角引入，符合学情。在正弦定理的证明教学中，由特殊三角形（直角三角形）成立的情况，猜想锐

角三角形（钝角三角形）是否成立，并给予证明，学习预备性知识，基础性目标达成度为 100%。

证明 $\dfrac{a}{\sin A} = \dfrac{b}{\sin B} = \dfrac{c}{\sin C}$ 在斜三角形中是否成立时，将问题转化为已有知识（直角三角形）来证明，思维过程是把新问题转化为旧问题来解决。例题的设计少而精，拓展性目标表述清晰明了，科学性较强，达成路径有效，拓展性目标达成度在 80% 以上。

在证明各边和它所对的角的正弦之比等于三角形外接圆直径时，同样转化成直角三角形，整个过程符合学生的认知特征，能激发学生的探究欲望，使挑战性目标的实现具有较强的可行性。

〔课堂实录〕

一、明确目标，拉齐基础（展示目标、预备性知识解答）

师：请同学 A 来为我们朗读本节课的学习目标。

（生 A 朗读本节课学习目标。）

师：感谢 A 同学铿锵有力的朗读，本节课我们就以此学习目标为导航，展开"正弦定理"的学习。

师：预备性知识练习 1 中 $\triangle ABC$ 的其他的边和角分别为多少呢？

练习 1　如图，在 $Rt\triangle ABC$ 中，$\angle A = 30°$，斜边 $c = 2$，则 $\triangle ABC$ 的其他边和角为多少？

生（众）：$b = \sqrt{3}$，$a = 1$，$\angle B = \dfrac{\pi}{3}$。

师：同学们在初中对解直角三角形学得都非常好。今天我们就开始学习如何解一般的三角形。

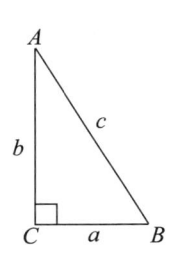

二、主动探究，基础过关（正弦定理的引入）

师：（问题1）在初中我们就知道，任意三角形都是大边对大角，那么边和角是否存在某种特定的数量关系呢？

生 B：可能存在某种比例关系吧。

师：存在怎样的比例关系呢？

生 B：可能是 $\dfrac{a}{A} = \dfrac{b}{B} = \dfrac{c}{C}$。

生 C：我觉得可能是 $\dfrac{a}{\sin A} = \dfrac{b}{\sin B} = \dfrac{c}{\sin C}$、$\dfrac{a}{\cos A} = \dfrac{b}{\cos B} = \dfrac{c}{\cos C}$ 或 $\dfrac{a}{\tan A} = \dfrac{b}{\tan B} = \dfrac{c}{\tan C}$，如果 $\dfrac{a}{A} = \dfrac{b}{B} = \dfrac{c}{C}$ 的话，边和角的单位不统一。

生 B：我说的是将角作为弧度制处理。

师：同学们都非常棒，这几种猜想都有可能。

生 D：不可能是 $\dfrac{a}{\cos A} = \dfrac{b}{\cos B} = \dfrac{c}{\cos C}$，因为余弦函数在 $(0, \pi)$ 递减，不符合大边对大角；$\dfrac{a}{\tan A} = \dfrac{b}{\tan B} = \dfrac{c}{\tan C}$ 也不可能，当角为 $\dfrac{\pi}{2}$ 时正切值不存在，当角在 $\left(\dfrac{\pi}{2}, \pi\right)$ 时正切值为负值，不可能对任意三角形成立。我们只需验证 $\dfrac{a}{A} = \dfrac{b}{B} = \dfrac{c}{C}$ 和 $\dfrac{a}{\sin A} = \dfrac{b}{\sin B} = \dfrac{c}{\sin C}$。

师：同学们的思路都很开阔，非常棒。请你用练习1验证这两个猜想。

生（众）：$\dfrac{a}{\sin A} = \dfrac{b}{\sin B} = \dfrac{c}{\sin C}$ 是对的，$\dfrac{a}{A} = \dfrac{b}{B} = \dfrac{c}{C}$ 不成立。

师（追问）：所有的直角三角形都满足这个猜想吗？

生（众）：满足，在直角三角形中 $\dfrac{a}{\sin A} = \dfrac{b}{\sin B} = \dfrac{c}{\sin C}$，它们都等于斜边 c。

师（追问）：你能在其他熟悉的三角形中验证、评价你的猜想吗？

生（众）：对等边三角形和底角为 $\dfrac{\pi}{6}$ 的等腰三角形都成立。

三、合作探讨，组间展评（正弦定理的证明）

师：（问题2）任意 △ABC 中的边角关系是否也满足这个猜想呢？

师：直角三角形已得到验证，下面1、3、5组验证锐角三角形，2、4、6组验证钝角三角形，组织者做好协调，小组汇报者准备展讲。

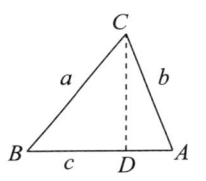

3组汇报者：在锐角三角形 △ABC 中，过顶点 C 向底边 AB 作高 CD。在 Rt△BCD 中，$CD = a\sin B$，在 Rt△ACD 中，$CD = b\sin A$，所以 $a\sin B = b\sin A$，即 $\dfrac{a}{\sin A} = \dfrac{b}{\sin B}$。同理可证 $\dfrac{b}{\sin B} = \dfrac{c}{\sin C}$，猜想得证。

生（众）鼓掌。

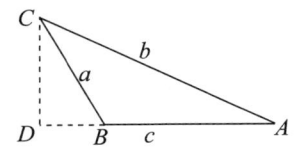

2组汇报者：在钝角三角形 △ABC 中，设 ∠B 为钝角，过顶点 C 向底边 AB 的延长线上作高 CD。在 Rt△BCD 中，$CD = a\sin(\pi - B) = a\sin B$，在 Rt△ACD中，$CD = b\sin A$，所以 $a\sin B = b\sin A$，即 $\dfrac{a}{\sin A} = \dfrac{b}{\sin B}$。同理可证 $\dfrac{b}{\sin B} = \dfrac{c}{\sin C}$，猜想得证。

生（众）鼓掌。

师：两组同学都给出了非常严谨的证明，所以在任意三角形中都有 $\dfrac{a}{\sin A} = \dfrac{b}{\sin B} = \dfrac{c}{\sin C}$。也就是说，三角形的各边和它所对的角的正弦的比相等，这就是正弦定理。

师（追问）：还有其他证明方法吗？请同学们尝试并讨论交流。

师（提示）：对于给定的三角形，除了边和角之外还有哪些量是不变的？我们刚学习完向量，能否从向量角度尝试一下？

1组汇报者：我们组用等积法进行了证明。不论是锐角三角形还是钝角三角形，AB 边上的高 CD 始终满足 $CD = b\sin A$，所以 $S_{\triangle ABC} = \frac{1}{2}AB \cdot CD = \frac{1}{2}bc\sin A$。同理可得 $S_{\triangle ABC} = \frac{1}{2}ac\sin B$、$S_{\triangle ABC} = \frac{1}{2}ab\sin C$，于是得 $\frac{1}{2}bc\sin A = \frac{1}{2}ac\sin B = \frac{1}{2}ab\sin C$，即 $\frac{a}{\sin A} = \frac{b}{\sin B} = \frac{c}{\sin C}$。

师：好方法，非常厉害！由于三角形的面积不变，我们得到了正弦定理的又一种证明方法，同时我们还得到了三角形面积公式——$\frac{1}{2}$ 倍的两边乘积乘夹角的正弦值，请大家熟记。

2组汇报者：我们组用向量的数量积进行了证明，下面我用锐角三角形进行证明，钝角三角形类似。过点 C 作单位向量 $\vec{i}$ 垂直于向量 $\overrightarrow{AC}$，则 $\vec{i}$ 与向量 $\overrightarrow{AB}$ 的夹角为 $\left(\frac{\pi}{2} - A\right)$，与向量 $\overrightarrow{CB}$ 的夹角为 $\left(\frac{\pi}{2} - C\right)$。因为 $\overrightarrow{AC} + \overrightarrow{CB} = \overrightarrow{AB}$，所以 $\vec{i}(\overrightarrow{AC} + \overrightarrow{CB}) = \vec{i} \cdot \overrightarrow{AB}$，所以 $|\vec{i}||\overrightarrow{AC}|\cos\frac{\pi}{2} + |\vec{i}||\overrightarrow{CB}|\cos\left(\frac{\pi}{2} - C\right) = |\vec{i}||\overrightarrow{AB}|\cos\left(\frac{\pi}{2} - A\right)$，得 $a\sin C = c\sin A$，即 $\frac{a}{\sin A} = \frac{c}{\sin C}$。同理可证 $\frac{a}{\sin A} = \frac{b}{\sin B}$，定理得证。

生（众）鼓掌。

师：有新意，学以致用！正弦定理揭示了一般三角形中重要的边角关系，实现了三角形边角几何关系的代数化，向量法将三角形解析化，开辟了用代数方法研究三角形的新途径，深刻地反映了三角形的量度本质。

四、合作探讨，拓展能力（正弦定理的特点和应用）

师：（问题3）请你用文字语言和符号语言对猜想进行描述，并说出正弦定理的主要特点。

生（众）：三角形的各边和它所对的角的正弦的比相等。

师：这个式子中包含了几个等式？

生（众）：3个。

师：每个式子中各有几个量？

生（众）：4个。

师：它可以解决三角形中哪些类型的问题？

生（众）：已知3个量，求其他量。

师：已知3条边或3个角，可以求解吗？

生（众）：不可以。

师：已知两个角一条边或两条边一个角呢？

生（众）：可以。

生D：已知两个角和任意一条边可以；已知两条边一个角的话，这个角需要是其中一条边的对角。

师：非常好，我们已经知道正弦定理能解决哪些问题，下面我们来进行练习。

例1　若 $\triangle ABC$ 中，$AC = \sqrt{3}$，$\angle A = 45°$，$\angle B = 60°$，则 $BC = $ _____。

变式训练1　在 $\triangle ABC$ 中，已知 $a = \sqrt{6}$，$\angle A = 45°$，$\angle B = 75°$，则 $c = $ _____。

（教师提问，学生快速解答，直接核对答案。）

师：已知三角形两个角和任意一条边求其他各边和角，可直接利用正弦定理。

例2 在△ABC中，若 $c=2\sqrt{3}$，$\angle C=\dfrac{\pi}{3}$，$a=2$，求$\angle A$。

生E（板演）：在△ABC中，由正弦定理 $\dfrac{a}{\sin A}=\dfrac{c}{\sin C}$ 可知，$\sin A=\dfrac{a\sin C}{c}=\dfrac{1}{2}$，因为 $A\in(0,\pi)$，所以 $A=\dfrac{\pi}{6}$ 或 $\dfrac{5\pi}{6}$。

变式训练2 在△ABC中，若 $c=2\sqrt{3}$，$a=2$，$\angle A=\dfrac{\pi}{6}$，求$\angle C$。

生F（板演）：在△ABC中，由正弦定理 $\dfrac{a}{\sin A}=\dfrac{c}{\sin C}$ 可知，$\sin C=\dfrac{c\sin A}{a}=\dfrac{\sqrt{3}}{2}$，因为 $A\in(0,\pi)$，所以 $A=\dfrac{\pi}{3}$ 或 $\dfrac{2\pi}{3}$。

师：两位同学都得到两个解，这两个解中是否有增根呢？如果有，如何剔除呢？

生G：例2中 $A\in\left(0,\dfrac{2\pi}{3}\right)$，所以 $A=\dfrac{5\pi}{6}$ 应舍去。

生H：例2中 $a<c$，所以 $\angle A<\angle C$，故 $\angle A=\dfrac{5\pi}{6}$ 应舍去。

师：已知三角形的两边和一边的对角，求另一边的对角，可能会出现两个解，要注意检验，借助三角形内角和或三角形内大边对大角检验。

五、挑战突破，答疑解惑（正弦定理的拓展应用）

师：（问题4）在 △ABC 中，$\dfrac{a}{\sin A}=\dfrac{b}{\sin B}=\dfrac{c}{\sin C}$ 为定值，这个定值是多少呢？

师：我们同样先从直角三角形开始猜想。

生I：在 Rt△ABC 中，$\dfrac{a}{\sin A}=\dfrac{b}{\sin B}=\dfrac{c}{\sin C}=c=2R$，$R$ 为 △ABC 外接圆的半径。

师：对于给定的三角形，三角形的外接圆的半径不变。一般 $\triangle ABC$ 是否也存在 $\dfrac{a}{\sin A} = \dfrac{b}{\sin B} = \dfrac{c}{\sin C} = 2R$ 呢？

生 J：在 $\triangle ABC$ 中，已知 $BC = a$，$AC = b$，$AB = c$。作 $\triangle ABC$ 的外接圆，O 为圆心，连接 BO 并延长交圆于 B'，设 $BB' = 2R$。根据直径所对的圆周角是直角以及同弧所对的圆周角相等可以得到 $\angle BAB' = 90°$，$\angle C = \angle B'$。所以 $\sin C = \sin B' = \dfrac{c}{2R}$，所以 $\dfrac{c}{\sin C} = 2R$。

同理，可得 $\dfrac{a}{\sin A} = 2R$，$\dfrac{b}{\sin B} = 2R$。所以 $\dfrac{a}{\sin A} = \dfrac{b}{\sin B} = \dfrac{c}{\sin C} = 2R$。

生 K：这其实是正弦定理的另一种证法，并且可以直接求得比值为定值。

师：非常棒！三角形的各边和它所对应的角的正弦之比为定值，并且这个定值为它的外接圆的直径，那么这个定理还有什么作用？

生 L：这样就可以实现边和角的互化，因为 $\sin A = \dfrac{a}{2R}$，所以 $a = 2R\sin A$。

生 M：还可以得到 $\dfrac{a}{b} = \dfrac{\sin A}{\sin B}$，$\dfrac{a}{c} = \dfrac{\sin A}{\sin C}$，$\dfrac{b}{c} = \dfrac{\sin B}{\sin C}$，并且 $a : b : c = \sin A : \sin B : \sin C$。

师：非常好！同学们要善于用不同的表达方式表达同一个数学知识，对所学知识要灵活运用。

师：由于时间原因，例 3 请同学们课下尝试完成。

六、对照目标，检测效果（自我小结）

师：请同学们对照我们课前设计的学习目标，检测自己的学习效果，分享达成度。

生 N：基础性目标、拓展性目标全部达成，对挑战性目标中运用向量法进行定理证明的理解稍有困难。

生 O：基础性目标、拓展性目标全部达成，挑战性目标中边与角的互化未进行练习，不知自己课下是否能顺利完成例 3。

师：同学们完成得都很好。用向量法研究边角关系，我们在后期学习余弦定理时会再次强化，例 3 类型的题目后期也会加强练习。请同学们从知识与思想方法等角度回顾本节课的学习过程，看看大家有什么收获与感悟。

生 P：学习了正弦定理，量化了边和角的对应关系，觉得边和角能对应互化很神奇。

生 Q：运用了从特殊到一般的归纳推理思想，从熟悉的三角形出发进行猜想，再进行推理证明，学会了用代数方法研究三角形的新途径。

【 要素评课 】

数学备课组组长于传洪老师统筹安排并负责学习目标的设计与达成维度的观察，吴永芳老师负责实现路径的规划与实施维度的观察，杨俊霞老师负责关键问题的设计与解决维度的观察，石莹老师负责教学资源的挖掘与利用维度的观察，宫迪老师负责多向交流的运用与效果维度的观察，郑玮老师负责教师点拨的智慧与启迪维度的观察。

维度一：学习目标的设计与达成

第一，目标设置科学具体、层次分明、导向明确。基础性目标能够关注全体学生，引导学生主动回忆、积极探究；拓展性目标激发学生自主、合作探究欲望；挑战性目标给学有余力的学生充分发挥的空间。整体来说，本节课对学生的激励性很强。目标设计基本符合学情，具体、明确、可测，能激发学生的学习兴趣。

第二，该班学生整体水平居中，学生能顺利、正确地完成自主学习单上的预备性知识练习和基础性练习，拓展性目标落实到位，小组合作探究目标明确，板演和教师点评恰到好处，挑战性目标的设置虽略高于学生实际，但学生"跳起来能够得着"，个别学生能根据关键词提示，比较准确地表述学习内容和对教师所提问题进行回应。

第三，从时间上看，安排比较合理：基础性目标耗时 7 分钟，拓展性目标耗时 25 分钟，挑战性目标点拨耗时 5 分钟，最后的对照目标检验和课堂小结耗时 3 分钟。

维度二：实现路径的规划与实施

第一，对应学习目标，实现路径指向性强；整节课循序渐进、层层深入；先猜想，再证明，后应用挑战，证明一个定理，解决两类问题，挑战三种变形，判断四个猜想。在定理证明设计中为不同层次的学生提供了可以选择的学习方法和途径，能够很好地引导学生自主、合作探究。

第二，教师教学思路开阔、活跃，学生合作探究证明定理指向明确，课堂流程层层递进，有条不紊。尤其是在定理证明部分，让班级一半学生证明锐角三角形，另一半学生证明钝角三角形，提高了课堂效率。

第三，就参与程度而言，小组合作探究学生的参与度为 100%，5 个小组举手完成证明，2 个小组进行了展讲，耗时 5 分钟。拓展性练习 1 几乎全员完成；拓展性练习 2 观察了 2 组学生，总共 8 人完成，完成率为 85%；挑战性练习观察了 2 组学生，总共 2 人完成，完成率为 20%。

维度三：关键问题的设计与解决

第一，基础性练习设计了一个关键问题，能够很好地引导学生主动回忆，基于已有的经验猜想可能的结论，并通过直角三角形进行评价，对学生具有激励性，让学生感受从特殊到一般的研究方法。

第二，拓展性练习设置了一个关键问题，包括两个环节：第一个是小组探究定理的证明，小组讨论 3 分钟，展讲用时 2 分钟；第二个是 2 道练习题的解答和展讲，全体学生自主解答耗时 4 分钟，2 名学生呈现成果用时 3 分钟。

第三，挑战性练习有一个关键问题，由两个环节组成：第一个环节是猜想比值为定值并尝试证明，4 组参与，用时 3 分钟；第二个环节是挑战性练习思路点拨，4 组参与，用时 4 分钟。

维度四：教学资源的挖掘与利用

第一，教师充分利用了学生资源，学生之间的交流非常愉快。合作探究时，组织者、鼓励者、记录者、汇报者各尽其责，分工明确。这说明学生都做了充分的准备，有信心学好这一课。

第二，课堂上，教师充分利用几何画板等工具，使学生的学习变得更加直观、具体。在富有挑战性的内容学习中，教师利用了几何画板，很巧妙地展示了圆的内接三角形边与角的对应关系，实现了创造性教学。

第三，本节课使用课本资源的时间约为 31 分钟，教师还挖掘了课本以外的资源，课外资源的学习耗时 9 分钟。课内、课外资源学习时间的比例接近 3∶1，是一个合理的比例。

维度五：多向交流的运用与效果

第一，本节课所有环节均在师生互动、生生互动中展开，教师引导得法，学生活动层层推进，充分体现了学生的主体地位，充分调动了学生学习的积极性。多向互动的设计使本节课的每一个参与者都成为互动的引发者和推动者，也让课堂活了起来，同时为目标的达成提供了保证。

第二，本节课互动交流的时间约 26 分钟，达到了一节课时间的 60%，双向及多向互动达 26 人次。生生互动交流对话氛围热烈、积极，形式多样。通过生生互动，本节课的拓展性目标得以有效实现。在师生互动中，教师的提问非常具有启发性，引导点拨恰到好处，教师与学生之间的对话建立在民主、平等的基础上，有利于培养学生的创新精神。

维度六：教师点拨的智慧与启迪

第一，在导入环节进行整体点拨，整体评价，学生参与度高。在短暂的 2 分钟内，学生已初步认识三角形中边与角的定量关系，猜想可能的结论，激发了探究欲。

第二，在小组合作探究锐角三角形和钝角三角形中的定理证明时，全班一半学生证明锐角三角形，一半学生证明钝角三角形，提高了课堂效率。在小组汇报展讲时，让未得出结论的一组补充评价，关注到了全体学生，对学生有很好的激励作用。在做拓展性练习时，基本全员参与，个别展示，师生共同评价与点拨，帮助学生加深了对正弦定理的认识。

第三，在尝试完成挑战性练习中，教师采取了生生点拨的方式。采访 2 名学生并展示他们的解题思路，教师利用几何画板适当提示，帮助学生对正弦定理进行深入挖掘，培养学生深入思考、解决问题的能力；展示之后，教师进行了简短的评价，学生互相补充变形结论，有效地激发了学生探索和发现的精神。

〔教学反思〕

非常感谢房超平老师一对一的指导和学校数学教研组全体教师的大力支持，有了老师们的帮助，本节课才得以顺利开展。下面对本次研究课进行反思和总结。

一、教学设计

本次备课得到数学组全体老师的悉心指导，尤其是特级教师于传洪老师和吴永芳老师。设计初稿形成后，我多次利用空闲时间和组内老师进行探讨，并利用备课组活动进行了两次设计研讨和一次说课展示，课前更是得到了房超平老师的当面指导。各位老师对教学设计的改进提供了以下宝贵意见。

首先，初稿设计用课本实际问题导入、展开，引导学生在问题解决中发现结论，计算量较大。吴永芳老师建议从初中大边对大角引入，定量研究边角关系，这样更能拉齐学生基础，引导学生主动回忆探究，先猜想，后证明，由特殊到一般，更符合学生认识问题的思维规律，有利于激发学生探究问题的兴趣。

其次，初稿设计至少要在课上讲解两种证明正弦定理的方法。于传洪老师指出，虽然正弦定理的证明方法很多，如利用三角形的面积公式、利用三角形的外接圆、利用向量证明等，但课上突出教学设计中的第一个方法，将锐角三角形的边角关系转化为直角三角形的边角关系导出正弦定理即可，其他证明方法可以让学生自行探究。转化为直角三角形的方法贴近学生的"最近发展区"，思路自然，学生容易接受。

最后，上课前一天和房超平老师进行了教学设计交流。房老师对学习目标和路径规划的撰写提出了宝贵意见，指出目标要具体、明确、可测，让学生一看就懂；三层目标要层次分明，每个目标都要有对应的问题或练习设计。问题是思维的起点，是学生主动探索的动力，路径规划要注重关键问题的设计，这样才能遵循学生思维发展的规律。

二、课堂实施

本节课顺利完成了教学任务，学生能够主动深入探究，思维活跃，但一些具体教学细节还有待进一步探讨和改进。

做得好的方面：本节课中，学生通过自主探索、合作交流，亲身经历了猜想、归纳、证明、应用的过程，成为正弦定理的"发现者"和"创造者"，参与度高；小组合作探讨证明正弦定理时，班级一半小组探讨锐角三角形，另一半小组探讨钝角三角形，为后面拓展性目标的落实争取了时间，设计合理；利用几何画板探究边与对角正弦的比值，学生观察动态过程中的不变量，效果良好。

下次可以做得不一样的地方：2组展讲练习1时，3组的曹同学提出了疑问，我只是顺着学生的思路处理了这个问题。当时若能顺势从图形的角度分析二者的区别，学生一定会更好地理解和掌握。学生在利用正弦定理实现边与角的互化时仅4人做对习题。在这种情况下，我仍然按着预设的教学进度授课。若当时实时调整教学进度，对这类问题归纳总结，教学效果可能更好。学生板演例2出现问题时，我直接进行解答指导，此时若让其他组学生指出问题所在，则更有利于学生对正弦定理的认识。

总之，课堂是活的，对课堂上生成的问题进行及时有效的处理是一种能力。今后我一定多听课、多学习、多思考、多总结，尽力处理好教学细节。

三、教学启发

本次授课收获很大，对思维导学教学模式有了更深刻的认识。

第一，清楚了概念教学课的模型。本节课中，学生通过自主探索、合作交流，亲身经历了猜想、证明、应用的过程，成为正弦定理的"发现者"和"创造者"，切身感受到了创造的苦和乐；三层目标均得到了较好的落实，为今后的"定理教学""概念教学"提供了一些有价值的借鉴。

第二，教学设计要留白。教师要有灵活处理课堂上即时生成的问题的能力。在组织教学中，若采取"让学生走上讲台""师生、生生讨论"等模式，难免会遇到未预设到的情况，留白则给处理突发事件提供了时间。

第三，要激发学生的主动性。教学中一定要重视知识的形成过程，遵循学生思维发生、发展的规律，从学生的生活经验和已有知识背景出发，创设合理的教学情境、数学活动和交流的机会，激发学生的探究欲望，使学生从单纯的知识接受者转变为学习的主人。

数学课堂应注重知识的建构和思维能力的培养。相信随着思维导学的深入，课堂终将是学生和教师共同成长的舞台！

[专家点评]

提起理科概念课、定理课，往往会想到教师晦涩的讲解和辨析。这样的课堂，容易让学生浑浑噩噩。而刘洪亮老师的这节数学课，不禁让人眼前一亮。这节课，有效落实了思维导学对概念课教学的要求，引导学生"发现'概念'，创造'规律'"，这样不仅能满足学生的好奇心，而且能增强学生的成就感，更重要的是能培养学生的创造思维。

从教学设计看，根据"大胆猜测—小心求证—迁移运用—变化提升"的思维导学数学概念课设计思路，刘老师精心设计了这节课的学习目标和实现路径，并把每一个学习目标转化为符合学情的问题。针对班级学生学习基础较弱的实际，刘老师根据思维导学"少即多""易更难"的设计理念，尽量压缩不必要的教学内容，设法把一个个复杂问题拆分成几个相对容易的问题，层层递进，环环相扣，为达成学习目标创造了条件。假如教师对学生的信任度再高一些，设计一些更具有挑战性的问题，则更能释放学生的学习潜能。

从课堂实施看，刘老师充分运用人类认识事物的基本规律，引导学生从以前学过的"三角形角边关系"的知识入手，自然而然地进入新知识的学习。先是猜测直角三角形边与角的正弦函数的关系，接着猜测其他三角形的类似关系，进而引导学生证明自己的猜想，并归纳形成结论，最后把得出的结论运用于解三角形的简单问题和其他相关的拓展问题中。这节课的实施过程，如行云流水，非常自然，在已知的知识与将要学习的知识之间为学生搭建了"桥梁"，从而大大减弱了学生学习数学的畏难情绪。这节课不但值得教授其他数学概念课时学习和借鉴，而且值得在其他学科概念课教授时学习和借鉴。假如能把引导学生进行练习改编渗透到这节课中，这节课将会更加完美。

英语

别样的英语语法课
——以"现在完成时与现在完成进行时"教学为例

清华大学附属中学　江雨薇

[教学设计]

一、课型

语法教学课。

二、内容分析

(一) 从教材角度分析

本节课是北师大版高中《英语》教材（2009年版）必修3第9单元第三课，题为"Clean Machines—Solar Car Racing"。本单元的话题为"Wheels"，包括四课，分别为：第一课"On Your Bike—Return of the White Bikes"，讲述阿姆斯特丹共享单车的发展历程，为阅读课，并集中学习现在完成进行时；第二课"On the Move"为听力课，听力材料涉及乘坐航班等信息；第三课是一篇关于太阳能汽车的报道，提及了太阳能汽车的优势以及受访太阳能赛车手获得的成就等，文章使用了大量的现在完成时和现在完成进行时，因此是辨析两种时态的一个良好的素材；第四课为"Car Culture—The Road to Destruction"，对当今人们对汽车的依赖以及由此出现的问题进行了深刻的反思。

从内容上看，前三课通过讲述不同的交通工具，使学生对单元话题有了一个整体的认知，而第四课则深入地探讨交通与环境之间的问题与矛盾。此外，第三课中所提出的"solar car（太阳能汽车）"概念是当今科技发展的一个热门话题，也为环境保护提供了一个重要思路。从语法上看，第一、三课承载了本单元的语法知识，即完成时态。有了第一课对现在完成进行时的铺垫，第三课的语法学习将更加容易展开。

学生通过对本课内容的自主合作学习能够会读并知晓本课的重点词汇，通过分析文章内容和结构能够画出思维导图并进行课文复述，通过对比分析能够发现语法规律，并将其应用到具体的语境中。

本节课的关键问题为学生怎样通过分析和对比大量的例句来总结两种易混淆时态的区别，从而在具体情境中准确使用相应时态。

（二）从课程标准分析

本节课将着重培养学生的思维品质。《普通高中英语课程标准（2017年版）》（以下简称"英语新课标"）指出，思维品质指思维在逻辑性、批判性、创新性等方面所表现的能力和水平。思维品质体现英语学科核心素养的心智特征。思维品质的发展有助于提升学生分析和解决问题的能力。

思维品质目标要求学生能够辨析语言和文化中的具体现象，梳理、概括信息，构建新概念，分析、推断信息的逻辑关系，正确评判各种思想观点，创造性地表达自己的观点，具备初步运用英语进行独立思考的能力。本课为语法课，设置了层层递进的学习任务，让学生通过思维导图的方式概括和梳理文章的内容，并通过对比分析来辨析两种易混淆的时态——现在完成时和现在完成进行时。同时，根据情境出题、编题能够锻炼学生的思维能力。

（三）从高考试题分析

纵观历年高考英语试题，不再单纯直接考查时态，而是把对时态的考查放在了具体的语境中，需要考生全面、准确地理解语境，把握上下文的隐含意义，从而做出时态判断，这就对考生提出了更高的要求。

同时，由于现在完成时和现在完成进行时在构成形式和使用语境上存在较多的相似性，学生容易混淆这两种时态。因此，准确把握两种时态的差异对高考做好动词时态选择、提高得分率意义重大。

三、学习目标

基础性目标	1. 我通过查阅词典能够正确读出本课下列重点词汇并说出其含义：solar, reliable, appreciate, chapter, gas, racer, sunlight, golf, kindergarten, northwest, southeast, impression, petrol。
	2. 我能找到课文中所有包含现在完成时和现在完成进行时的句子。
	3. 我会根据课文内容，找到每个段落的关键词，画出思维导图并复述课文内容。

续表

拓展性目标	1. 我能说出现在完成时和现在完成进行时这两种时态至少三点不同，并能举例说明。 2. 我能在所给的具体情境下，正确应用现在完成时和现在完成进行时表达自己的想法。
挑战性目标	我能创编短文填空题，对其他同学两种时态的学习情况进行考查（每种时态至少考查两个句子）。

四、实现路径

预备性知识学习	课前：完成预备性知识练习。任务包括：一个猜词游戏和两个引入课文话题的简单问题。学生能提前识记本课重点词汇，并熟悉文章内容。
	课堂：在教师的指导下核对预备性知识练习的答案，解决相关问题。
基础性目标实现路径	课前：所有学生自主完成基础性练习。任务：分析课文内容和结构，绘制思维导图并复述课文内容；找到文中包含两种时态的句子；根据所找到的句子总结两种时态的构成形式。
	课堂：小组核对基础性练习答案，使每个学生掌握课文内容和结构，以及两种时态的构成形式。
拓展性目标实现路径	课前：85%以上学生自主完成拓展性练习。任务：分析和找出两种时态的区别（除了课本上所提及的）；将自己对两种时态的理解绘制成思维导图，包括两种时态的构成形式、容易混淆的原因、不同点以及自编的简单例句；根据情境编对话，灵活运用两种时态。
	课堂：小组讨论，对自主学习成果进行巩固；学生展讲，教师点拨，解决疑难问题。
挑战性目标实现路径	课后：鼓励5%—10%的基础较好的学生自主完成挑战性练习，任务为创编一道对两种时态进行考查的填空题。

五、课堂流程

基本环节	时间	教师活动	学生活动
明确目标 做好准备	2分钟	向学生展示本堂课的学习目标，让学生明确本节课的学习内容。	认真研读学习目标，并对学习内容有一定的预期。
猜词游戏 激活背景	3分钟	通过谜语填空引入新课的重点单词，同时完成背景知识的激活。	集体核对谜语答案，并在小组中推选一位"单词大师"在全班领读，给大家正音。

续表

基本环节	时间	教师活动	学生活动
组内指导 人人过关	10分钟	巡视全班，适时给予帮助和指导，并用扔纸飞机的形式选择小组展讲。	在小组内核对基础性练习答案，组内"小老师"对没有完成任务的同学进行指导，保证所有同学基础性练习全部过关。
合作学习 拓展能力	15分钟	鼓励学生小组合作，通过对比分析研究语言现象。 小组讨论结束后，用扔纸飞机的形式选择展讲的小组。展讲结束后，如其他小组有疑问可以再提出，由该组组员回答，或由教师协调解决问题。 此部分涉及新知识，如学生对此部分展讲不够自信，可由教师进行适当引导，激发学生思维。	组内成员共同探讨以下问题： ● 对比和分析几组句子，除了课本上所列出的不同之外，你还能找到这两种时态的其他不同吗？ ● 很多同学认为这两种时态易混淆，你认为原因是什么？ ● 这两种时态有没有可能同时适用于同一种情境？请举例说明。 之后，小组成员对上述问题的答案进行整理，并推举组员展讲。
语言应用 熟能生巧	10分钟	教师用抽签的形式为小组选择情境。	每个小组一个情境，以小组合作的方式，灵活运用两种时态编一段有趣的短对话，并推选组员在班级表演。 每个小组综合之前全班所有的讨论和展示，对课前绘制的有关两种时态语法规律的思维导图进行修改和完善，并推举一名组员准备展讲。
自我小结 提炼意义	2分钟	随意指定一个学生分享本节课的收获体会，再做最后的总结，并布置作业（包括每人都要做的检测练习和选做的拓展性练习）。	同桌间分享课堂学习收获。
对照目标 检测效果	3分钟	发三层目标评估量规，让学生进行自评。	对照发的三层目标（主要是基础性目标和拓展性目标）评估量规，给自己打分，检测学习效果。

六、检测练习

本题改编自教材配套练习，原题为选择题，现改为改错题，难度提升，用于课后检测学习成果。对应拓展性目标2。

Read the conversation and correct the mistakes

Task：Are there any mistakes in using Present Perfect and Present Perfect Continuous tenses in the following conversation？If so，please correct them.

Dad: Come on, Julie. Have a break. Have a cup of tea. ① What have you done?

Julie: (taking the tea) Thanks, Dad. I've been putting a new saddle (车座) on. The old one moves when I sit on it.

Dad: Your bike looks good. What's happened to the front wheel?

Julie: ② I've put a new tyre (轮胎) on. I haven't quite finished yet. Dad, you look very tired. Have you worked all afternoon?

Dad: Yes. ③ I've written a report. They want it at the office on Monday.

Julie: Dad! It's Saturday afternoon!

(Half an hour later, Julie comes into her dad's room.)

Dad: Oh, hello! I've just finished this report. ④ I've been printing it out. Here it is. How's the bike?

Julie: Fine! ⑤ I've been putting the new saddle on. It's quite comfortable now. And I've put the new tyre on, too.

sentence number	the correct version
①	what have you been doing?

七、自主学习单

(一) 预备性知识及练习

预备性知识：

1. 清洁能源和太阳能汽车的有关概念。

2. 现在完成进行时的概念和用法。

3. 思维导图的画法。

预备性知识练习（基础性目标1）：

Choose the words given and do the puzzle with clues below (one letter in each box).

| solar | reliable | appreciate | chapter | gas | racer | sunlight |
| golf | kindergarten | northwest | southeast | impression | petrol |

Cross

1. He left a deep _____ (n.) on the audience by his beautiful voice.

2. If you use _____ (adj.) energy, you use energy from the sun.

3. Tiger Woods is a very famous _____ (n.) player.

4. _____ (n.) one of the parts that a book is divided into

5. You attend _____ (n.) at a very young age.

6. Fujian province lies in the _____ (n.) of China.

7. People or things that are _____ (adj.) can be trusted to do something well.

8. _____ (n.) something that is neither liquid nor solid, for example O_2

9. _____ (n.) a person or animal that takes part in races

Down

10. _____ (n.) used as fuel for cars

11. _____ (n.) the light from the sun

12. I really _____ (v.) your help.

13. Xinjiang province lies in the _____ (n.) of China.

（二）基础性练习（基础性目标 2、3）

Task 1. Read the interview on page 40, draw a mind map, introduce the solar car and the solar car racer mentioned in the interview.

Task 2. Do you think solar cars will be a part of future transportation? Why or why not?

Task 3. Study the following sentences, which of them talks about:

① activities that are still going on now?
② achievements or finished actions?

1. You've been designing solar racing cars for a long time.

2. I've designed five or six different cars so far.

Task 4. Find more examples from the interview.

Present Perfect tense	
Present Perfect Continuous tense	

Task 5. Work out the forms of the two tenses according to the examples.

	Present Perfect tense	Present Perfect Continuous tense
affirmative 肯定形式	subject + ? + ? + ?	subject + ? + ?
negative 否定形式		
question 疑问形式		

(三) 拓展性练习（拓展性目标1）

Read and compare the following groups of sentences. What other differences between the two tenses can you find?

Group 1：

(1) He's run three miles.

(2) He's been running for an hour.

Group 2：

(3) I have met him at the library twice.

(4) I have been meeting him at the library.

Group 3：

(5) The lazy boy has lain in bed for a whole day.

(6) The lazy boy has been lying in bed for a whole day.

Group 4：(pay extra attention to the underlined words)

(7) ① Have you <u>ever</u> thought about becoming an architect?

② We've <u>never</u> heard the story of *Rip Van Winkle* <u>before</u>.

③ I've <u>already</u> repaired my bike.

④ Have you repaired your bike <u>yet</u>?

（8）① I've been reading all morning.

② He has been cleaning the whole day.

③ She's been doing research all her life.

（四）课堂练习（拓展性目标2）

Task 1. Put the verbs in brackets in the Present Perfect tense or Present Perfect Continuous tense.（可根据课堂时间选择性使用该练习）

Mike：At last！Where（1）_____ you _____（be）？I（2）_____ for an hour！

Helen：Sorry, I（3）_____ to an old friend. I（4）_____ her for years. And imagine, we met in the middle of the street, just like that.

Mike：What（5）_____ she _____（do）since you last saw her?

Helen：She（6）_____ as a telephone operator in a hotel but she wants to change her job. She（7）_____（not get on）well with her boss recently.

Mike：Our company is looking for an operator.（8）_____ she _____ any interesting offers yet?

Helen：I don't think so. She（9）_____（not look）for a long time. She（10）_____（just start）.

Mike：Then tell her about this offer. She'll appreciate it.

Task 2. Work with the other group members, choose one of the following situations and make up an interesting short conversation with your imagination, using at least one Present Perfect tense and one Present Perfect Continuous tense. Choose two students from your group to act it out.（下文中出现的人名均为本班学生英文名）

（1）Verstappen has dark circles under his eyes.

（2）Peter looks bored.

（3）Jeff shows his strong muscles.

（4）Green has swollen eyes.

（5）Molly looks amused.

（6）Oliver looks worried.

Example：

Lee：Look at your face. You have dark circles under your eyes. Have you finished reading *I Am The Cheese*?

Verstappen：Oh, I haven't got time for that.

Lee：What? Then what have you been doing?

Verstappen：I've been staying up late watching a TV series featuring my favorite idol!

Lee：You shouldn't have done that. The exam is around the corner!

Verstappen：I know, but it has been two years since her last TV series. I've been waiting for so long…

Lee：Shhhhh! Krystal is coming to us!

Task 3. Draw a mind map to show your understanding of the two tenses. Please include in your mind map the following things：

（1）the forms of the two tenses

（2）their similarities

（3）their differences

（4）example sentences made by yourself

Later in class the paper plane will decide who is to share with the class.

（五）挑战性练习（挑战性目标）

Write or find a short passage that contains many sentences using Present Perfect tense and Present Perfect Continuous tense, and make it into a blank filling task targeting at these two tenses（at least two blanks for each tense）。

〔设计说明〕

一、分层目标设计依据

本课的三层目标是依据教材内容和学情来制订的，具有以下四个特点：层次性、导向性、务实性和激励性。层次性体现在基础性目标、拓展性目标和挑战性目标的梯度差异上，使学生能够根据自身能力和需求来达成不同层次的目标。导向性体现在学习目标指向明确，在具体表述上使用了"正确读出""找到""画出""说出"等行为动词，目标描述具体，指向明确。务实性体现在学习目标具体、明确、可测，兼顾质性和量化，例如"我能说出现在完成时和现在完成进行时这两种时态至少三点不同"，这使学生能够明确自己的目标，可实施性强。激励性体现在语言表述中肯定句的应用和"我能""我会"等以学生为主体的表述格式。此外，目标制订合理，符合学情。例如，基础性目标难度符合班里所有学生的学习能力状况，而拓展性目标难度适中，是学生经过努力能够达到的目标，但也会体验到一定的挑战性，所谓"有难度但够得着"，从而激励其主动学习。

二、关键问题设计依据与解决路径

本节课的关键问题有以下几个：

（1）两种时态为何常被混淆？

（2）是否存在两种时态同时适用于同一情境的可能？请举例说明。

设计本节课的关键问题要依据课程的重、难点和学情。本课的重点在于学习两种时态，而难点在于辨析两种时态的异同，并正确应用于具体的情境中。因此，这两个问题呈现了层层递进的关系：从思考两种时态容易混淆的原因，到深入思考二者是否存在通用的情境，并通过造句的方式举例，在此过程中学生能够锻炼其分析、应用、评价和创造等高阶思维能力。

上述关键问题的解决途径是学生课前自主认真完成预备性知识练习、基础性练习和拓展性练习，课堂积极参与小组讨论，合作完成语法知识思维导图，并仔细聆听同学的展讲，有不懂的地方及时提问。

三、学生自主合作学习的要求及课前、课后完成任务的时间预设

学生自主合作学习的要求：课前通过查课本、查工具书和查找网络资源等方式自主完成预备性知识练习、基础性练习和拓展性练习，完成任务的时间预设为40分钟；课堂进行小组合作学习，相互分享和聆听；课后自主完成检测练习，时间预设为5—10分钟。选做的挑战性任务完成时间预设为20分钟。

四、学习目标达成度分析

基础性目标	95%—100%
拓展性目标	85%—95%
挑战性目标	5%—10%

本节课目标达成度的可行性较高，原因有以下几点。

第一，三层目标设计合理，与教学内容和学情相符，具有梯度性，满足不同层次学生的需求。语言表述清晰具体，可操作性强。

第二，学生通过本单元第一课对现在完成进行时的学习，已经对完成时态有了一个较为清晰的概念，这为本节课的对比学习打下了基础，增强了本节课目标达成的可行性，因而学生不会由于同时学习两种时态而慌乱，这是一个"温故知新"的过程。

第三，自主学习单中各项任务环环相扣、层层递进，与教学流程一一对应，为学生搭建了真实有效的脚手架，使学生能够真正做到课前预习、自主探索和进一步学习。预备性知识练习部分用有趣的字谜游戏引入，让学生在

游戏中熟悉本节课关键词的词义，课上再由大家推选的"单词大师"带读，为大家正音，这种方式也能够激励学生多去练习发音。基础性练习部分主要解决课本上的基础问题，所有的学生都需要并有能力自主掌握。而拓展性练习部分则为课本的延伸，具有一定挑战性和趣味性，所设的场景主角都是本班学生，较为生活化，贴近学生实际，能够吸引学生投入学习。

第四，根据三层目标设计的达成度评估量规能够为学生检测学习效果提供具体而实用的标准。

第五，检测练习与课堂内容紧密联系，但题目的形式有一定的创新，并不属于"一看就会"的题，因此具有一定的挑战性，能帮助学生巩固知识、启发思维。

〔课堂实录〕

（说明：本节课，师生全程用英语进行教学和交流，对于学生不清楚、不熟悉的单词，教师用中文解释，帮助学生理解。为了方便阅读，教师用中文进行了整理。）

扫描二维码，走进"现在完成时与现在完成进行时"课堂

一、明确目标，做好准备

（课前）

师：（将学习目标展示在 PPT 上）同学们，请在上课前认真研读本堂课的学习目标，明确今天的学习内容。

二、猜词游戏，激活背景

师：今天我们来学习第 9 单元第三课"Clean Machines—Solar Car Racing"，并在此基础上辨析两种时态的用法。首先，大家先核对一下自主学习单上的字谜答案，推举一名"单词大师"带领全班朗读单词。

（学生核对答案。）

师：你们推选出"单词大师"了吗？哪位同学想领读？

生：Green！

师：好的，Green 同学你来吧。

（学生鼓掌。）

师：好的，你可以就站在座位旁。每个词读两遍，好吗？

生（Green）：好的。

（开始带读，solar, reliable…）

师：非常棒。我们需要关注一些词的发音，如 reliable。这个词是什么意思？

生（小声回答）：可靠的。

师："-able"作为后缀表示"可以被怎么样"，所以是可以被依靠、可以依赖的，意思是可靠的。

师：下面我们回到课本内容。那么，我们思考两个问题。Frank，什么是清洁机器？

生（Frank）：清洁机器就是运转起来不会产生污染的机器。

师（追问）：不会产生污染？那用什么作为动力呢？

生（Frank）：使用清洁能源，如太阳能、水能和核能。

师：非常不错。其实我下一个问题正是要问大家知道哪些清洁能源。大家看一下这些图片。第一种是什么能源？

生：水能（water energy）。

师：没错。我们有一个术语来表示，叫作 hydroenergy。请跟我朗读，hydroenergy。Hydro-表示水。第二种是什么能源？

生：风能。

师：没错。第三种是什么能源？

（学生略迟疑，小声讨论。）

师（提示）：就像 Frank 刚才说的。

生（齐声）：核能。

师：非常好。那最后一个是什么？

生（齐声）：太阳能。

师：太棒啦！今天这篇文章就是讲太阳能汽车的。

三、组内指导，人人过关

师：接下来，请大家根据自己的思维导图向小组成员介绍本课所讲的太阳能汽车和太阳能汽车赛车手。之后，小组成员一起讨论这个问题：你认为太阳能汽车是未来交通发展的方向吗？为什么？你们有5分钟的时间。同样，每个小组请推举一名成员跟大家分享。

（各小组开始讨论，教师巡视全班，适时给予帮助指导。5分钟后，教师用扔纸飞机的方式选择了汇报小组，小组代表拿着思维导图上台。）

生（Lee）：我认为这篇文章讲的是太阳能汽车产业，我把它分为两个部分。第一部分是关于太阳能汽车，包括定义、优势和发展现状。太阳能汽车被定义为使用太阳能作为动力的机动车。它有两个优势，一是清洁，二是安全。关于发展现状，现在它的时速能达到80千米。第二部分讲的是这个太阳能汽车赛车手，她从幼儿园起就对太阳能汽车感兴趣了，在大学期间，她开始设计太阳能汽车，目前已经设计完成五六辆了。关于她的比赛履历，她已经参加太阳能汽车赛车4年了，总共6场比赛，并且拿下了2场冠军。她最近正和团队设计一辆新车，同时也在写一本关于太阳能汽车的书。这是我对这篇文章的概括。

（学生鼓掌。）

师：很棒！讲得很完整和流畅。我们下面看一下这个问题："你认为太阳能汽车是未来交通发展的方向吗？为什么？"谁来回答呢？Jeff，你可以吗？

生（Jeff）：是的，我相信太阳能汽车会是未来交通发展的方向。因为我们的汽油正在逐渐走向枯竭，终有一天会被耗尽。寻找新的能源才是出路，而太阳能则是清洁好用的能源，所以太阳能汽车会是未来的方向。

师（追问）：你觉得太阳能会枯竭吗？

生（Jeff）：我们也可能活不到那一天。

师（笑）：非常棒！请坐。

四、合作学习，拓展能力

师：那么，通过课文可知，这位太阳能汽车赛车手已经完成了很多事情，同时也还在做着很多事情，对不对？请大家看课件上的这一组句子，告诉我，哪句话讲述的是还在进行的活动，哪句话讲述的是获得的成就或是已经完成的活动。Ann，你能回答一下吗？

生（Ann）：第一个句子讲的是还在进行的活动，第二个句子是已经完成的活动。

师：那么你能告诉我这两个句子分别是哪种时态吗？

生（Ann）：第一个是 Present Perfect Continuous tense，第二个是 Present Perfect tense。

师：大家知道它们对应的中文吗？

生（齐声）：现在完成进行时和现在完成时。

师：好的。我们来根据例句总结一下两种时态的构成形式。Michael，你来吧。

生（Michael）：现在完成时的肯定句形式是"主语+have/has done"，否定句形式是"主语+haven't/hasn't done"，疑问句形式是"Have/Has+主语+done?"。而现在完成进行时的肯定句形式是"主语+have/has been doing"，否定句形式是"主语+haven't/hasn't been doing"，疑问句形式是"Have/Has+主语+been doing?"。

师：非常棒！那我们看到其实这两者之间的差别只有 done 和什么？

生（齐声）：been doing。

师：好的，完美！我们刚才只讲了这两种时态的一种不同，那么，还有其他的不同吗？有吗？

生（齐声）：有！

师：当然有啦。现在请大家以小组合作的方式探讨一下这两种时态存在的其他不同。同时，思考一下这两个问题：为何这两种时态经常被混用呢？有没有可能在同一情境下，两种时态都可以用呢？请给出例句。同样，请各小组选出发言人。你们有5分钟的合作学习时间，请开始吧。

（学生进行小组讨论，教师巡视全班，适时给予帮助和指导。5分钟后，教师用扔纸飞机的形式选择小组展讲。）

师：你们准备好了吗？纸飞机要来咯。（扔）好的，这个小组的代表是哪位同学？

生（Eric）：第一组句子中，现在完成时强调结果，现在完成进行时强调过程？（小声，不自信）

师：好的，请坐。我们看一下现在完成进行时这个句子，我跑了一个小时的步了，这就是我很累的原因。所以这个句子强调的是动作本身。而第一个句子现在完成时则强调动作取得的成果。好的，那么第二组句子呢？（扔纸飞机）

生（Lily）：第一个句子讲的是他们见过几次面，第二个句子是他们见面的时间？（小声）

师：好的，思考一下下面这个句子的意思是什么，是我只见过他一次或两次吗？还是其他意思？

生（一起小声附和）：很多次。

师：是我俩在一定时期见了很多次面，对吧？第一句强调的是一个事实，就见了两次面，而第二句话讲的是不断重复的动作。前者是我们见了两次后动作结束了，而后者是我近来老是见到他。这也能暗示，这个男孩比较勤奋，经常去图书馆。那么，下一组句子，请那一小组同学回答。

生（Verstappen）：第一个句子讲的是事实，而第二个句子涉及说话者对这个男孩的情感态度，这真是个懒惰的男孩。

师：这句话暗示的是哪种情感态度呢？

生（Verstappen）：说话人觉得这个男孩很懒。

师：这是积极的还是消极的呢？

生（Verstappen）：消极的。

师：没错，消极的情感态度，或者我们可以说表示不赞成其做法。好的，请坐。所以大家可以看到，现在完成进行时是可以反映说话人的情感态度的。好，大家看一下第7组和第8组句子。

生（Rose）：前面这组讲的是完成的动作，后面这组讲的是还在进行的动作。

师：谢谢，请坐。大家同意吗？其实呢，大家看一下加下划线的词，ever, never, before, already, yet 和 all morning, the whole day, all her life 不同，也就是与两种时态连用的时间状语是不同的。那么，最后两组句子呢？

生（Melody）：第一组句子强调的是时间，第二组强调的是……（声音渐无）。哦！（在教师的鼓励下推翻之前的说法）第一组强调的是次数。

师：是的，非常棒！

生（Melody）：第二组强调的是 lasting（持久的）？

师：Lasting！没错！请坐。那我们可以换一种说法，第一组讲的是 frequency（频率），而第二组中的 long 指的是 duration（持续时间）。好的，超级棒。接下来，我们讨论一下这个问题：两者为何常被混淆？两者有没有可能用于同一种情境？首先，为何会混淆？Green？

生（Green）：因为它们很类似。

师：哪方面类似？

生（Green）：例如都有 have 作为构成形式，还有……（不自信）。就这些。

师（笑）：就这些吗？没关系，请坐。Vicky，你能补充一点吗？

生（Vicky）：两者都从过去开始发生。

师：没错，都从过去发生。但是呢？

生（Vicky）：现在完成进行时表示现在还在持续，而完成时就结束了。

师：很好，这是不同之处，对吧？

生（齐声）：对。

师：所以说相似之处是它们都从过去开始，并对现在有一定影响。两者有可能用于同一情境吗？可能吗？Michael，你觉得呢？

生（Michael）：有可能。（纠结）现在完成进行时指动作持续，现在完成时指的是完成的事实。

师：嗯，可以举些例子吗？

生（Michael）：好的。比如说"I have done the homework yesterday."和"I have been doing homework (since) yesterday.""I have been doing homework for a long time."。

师：两种情况说的都是做了作业，对吗？

生（Michael）：是的。

师：但是侧重点不同，对吗？

生（Michael）：没错。

师：非常棒，请坐。现在我们看一下这两个句子。"I've learned English for 12 years.""I've been learning English for 12 years."它们的意思相同吗？几乎是一样的，对吧？但是重点不同，或者说强调的点不同。

五、语言应用，熟能生巧

师：那么，现在让我们把所学知识运用到实践中去。大家还是以小组为单位，选择以下任一情境发挥想象编一段有趣的短对话，其中要有至少一个现在完成时和现在完成进行时的句子。大家来看一个例子。Lee 和 Verstappen

你们两位可以读一下这个对话吗？

（以下为对话内容。）

生（Lee）：看看你的脸，黑眼圈都出来了，你是不是已经读完了小说《我是奶酪》？

生（Verstappen）：哦，我还没工夫管那个呢。

生（Lee）：啊？那你（最近）都在干些什么？

生（Verstappen）：我最近一直熬夜看我偶像主演的电视剧。

生（Lee）：你不应该这样做呀，马上就要考试了。

生（Verstappen）：我知道啊。但是这是两年来她首次主演的电视剧，我期待已久了。

生（Lee）：嘘！小声点，Krystal 过来了。

（其他同学笑。）

师：很好。这个情境真实吗，Verstappen？因为我知道你偶像是谁。哈哈，虽然说你提到偶像时很激动，但你还是要小点声，安静点，好不好？那么，大家请开始讨论吧。你们有 5 分钟的时间。要尽量把对话编得有趣生动哦。

（学生进行小组讨论，教师巡视全班，适时给予帮助和指导。5 分钟后，小组展讲。）

师：时间到，准备好了吗？Peter，你们组准备好了吗？

生（Peter）：还没。

师：好吧。哪个组准备好了呢？Green 呢？好的，Michael，你和谁搭档？

生（Michael）：和 Green。

师：好的，大家欢迎。

生（Michael）：Green，你眼睛肿了，你最近总和 Jeff 打架吗？（现在完成进行时）

生（Green）：是啊。

（学生大笑。）

生（Green）：他肌肉很强壮。（所给情境之一）

生（Michael）：好吧。我看到 Molly 好像很开心。她是不是一直在看你俩打架？（现在完成进行时）

生（Green）：是的，她一直看我们打架。

生（Michael）：我看到 Oliver 好像很担心你。（所给情境之一）她是不是也看到你打架了，而且已经去过医院看你的伤情了？（现在完成时）

生（Green）：是的，事实上，我的情况很严重。

生（Michael）：哦，我看 Peter 怎么一副百无聊赖的样子。（所给情境之一）你也因为很无聊和他打架了吗？

生（Green）：……（声音过小没听清楚）

生（Michael）：我发现 Verstappen 好像很关心你的身体，他整晚都在看护你吗？（现在完成进行时）

生（Green）：没错，所以他才有黑眼圈。（所给情境之一）

生（Michael）：我们的表演结束。

（掌声雷动。）

师：太棒啦！你们把所有的情境都用上啦。

师：下面，我们来总结一下。请小组讨论一下你对这两种时态的理解，你们需要画一张思维导图，图中包括课件上写出的四点。给你们 5 分钟的时间，好吗？

（学生进行小组讨论，教师巡视全班，适时给予帮助和指导。5 分钟后，学生展讲。）

师：时间到。准备好了吗？Cynthia？

生（Cynthia）：现在完成时的形式是：主语+have/has+done。我只写了那个……

师：只写了肯定式，没关系的。

生（Cynthia）：好的。现在完成时用于表示过去发生的事情，对现在有影响，例如"I have finished my homework."。（我已经完成了作业。）第二种用法是过去事件发生的次数，例如"I have met him at the library twice."。（我已经在图书馆见过他两次。）而现在完成进行时的构成形式是：主语+have/has+been doing。第一种用法是过去发生的事情现在还没有结束。第二种是对现在有影响（强调发生的动作本身），例如"She's been peeling onions."。（她一直在剥洋葱。）第三种是带有感情色彩，例如"Tom has been lying on the bed for a whole day. Such a lazy boy."。（Tom一整天都躺在床上无所事事，太懒啦。）

（掌声雷动。）

六、自我小结，提炼意义

师：最后我们来进行一下课堂总结，思考一下你从今天的课堂中获得了什么。Steven，你觉得呢？

生（Steven）：我们学习了现在完成时和现在完成进行时的用法，二者的相同点与不同点，还有很多的例子。同时，除了时态和课文内容，我们也学会了团队协作。

师：嗯，很好。Steve，你有什么要补充的吗？

生（Steve）：我在课堂上发挥了自己的想象力。

师：用到了想象力，非常棒！还有吗？

生（Steve）：（腼腆）还编造了一些对话。

师：好的，非常棒！那么，大家还有什么问题吗？应该没有了吧（笑），对不对？谢谢大家！

七、对照目标，检测效果

（课后）

师：（下发三层目标评估量规）请各位同学对照本堂课的三层目标评估

量规，对本节课的学习进行自我评价。

〔要素评课〕

在备课组组长周喆老师的统筹安排下，周喆老师负责学习目标的设计与达成维度的观察，易春丽老师负责实现路径的规划与实施维度的观察，刘珏老师负责关键问题的设计与解决维度的观察，王文赞老师负责教学资源的挖掘与利用维度的观察，鲁碧珍老师负责多向交流的运用与效果维度的观察；李婧萍老师负责教师点拨的智慧与启迪维度的观察。

维度一：学习目标的设计与达成

结合学情分析，本节课的三层目标的设置具有科学性、激励性和层次性，不同层次的学生在达成目标方面有一定的选择空间。同时，目标的设置符合英语学科对学生思维品质培养的要求，即学生能够辨析语言和文化中的具体现象，梳理、概括信息，构建新概念，分析、推断信息的逻辑关系。通过对大量例句的分析，学生对现在完成时和现在完成进行时两种时态的相同点与不同点进行梳理和概括，并用思维导图的方式将新学到的知识进行整合，有利于培养思维品质，提升分析和解决问题的能力。

课后对10名A等、15名B等和10名C等水平的学生进行访谈，询问本节课学习目标的达成情况。35名学生都完成了基础性目标，即基础性目标达成率为100%；32名学生能完成拓展性目标，即拓展性目标达成率为91.4%；8名学生能根据所学创编一道短文填空题，对两种时态学习情况进行考核，即挑战性目标达成率为22.9%。根据三层目标达成率可知目标达成路径是有效的。

维度二：实现路径的规划与实施

本节课的预备性知识以及上节课所学的现在完成进行时有关知识为学生

本节课的学习搭建了脚手架，练习的容量和难度均适中。

学生通过自练、自查、自纠预备性知识练习和基础性练习，100%达成了基础性目标；通过独立完成、小组讨论、组内同学分享、小组随机展讲，90%以上学生能够识别和归纳两种时态的构成形式以及课本上所提及的主要不同点，80%以上的学生能够通过拓展的例句分析和归纳课本未提及的两种时态的不同之处，并根据所给情境正确应用两种时态。小组长能够组织小组讨论，并热心指导学困生，随机小组展讲有效地激发了学生的学习热情。

维度三：关键问题的设计与解决

每一层次目标都有相对应的练习题，这让学生得以在自练、自查、自纠中达成学习目标。

对于本节课的关键问题：两种时态为何常被混淆？是否存在两种时态同时适用于同一情境的可能？请举例说明。这两个问题引导学生去思考、辨析两种时态的现实意义，并通过对两种时态是否能适用于同一情境的思考引发学生的好奇心，同时也给学生打开了一个全新的视角。

关键问题的解决途径为学生独立思考、小组讨论、组内得出结论、小组随机展讲。展讲的小组代表在回答关键问题时显得不够自信，说明这两个问题的确难度较大，通过教师的解释和补充，学生对两种时态有了更深刻的理解。

维度四：教学资源的挖掘与利用

本节课用到的资源包括学生资源、自主学习单、课件以及实物投影仪等。小组学习能够形成一个整体，组内"小老师"能够调动组内成员的学习积极性。实物投影仪的使用能够及时地将学生的优秀思维导图作品投放到大屏幕上，让学生之间进行分享和交流，极大地提高了课堂效率，同时也提高了班级学生的活动参与度。

维度五：多向交流的运用与效果

本节课的生生交流和师生交流不失为课堂上的亮点。在传统的课堂当中，教师"一言堂"的情况很普遍，但本节课在一定程度上打破了以教师为中心的授课方式，以学生自主学习和小组讨论为主，体现了学生的主体地位。本节课有数轮的小组讨论活动，学生在讨论过程中进行了频繁而热烈的生生对话，几乎每组都有能够引导讨论的组织者，因此每个小组都能在给定时间内得出结论，并做好展讲的准备。但小组角色分工略显不足，有个别学生参与度不高。

教师在小组讨论期间，巡视各组，耐心倾听、交流，并及时给予点拨，激活了学生的思维，有效地引导学生自我解答疑问。

本节课的互动交流时间超过整节课时长的50%，双向及多向互动人数占95%以上。总体而言，多向交流的运用取得了不错的效果。

维度六：教师点拨的智慧与启迪

本节课教师多样的点拨方式帮助学生达成了学习目标，恰当积极的评价也激发了学生的学习热情。

教师的智慧点拨体现在以下几个方面。

一是在字谜游戏环节，由一个学生带领大家朗读单词时，该学生在个别单词的发音上不够准确，教师没有立即打断，而是在领读结束后，首先对其进行表扬，再对相应的词进行发音纠正，同时也顺势带学生回忆了单词的含义，并附带分析了其构词，一气呵成地对单词学习进行了处理。领读的方式激发了学生练习发音的积极性，同时也让其在学习过程中更为专注。教师的点拨时机恰当，并非面面俱到，而是有针对性。

二是在对比两种时态的例句找不同环节，因该部分难度较大，教师采用了每种情况分别点拨的方式，启发学生进行思考和归纳。点拨的内容较为关键，使学生得以"跳起来够得着"，同时也避免了全部交由学生展讲可能出现的问题。

三是在课堂总结环节，教师循循善诱，引导学生思考本节课所学。通过教师的点拨，学生不仅概括了本节课的重点内容，也提到了"学会了团队协作，发挥了自己的想象力"等方面。由此可见，对学生而言，他们的收获和感受是多方面、多层次的。

总之，本节课不仅锻炼和培养了学生在听、说、读、写方面的综合能力，也体现了以学生为中心的教育理念。学生不仅在一种轻松的氛围内交流与学习，也在多彩的课堂活动中学会了把枯燥的语法规则运用到实际情境中。

〖教学反思〗

2019年7月，我有幸参加教育科学出版社主办的"思维导学骨干教师暑期高级研修班"。在为期一周的研讨时间里，我系统地学习了思维导学理念，非常感谢房超平老师和与会的各位同人对我的教案"现在完成时与现在完成进行时辨析"所做的点评、修改和打磨，这为我之后的教学奠定了良好的基础。本节课教学设计严格按照思维导学理念展开：精心设计三层学习目标，规划目标的实现路径，预设课堂流程并编制自主学习单。经过研课、上课、评课三个环节，我深感思维导学的无穷魅力，收获良多。

一、教学设计与实施的经验总结

1. 预备性学习要精心设计

教学的整体设计应该包括"课前—课中—课后"三个环节。但许多教师往往只重视课中的设计和课后的作业评估，而忽略了学生课前的自主预习，降低了课堂效率。从课前学习来看，学生预习的内容不应局限于本课知识。教师还需要通过精心设计，将之前学过的知识与本课联系起来，使学生能够进行持续的、有效的学习，并将知识体系一步步构建起来。

本节课课文中出现了大量的现在完成时和现在完成进行时的句子，而在上节课当中，学生已经学习了现在完成进行时的有关知识，因此，学生通过自主学习单上的练习能对上节课的知识进行回顾，同时又学习了新的知识，即现在完成时以及二者的相同与不同点，"温故而知新"。除此之外，自主学习单上还有关于背景知识扩充的问题。这些问题与课文内容相关，但又不局限于课文，在引发学生学习兴趣的同时，能够助其开阔视野，进行深度思考。因此，有效的自主学习单能够将学生所学的知识进行关联并提高学生学习的积极性。

2. 学习目标动词指令要清晰

本节课的学习目标与以往的"掌握（master）""学会（learn）""理解（understand）"等过于宏观而难以量化的标准不同，采用第一人称的句式，并使用简单易懂、可量化的动词进行表述，例如"正确读出（pronounce）""找到（find）""画出（draw）"等。

从学生反馈来看，本节课后，学生能够清晰地把握整节课的目标，并根据自身的情况选择相应的目标去努力达成，因此在他们的眼中原本"高、大、上"的学习目标已经变成了容易落实的可努力的方向。此外，根据这些目标，他们也能够发挥自己的主观能动性，制订切实可行的小策略，从而真正体会"我的学习我做主"。

3. 关键问题要有效设计和引导

关键问题的设置和回答是本堂课的重点。关键问题不同于简单的知识回顾或是细节抓取，有效的关键问题需要学生运用对比、分析、归纳和创造等，对问题进行剖析和解答，因此能锻炼学生多方面、多层次的能力。

本节课的关键问题：两种时态为何常被混淆？是否存在两种时态同时适用于同一情境的可能？请举例说明。要回答第一问，学生要知道两种时态从概念到构成方式再到适用情境等各方面的异同。第二问需要学生打破常规，从反方向去思考问题，当学生在这一点上出现困难时，就需要教师进行点拨和引导。最后举例说明需要学生在理解的基础上进行创造，学生创造出来的句子不一定完全正确，这时也需要教师及时点评和纠正。

好的关键问题能够激发学生的求知欲，引发学生深思，教师应格外重视关键问题的设计，并对问题的解决进行有效的引导。

4. 配套练习要精准定制

合理的实现路径是达成目标的保障。本节课共有 6 个学习目标，每个目标都配有相应的练习。课前发给学生的习题包括预备性知识练习、基础性练习和拓展性练习。所有习题都与相关的学习目标相对应，数量不多，但恰到好处，起到了良好的效果。教师在准备自主学习单时一定要深入钻研，对习题进行筛选和整合，并加入自己的创新，使习题不仅有效，而且有趣，激发学生的学习兴趣，并为其课堂学习提供辅助。

5. 教学进度要依学而定

教学当中的进度并不一定要紧跟教学计划，如有的环节学生需要的时间比预设多，从而导致之后的教学环节无法展开，这是正常现象。同时重要的是，学生在课堂上解决了疑难和困惑，而不是在懵懂的状态下又被迫去接受新的知识。与此同时，教师也要对课堂教学有整体的把握，时时观察课堂动态，随机应变，对教学进度进行及时调整。

6. 小组讨论时间要充分

在传统的课堂中，教师往往"不舍得"给学生过多的时间和自由，因此小组讨论的时间比较有限。这其实是教师对学生的不信任，为了提高课堂讲授效率，教师不太愿意让学生自己学习、自行讨论。实际上，学生是有能力通过小组讨论和交流去达成目标的，无论是梳理知识点、完善思维导图还是课文复述、情境创编，只要给学生足够的时间和自由，他们就会有极大的热情投身于小组讨论，并产出让人意想不到的成果。而在此过程中，学生的思维是主动、活跃的，而不是被教师"推着走"。例如，在创编对话环节，展示的小组把所学的两种时态都运用在了一个短短的对话当中，这是大家始料未及的。这种创新有趣又精彩，且学生对两种时态的适用情境有了更深入的理解。

二、实施效果与预期的差距及原因

本节课的实施效果与教学预期还是存在一定差距的。

1. 未将课堂完全还给学生

教师未完全信任学生,因此有些地方没能完全放手。例如在通过分析几组句子总结两种时态的不同时,可以完全交由学生展讲,但教师在该环节占据了主导地位。

2. 未充分把握课堂节奏

虽说教学进度要依学而定,但教师对课堂节奏的掌控也还有很大的进步空间。有的环节过于拖沓,如在填写两种时态构成形式表格时,花费的时间较多,这导致有的环节进行得不够充分;再如在语法总结的部分,讨论时间过短,这导致产出效果不佳,学生来不及将知识内化;以及对思维导图进行修改和完善,教师也未能给出相对具体的评价。

三、教学设计与实施待改进之处

结合教学实际问题,我认为本节课教学设计可以从以下两方面进行改进。

一方面,改进拓展性练习,搭建脚手架。在拓展性练习中,有一道题为通过分析几组句子,归纳与概括两种时态的不同。该题没有给学生足够的信息,任务不够明确,让学生无从下手,课堂产出效果不佳。可以做出的改进是,给出类似"是否强调完成""是否强调情感"等提示,提示思考的方向,简化问题,帮助学生更好地理解题意并进行作答,从而提高课堂效率,增强教学效果。

另一方面,增设生生互评的环节。本节课是以小组讨论与交流为载体、以学生为主体的课,因此,学生之间的互评与教师对学生的评价同样重要。为了提高小组讨论的效率和产出的质量,引入生生互评机制能够在一定程度上督促各小组进行有效的讨论,同时也能进一步激发学生学习的积极性。学生往往比较在意同龄人的评价,这也符合学生的心理特征,生生互评不失为可行的策略。

四、与课堂观察者交流的问题

本节课后,我与作为课堂观察员的老师们就如下困惑进行了交流。

1. 如何把握语法课对课文的处理

本节课的课文内容较为简单,对学生来说理解课文是没有问题的。而从课文话题来看,似乎也不具备深挖的价值。因此我的做法是让学生自行画思维导图,并进行课文复述,从课文复述的部分例句中引出两种时态的不同。如果遇到难度比较大的课文,就需要把语法教学和课文理解分开来设计。

2. 如何让语法课变得高效且有趣

一提到语法课,我们常常想到的是"枯燥无味、令学生头疼"。语法学习由于规则较多、例外也多、逻辑性不够强等受到学生抱怨,许多学生对语法的学习带有偏见。因此,我认为教师应该帮助学生破除这种想法,让学生确信语法学习实际上是迅速掌握一门外语的"捷径",只有我们熟悉了语言的规则,才能够灵活地去使用和创造且不出错、不闹笑话,说出地道的句子,写出流畅的文章。同时,语法其实是语言的逻辑,因此我们要尽力去帮助学生搭建语法的体系,如从最简单的句子成分(主谓宾定状补)出发,再衍生出从句的概念,包括主语从句、宾语从句、表语从句、定语从句和状语从句等,再由谓语动词引发时态的概念,再拓展出非谓语的概念……。通过层层搭建,学生头脑中会逐步形成一个整体的框架。教师要让学生看到语言的壮阔和魅力,并让学生通过参与与其生活相关的各种情境,发挥想象力,灵活运用语法规则,通过与同伴之间的有趣互动,自然而然地加深对语法的理解。

[专家点评]

我曾经邀请一位美国老师观察学校老师的语法课,这位美国老师连续三次反问我："Are you sure this is an English class?"因为那节语法课上教师和学生基本上用的是中文。后来，又观察了一节全英文的英语语法课，也只是把汉语变成了英语而已，其他的并没有实质变化。从这个意义上讲，江雨薇老师的这节英语语法课值得点赞。因为她把自己讲授句型结构的传统语法课，变成了学生在运用语言现象的基础上的自主归纳和整理的句型结构操练课。

从教学设计看，这节课从让学生找到课文中的新语法现象——所有包含现在完成时和现在完成进行时的句子——入手，要求学生在比较学习中，举例说明现在完成时和现在完成进行时的至少三点不同；然后再根据教师给定的情境，应用现在完成时和现在完成进行时进行"情境造句"游戏，由于所给情境中的人物都是本班同学，且情境真切，因而增强了活动的趣味性；接着，让学生运用两种时态创编一道短文填空题。这种习得式的教学设计，改变了以往教师讲解英语语法的设计套路，使人耳目一新。假如在设计中，增加一些语言现象辨析题（比如，把文章中正确的部分句子改为错误应用句型的句子，让学生辨析），可能会进一步促进学生对语言现象的关注和理解。

从课堂实施看，正如江老师在反思时所说，在学习英语语法时，教师往往担心学生自己学不清楚，而"不舍得"给学生过多的时间和自由，小组交流的时间往往非常有限。基于这样的认识，无论是梳理知识点、完善思维导图、复述课文还是创编对话，江老师都放手鼓励学生进行讨论和交流，给学生足够的时间和自由。学生确实如同教师所期望的那样，给教师同时也给自己一个惊喜。难能可贵的是，江老师抛弃了以往那种以说教为主的语法课教学方式，以学生进行语法现象操练为主要手段，以教师引导发现为辅助手段，使语法课变活了。假如这节课能够再大胆一点，尽可能减少教师自己对语法现象和规律的归纳和总结，进一步加大学生操练语法的度和量，学习效果可能会更加突出。

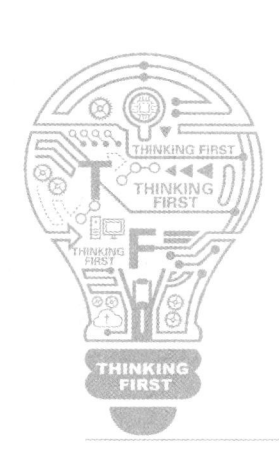

物理

点亮思维之光
——以"电源和电流"教学为例

西安市高新第二高级中学　张　婷

〔教学设计〕

一、课型

综合课。

二、内容分析

（一）从教材角度分析

本节课内容来自人教版《物理》教材选修3-1第二章"恒定电流"第一节"电源和电流"。本节课作为新的一章的第一节，既要引出本章关于电路的知识，又要回顾和联系上一章电场的知识。联系旧知，引出新知。本课从电场入手，分析、讨论问题，将"场""路"联系起来，避免知识割裂。通过"千人震"实验以及研究电源作用的三个对照实验，培养学生严谨的科学态度、观察能力、分析能力以及推理能力。

（二）从课程标准分析

《普通高中物理课程标准（2017年版）》（以下简称"物理新课标"）将必修3内容分为"静电场""电路及其应用""电磁场与电磁波初步""能源与可持续发展"四个主题。本节课介绍的内容属于"电路及其应用"，物理新课标要求学生会观察并能识别常见的电路元器件，了解它们在电路中的作用。

（三）从核心素养分析

物理学科的核心素养是指学生在接受物理教育过程中逐步形成的适应个人终身发展和社会发展需要的必备品格和关键能力，是学生通过物理学习内化的带有物理学科性质的品质。物理学科核心素养包括物理观念、科学思维、科学探究、科学态度与责任。

本节课通过一个个实验培养学生的科学探究意识，使学生能在不同情境中发现并提出可探究的物理问题，会合理猜测和假设，具有实验探究的能力；在独立推导电流的微观表达式中，培养学生的科学思维和计算能力。

三、学习目标

基础性目标	1. 我会根据已经学过的匀强电场知识，进一步完善对"场"的理解，阅读课本能写出本节课重点概念的定义和有关公式，如电源、恒定电场、恒定电流、电流。
	2. 我能结合初中已学过的知识初步说出电流形成的条件。
拓展性目标	1. 我能通过观察电源的实验，总结电源在电路中的作用。
	2. 我能通过精读课本和小组讨论从微观角度理解恒定电场和恒定电流的概念。
	3. 我能在理解物理模型基础上通过独立思考和小组讨论补充的方式推导出电流的微观表达式。
挑战性目标	1. 我能通过合作探究的方式比较电荷定向移动速率、电流传导速率、电子热运动速率三种速率的异同。
	2. 我能自己查阅资料，用已学电场知识归纳恒定电场的形成过程。

四、实现路径

预备性知识学习	课前：独立完成电场的预备性知识学习。
	课堂：小组讨论和交流，核对答案，解决疑难。
基础性目标实现路径	课堂：精读课本找到答案，小组讨论和交流，对基础性知识、基础性练习答案进行核对，取得一致性认识。
拓展性目标实现路径	课堂：小组讨论、交流、展讲和教师导学，总结归纳。
挑战性目标实现路径	课堂：教师通过生活中具体实例和电流元模型说明三种速率的不同。
	课后：学生自己查阅资料进行思考，组员之间交流，认识恒定电场，为后面学习串并联电路做好准备。

五、课堂流程

流程	时间	教师活动	学生活动
感受电流引出新课	3分钟	组织学生参与"千人震"实验并展示本节课的三层学习目标，明确任务。	学生手拉手参与实验，亲自感受电流；产生学习本节课的兴趣。

续表

流程	时间	教师活动	学生活动
演示实验 看到电流	6分钟	演示书中实验，让学生观察实验，提出问题，教师及时点拨。动画演示抽水机和水流的关系、电源和电流的关系，通过类比学习帮助学生进一步理解电源的作用。	观察实验，"看到"电流，大胆猜想，小组讨论总结出电源的作用。
精读课本 寻找线索	12分钟	组织小组讨论，并及时指导，通过动画视频用车流类比电流。	仔细阅读课本内容，填写自主学习单，思考问题，每组选定一个人进行汇报，小组之间互相补充。
合作探讨 拓展能力	15分钟	用自制的物理模型帮助学生理解题目中的微观模型，指定小组进行展讲，及时点拨，并对表现优异的学生进行表扬。	使用例题给出的具体情境推导电流的微观表达式，独立推导，小组讨论，推选一个代表上黑板带领大家一起推导，其他小组进行补充。
思考小结	9分钟	组织学生思考问题，时间充分的情况下选择挑战性问题进行点拨。	分小组讨论三种速率的区别，每个小组只写一个速率的答案，交换组员进行交流，最终获得全部答案。

六、检测练习

1.（基础性目标1，多选）关于电源的作用，下列说法正确的是(　　)。

A. 电源的作用是为电流提供自由电子

B. 电源的作用是使导体中形成电场

C. 电源的作用是维持导体两端的电势差

D. 电源的作用是使自由电荷做定向移动

2.（基础性目标2，多选）关于电流的方向，下列描述正确的是(　　)。

A. 规定正电荷定向移动的方向为电流的方向

B. 规定自由电荷定向移动的方向为电流的方向

C. 在金属导体中，自由电子定向移动的方向为电流的反方向

D. 在电解液中，由于正、负离子所带电荷量相等，定向移动的方向相反，故无电流

3.（拓展性目标1、2）有甲、乙两导体，甲的横截面积是乙的2倍，而

单位时间内通过导体乙横截面的电荷量是甲的 2 倍，下列说法正确的是(　　)。

　　A. 通过甲、乙两导体的电流相同

　　B. 通过乙导体的电流是甲导体的 2 倍

　　C. 乙导体中自由电荷定向移动的速率是甲导体的 2 倍

　　D. 甲、乙两导体中自由电荷定向移动的速率相同

4.（拓展性目标3）有一根铜导线横截面积 $S=1\times10^{-6}$ m²，其中自由电子的密度 $\rho=8.5\times10^{28}$ 个/m³，当导线中通电电流为 1 A 时，自由电子定向移动的速率为多少？

5.（挑战性目标2）请你根据本节课所学知识归纳总结恒定电场的形成过程，画出思维导图，标注出自由电荷受力方向、定向移动的方向以及电流在电源外部和内部的流向等主要信息。

七、自主学习单

（一）预备性知识

1. 匀强电场的特点。

2. 已知场强方向，判断正电荷和负电荷所受电场力方向的方法。

（二）基础性练习

1. 观察实验（如下图所示），请你描述开关闭合后的现象。

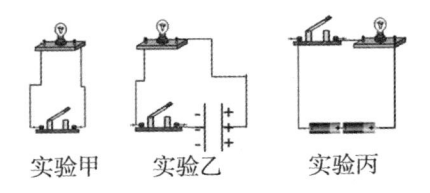

实验甲　　实验乙　　实验丙

	导线中有没有电流	若没有，请说明原因	若有，能否持续
实验甲			
实验乙			
实验丙			

2. 小组讨论：电源的作用是什么？
_____

3. 精读课本，自主合作学习。

（1）恒定电场

①定义：由_____所产生的稳定的电场。

②形成：当电路达到稳定时，导线中的电场是由_____、_____等电路元件所积累的电荷共同形成的。

③特点：任何位置的_____和_____都不随时间变化，其基本性质与静电场相同。

（2）恒定电流

①_____、_____都不随时间变化的电流称为恒定电流。

②电流定义：通过导体横截面的_____跟_____的比值叫作电流。

③定义式：_____。

④物理意义：表示电流_____程度的物理量。

⑤单位：_____，简称_____，符号是_____。

常用的单位还有_____和_____，且 1 A = _____ mA = _____ μA。

⑥电流的方向：规定_____。

⑦电流是_____。（矢量或者标量）

（3）分组交流

①电流产生的条件是什么？

②在电解质溶液中，怎样计算通过某横截面的电荷量？

③分析导线与直流电源相连后，电流在电源外部和内部各是什么流向。

（三）拓展性练习：电流的微观表达式

示例：如下图所示，粗细均匀的一段导体长为 l，两端加一定的电压，导体中的自由电荷沿导体定向移动的速率为 v，设导体的横截面积为 S，导体每单位体积内的自由电荷数为 n，每个自由电荷的电荷量为 q，试推导电流 I 的表达式。

练习：有一根横截面积 $S=1$ mm^2 的铜导线，通过的电流 $I=1$ A。已知铜的密度 $\rho=8.9\times10^3$ kg·m^{-3}，铜的摩尔质量 $M=6.4\times10^{-2}$ kg·mol^{-1}，阿伏伽德罗常数 $N_A=6.02\times10^{23}$ mol^{-1}，电子的电量 $e=-1.6\times10^{-19}$ C。在这个问题中可以认为导线中每个铜原子贡献一个自由电子。求铜导线中自由电子定向移动的速率 v。

（四）挑战性练习：对比三种速率

分组讨论：比较电流的传导速率、自由电荷的定向移动速率、电子热运动速率，并写下你的理解。

电流的传导速率	
自由电荷的定向移动速率	
电子热运动速率	

（五）小结

_____

_____

〔设计说明〕

一、分层目标设计依据

目标类型	目标内容	目标设计依据
基础性目标	1. 我会根据已经学过的匀强电场知识，进一步完善对"场"的理解，阅读课本能写出本节课重点概念的定义和有关公式，如电源、恒定电场、恒定电流、电流。 2. 我能结合初中已学过的知识初步说出电流形成的条件。	大部分问题是学生通过自己看书可以直接找到答案的。还有一些问题是学生通过自己的理解可以独立完成的。这些问题相对来说比较容易。
拓展性目标	1. 我能通过观察电源的实验，总结电源在电路中的作用。 2. 我能通过精读课本和小组讨论从微观角度理解恒定电场和恒定电流的概念。 3. 我能在理解物理模型基础上通过独立思考和小组讨论补充的方式推导出电流的微观表达式。	本课当中的一些关键问题需要通过小组讨论，借助分析、归纳、总结才能够得到答案，理解了这部分内容对于后面的学习和解题都有帮助。
挑战性目标	1. 我能通过合作探究的方式比较电荷定向移动速率、电流传导速率、电子热运动速率三种速率的异同。 2. 我能自己查阅资料，用已学电场知识归纳恒定电场的形成过程。	学生自己查阅资料进行思考，在"小老师"带领下进行小组交流，加深对恒定电流和恒定电场的理解，这对学习本章第四节串联和并联电路有直接帮助。

二、关键问题设计依据与解决路径

关键问题	设计依据	解决路径
观察电源的实验，理解并总结电源在电路中的作用是什么。	基于学生对电源的认识，通过三个对照实验，帮助学生理解电源的作用。	小组讨论总结。
如何通过下面的模型推导出电流的微观表达式？	本节课的重难点在于理解物理模型，明白物理量之间的关系。	独立思考，数学推导计算，小组合作探究学习。
比较电流的传导速率、电子的定向移动速率、电子热运动速率，并写下你的理解。	基于学生应用新知的学习欲望，提高学生的理解和辨析能力。	自主合作探究。
在电解质溶液中，怎样计算通过某横截面的电荷量？	让学生深层次理解电流的方向与正电荷定向移动的方向相同，与负电荷定向移动的方向相反。	通过动画演示电解质溶液导电的机理，运用电流定义式正确计算电荷量。

关键问题能引起学生的思考和争议，对本节课重难点知识的理解有帮助，比如："在电解质溶液中，怎样计算通过某横截面的电荷量？"有的学生可能会认为在电解质溶液中，正、负离子都发生了定向运动，电荷量应是代数和，这样正负就抵消了；而有的学生在思考这个问题的过程中就会发现电荷量应该是绝对值相加。这样学生在争议与讨论中会加深对电流定义的理解，以后遇到类似的问题就不会轻易出错了。

三、学生自主合作学习的要求及课前、课后完成任务的时间预设

在自主合作学习环节，要求学生先独立思考，有了自己的答案后才可以跟小组的组员进行交流和讨论，认真听组员的答案，完善自己的答案。课前：用 10 分钟时间复习电场的知识；课后：挑战性问题只要求 10% 的学生通过看书和查资料以及小组讨论完成。

四、学习目标达成度分析

本节课最重要的是观察三个对照实验,并在教师的点拨下由学生自主习得电源的作用,这比教师直接讲授效果好,基础性目标 100% 完成;拓展性目标有一定难度,时间花费得比较多,但是达成效果不错,拓展性目标达成度在 80% 以上;挑战性目标是对恒定电场、恒定电流的深层次理解,有助于对本章第四节串并联电路中电流、电压的关系的理解,只要求 10% 的学生通过查资料明白恒定电场为什么能恒定以及如何形成。

〔课堂实录〕

一、感受电流,摸一摸

导入新课:千人震实验。

师:今天老师想请几位同学手拉手感受一下电流,有谁想来试一试?现在走到讲台上来。

生:我来!

生:我也想来,会不会疼?

(大家很兴奋,几乎人人举手。)

师:会不会疼只有你自己尝试了才会知道,现在请所有想来的、敢来的同学站到讲台上手拉手围成一个圈。

师:各位同学手拉好,我要接通电源了。(动作:接通电源并很期待地看着学生)

生:没有呀!

生:什么情况?

生:没感觉。

师:看来大家并没有感觉。那我现在要断开电源了,准备好了吗?(动

作：断开电源）

（学生全部尖叫着跳了起来。）

生：好疼！

生：吓我一跳！

生：好玩，再来一次吧！

师：如果还有想试一试的同学我们下课再试试。谢谢各位勇敢的同学，现在请大家回到自己的座位。想一想"千人震"这个实验的原理。

师：开关接通，由于电流太小，所以大家并没有感觉，当开关断开时，产生一个高电压，大家手牵手形成了一个回路，有电流通过每位同学，所以大家有了感觉。刚才大家感受到了电流，那么电流产生的条件是什么呢？接下来我们通过实验来看一看电流。

【设计意图：学生对电流并不陌生，平时都知道，但是感受不到。这个环节把神秘抽象的电流变得生动而具体，通过整节课"摸—看—算"三个步骤来学习电源和电流。另外，这个实验效果明显，可以提高学生的学习兴趣，为后面的理论分析做好铺垫。】

二、观察电流，看一看

1. 电源的作用

师：请大家观察实验，并把实验现象记录在自主学习单上。注意观察有没有电流，如果有，请记录电流的方向。第一个实验中，我把两个不带电的物体直接用导线连接在一起。大家看一看有没有电流。

生：啥都没有呀！

生：不可能有。

生：不用做实验都知道绝对不会有。

师：我们来看第二个实验，把充好电的电容器正负极和小灯泡连接在一起，大家看一下小灯泡亮了没有。

生（仔细观察）：亮了一下又灭了。

生：亮了，亮了，好神奇。

生：为什么就亮了一下呢？

师：如果我拿一节干电池，把电池正负两极连接在小灯泡两端，会怎样呢？

生：一直亮着。

师：我们来看一下实验，我现在把一节干电池两极与小灯泡接在一起，请观察现象。

生：哈哈，果然如此。

师：请大家小组讨论一下，这三个实验现象是怎么产生的？

（小组讨论3分钟。）

生：有电池自然会有电流，灯泡一直亮，可是，电容器会充放电，为什么又会有电流呢？

生：当小灯泡两端有瞬时电势差的时候，灯泡发一下光；当小灯泡两端有持续电势差的时候，灯泡可以一直发光。

师：大家分析起来条理清楚，能够抓住主要问题。那电源的作用是什么呢？请大家思考一下，可以小组讨论。

生：电源就是提供持续电势差的装置。

师：非常好。我再做一下补充，有A、B两个导体，分别带正、负电荷，电源可以把导体B中的电子源源不断地输送到A，保持A、B之间的电势差，这样大家就看到小灯泡一直发光了。

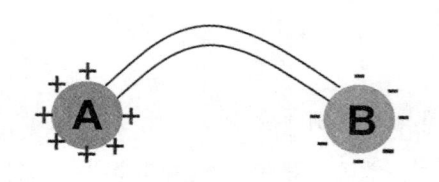

【设计意图：通过一组对照实验，让学生自己发现并总结出电源的作用，给学生留下深刻印象。】

2. 恒定电场和恒定电流

师：请大家阅读课本，完成自主学习单上的填空题。

（学生看书，自主学习。）

师：请大家小组讨论自主学习单上的几个问题，并确定答案。

分组交流：

①电流产生的条件是什么？

②在电解质溶液中，怎样计算通过某横截面的电荷量？

③分析导线与直流电源相连后，电流在电源外部和内部各是什么流向？

（学生讨论5分钟，小组内部每个人说出自己的看法再统一答案，确定好发言人。）

师：哪个组来回答一下，电流产生的条件是什么？

生：电流产生的条件有两个，一是有自由电荷，二是自由电荷发生定向移动。

师：非常准确，请坐。

师：下一个问题：在电解质溶液中，怎样计算通过某横截面的电荷量？

生：有正有负，不知道怎么办。

生：能不能直接代数相加呢？

生：得带绝对值吧？

师：我们来看一个小视频。

（视频中用车流类比电流，车有的向东，有的向西，电流也是如此，那么我们怎样算车流量呢？只算向东的？还是只算向西的？车流方向不同用减法吗？那么电流的计算亦是如此。）

师：视频看完了，大家有答案了吗？

生：是通过某横截面正负电荷量的绝对值之和。

师：对，非常好。大家平时在学习的时候要学会用类比的学习方法，用已知解决未知，化难为易。

师：最后一个问题：导线与直流电源相连后，电流在电源外部和内部各是什么流向？大家可以画图看一看，用咱们上一章学过的电场的知识来分析。

生：在电场力的作用下，自由电荷在电源外部发生定向移动，电流方向从电源正极到负极；在电源内部，电流方向从负极到正极。

【设计意图：突破这几个重点问题，学生能够更好地理解电流产生的原因，为下一环节计算打好基础。】

三、理解电流，算一算

师：同学们，我们来看这样一个模型，园丁浇灌花园，水流喷出去，在单位时间内通过某横截面积的水流形成一段水流柱，就像老师手里这个模型一样。（拿出提前做好的动态模型进行展示）水流柱的长度等于水的流速乘时间。与水流柱一样，自由电荷发生定向移动，一段时间内在导体内部形成电流柱即电流元。我们可以继续用类比的方法来学习和推导电流的微观表达式。请看例题。

如下图所示，粗细均匀的一段导体长为 l，两端加一定的电压，导体中的自由电荷沿导体定向移动的速率为 v，设导体的横截面积为 S，导体每单位体积内的自由电荷数为 n，每个自由电荷的电荷量为 q，试推导电流 I 的表达式。

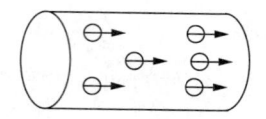

师：大家一起思考，这段电流元的长度怎么算？

生：可以学习水流柱，长度等于自由电荷定向移动的速率乘时间。

师：看来类比的方法你已经掌握了。我们取一小段电流元，定向移动的

速率 v 乘 t 等于长度，再乘横截面积 S 等于体积。

师：接下来怎么算总电荷量呢？

生：体积再乘导体每单位体积内的自由电荷数 n 等于自由电荷的总个数，再乘每个自由电荷的电荷量 q 等于总电荷量。

师：他的思路很清晰，知道总电荷量了，能不能算电流了呢？

生：电流 I 等于总电荷量除以时间。

师：我们不知道时间怎么办？

生：估计在计算过程中时间是可以消掉的。

师：请大家动手推一推结果，只有你自己算出来的才是你的东西。

（学生推导公式，请一名学生上黑板演算，时间5分钟。）

师：大家看一看黑板上同学算得对不对。大家注意一下他写的是分步式，这样很好，考试不容易失分。

生：对，和他的一样。

师：我请同学们认识一下公式里每个字母的意思。

生：v 指的是自由电荷定向移动的速率。

生：S 指的是电流元的横截面积。

生：n 指的是单位体积内自由电荷的个数。

生：q 指的是每个自由电荷的带电量。

师：最后电流 I 等于 $nqSv$。这道题里的 v 指的是自由电荷定向移动的速率。请大家比较电荷定向移动速率、电流传导速率、电子热运动速率有什么区别。

【设计意图：继续用类比的方法，利用模型、画图，让学生先理解每个字母的意思，再从电流的定义式出发，独立推导，获得学习的成就感。】

四、小结

师：这节课咱们学习的哪个知识点让你印象深刻呢？我想请同学们分享

一下。

生：今天让我印象最深刻的是"千人震"实验，太疼了，现在都还疼着呢！不过我还想试一试。

师：大家放心，这次实验中我用的电流是计算过的，远小于人体能够承受的安全电流。

生：我学会了类比的学习方法，用"车流类比电流"实在太方便了，这样一下子就想明白了，以后我自己会多试试类比的学习方法。

师：你今后可以经常用，多试试。

生：我终于明白了电流究竟是怎样产生的，我以后可以用电流微观表达式计算电流的大小了。

生：老师在今天的实验中用到了电容器，我们在上一章第8节刚学习过，没想到还可以这么用，太神奇了。

师：在大家热烈的回答中本节课就结束了，谢谢大家。

【设计意图：让学生回忆本节课的内容，希望学生觉得物理不再难学，对物理学习产生兴趣。】

〔要素评课〕

在备课组组长冯建斌老师的统筹安排下，辛晓娟老师负责学习目标的设计与达成维度的观察，余书雄老师负责实现路径的规划与实施维度的观察，冯建斌老师负责关键问题的设计与解决维度的观察，庞蓉老师负责教学资源的挖掘与利用维度的观察，李尧老师负责多向交流的运用与效果维度的观察，艾彩慧老师负责教师点拨的智慧与启迪维度的观察。

维度一：学习目标的设计与达成

本节课目标设置科学、具体，层次分明。基础性目标能够考虑到初中学过的知识，能够关注全体学生；拓展性目标激发学生自主合作探究欲望；挑战性目标给学有余力的学生充分发挥的空间。整体来说，三层目标对学生的激励性很强，是学生"跳一跳"可以够得到的高度，这样的课对思维培养有好处。

该班学生基础好，能顺利、正确地完成自主学习单上的预备性知识练习和基础性问题。拓展性目标设置虽略高于学生实际，但通过多次演示实验、视频动画分析，最终落实到位，80%的学生可以完成。小组合作探究时各小组成员分工明确，目标明确，积极展讲，展示全组的集体智慧。挑战性目标内容较复杂，需要学生课下查找资料完成，给学有余力的学生留下了思考的空间。

本节课目标表述清晰、明了，课后询问的 5 名学生表示，对自主学习单和课堂上的所有问题没有异议，都能理解问题的意思，同时，有一些问题能激发学生的兴趣，让学生有讨论的热情。

从时间上看，安排比较合理：基础性目标耗时 12 分钟，拓展性目标耗时 25 分钟，挑战性目标点拨耗时 5 分钟，最后的对照目标检验和课堂小结耗时 3 分钟。

维度二：实现路径的规划与实施

第一，课前预备性知识是为这节课做铺垫的，由于是新的一章的第一节课，所以不涉及练习题。

第二，这一节课充满趣味性，用实验调动学生的兴趣，用问题引发学生的思考，是一堂典型的"思维导学"实验课。这节课多次采用学生独立学习、小组讨论等学习方式，学生能做的事情，教师绝不插手，教师只是在适当的时候进行点拨和讲解，培养学生的独立思考能力。长此以往，可以培养学生勤学善思的学习习惯，被动学习变为主动学习。

第三，在小组合作学习过程中，学生全员参与，分工明确，有效促进讨论过程中新问题或新思考的产生。当讨论偏离主题，有提醒者提醒组员回到正题。整个过程有人记录每个人的发言，整理后在全班进行展讲。小组合作学习效果良好，有助于学习目标的实现。

维度三：关键问题的设计与解决

基础性练习设计了一个关键问题：电源的作用是什么？学生要回答该问题需要仔细观察三个对照实验，分析现象产生的原因。实验设计巧妙，几乎所有学生观察完实验都可以找到这个问题的答案。

拓展性练习设置了一个关键问题，也是本节课的重难点。该内容的突破分为以下几个步骤：（1）通过物理模型理解每一个字母代表的意思，明白题目的意思；（2）分步骤，从后往前一步步推导，找到解题的关键钥匙；（3）自己独立思考；（4）不清楚的问题组内讨论，"小老师"进行讲解；（5）理解通过物理模型推导出的电流微观表达式；（6）派一名学生代表上黑板展讲，带领全班同学回顾学习思路。

挑战性练习有一个关键问题，需要学生课下查阅资料，进行小组讨论，由"小老师"带领小组完成。

展讲的问题都是本节课的重难点内容，教师在学生展讲过程中进行了适时、有效的引导，其他同学在仔细聆听的同时也进行了评价。

维度四：教学资源的挖掘与利用

分组时采用异质分组的方式，每组里面有成绩好的，也有成绩一般的，方便在讨论的时候让成绩好的学生发挥"小老师"的作用，带领该组成员完成任务。

课堂上，教师充分利用物理实验、投影仪等设施，使学生的学习变得更加直观具体，通过多次动画演示，让学生学会类比学习。让人印象深刻的是"千人震"实验，相信这个实验在学生脑海中会留下深刻的印象。

在富有挑战性的内容学习中，教师自制物理模型，使学生容易理解什么是电流元,实现了创造性教学。

此外,整节课有效利用了自主学习单,一节课下来,95%以上的学生完成了自主学习单上的所有内容。自主学习单上的内容与上课内容、课件十分匹配,互相呼应、补充。

维度五:多向交流的运用与效果

整节课学生参与度高,从10名学生上讲台做实验,到小组派人回答问题、上黑板推导公式等,整节课一共22人次参与课堂互动。3次深入的小组讨论,时间长达20分钟,从做实验到看书,再到讨论分析,最后推导公式,全由学生自主完成,真正体现了学生是课堂的主人。师生平等交流,对话具有启发性。

维度六:教师点拨的智慧与启迪

教师点拨的时间恰当,"该出手时就出手",表扬学生不用"棒""好"这样的字眼,而是点出学生的特质,例如"该同学回答问题思路清晰,能找到这个问题的关键点,语言简练,表达能力强,听他回答问题很享受"。当学生回答问题有偏差时,教师能引导其回到正题。此外,本节课也采取了生生点拨的方式,学生之间互相点评、共同总结,选出一个最好的答案进行展讲。课堂生成自然合理,当学生提出一些挑战性的问题时,教师可以很好地利用这些问题来开阔学生的思路。

[教学反思]

"电源和电流"这一节课,我从电场入手,引导学生分析、讨论问题,将"场"与"路"联系起来,避免知识割裂。课已经上完了,紧张的神经终于放松了下来。在思考如何用思维导学理念设计这节课时,对选择性学习还很迷惑,后来在备课的过程中,前前后后改了四五遍,和组里的老师反复讨论，逐步领会其精神。

这一节课的设计有三个地方我比较满意。第一，课堂开始的实验成功吸引了学生的眼球，让更多的学生参与到课堂中，也为下一环节观察实验，"看"到电流做了铺垫。第二，在理解抽象概念时用了自制的模型给学生展示，再通过视频动画让学生了解电流产生的过程，最后通过与生活中实际问题的类比，将知识由抽象变为具体，由复杂变为简单，一步步化解困难，帮助学生理解电场和电路。第三，在推导电流微观表达式时，化整体为部分，把难点巧妙化解。电流的微观表达式是本节课的难点知识，学生独立推导几乎不可能，字母多，建模过程复杂。我采用这样的方式化解难点：①让学生审题，把重要信息标在图上；②小组讨论解题思路；③学生自己独立分步推导公式，组内交流疑惑；④小组进行展讲，教师总结。

这些亮点可以推广到以后的课堂上。一方面，有些物理知识较抽象，学生学习有畏难情绪。为了提高学习兴趣，教师在课堂上可多借助演示实验，让学生在实验中发现和总结规律，有的时候一个有趣的实验可以让学生兴奋一节课。另一方面，遇到一些复杂问题，要尝试多种办法使学生理解，如自制教具、设计动画等，同时，复杂题目要分步骤解，化难为易。

高中物理难度大，计算复杂，学生学起来不容易。这节课我让学生在一个个实验中总结知识点，在一个个视频中学会类比，在一次次的小组讨论中自己找到问题的答案。用已经学过的知识解决未知的问题，学习新知，用电场知识解决电路问题，为学生的学习打开了一扇扇大门，让物理不再难学，让学生对物理学习充满兴趣，渴望上物理课，爱上物理。

此外，本节课我还设置了有梯度的问题，降低门槛，学生可以一层层爬上来。问题成为"胖问题"，引发学生思考和质疑，一个问题顶几个问题，更有效。在课堂上，学生自己能学会的不讲，课下能解决的不讲，课前设计一些让学生有话可说的问题，课堂上让学生通过小组讨论、师生研讨得到关键问题的答案，舍什么都不能舍去学生思考的时间。

关注课堂生成，重视学生的感受，注意评价学生的语言，创设情境，层层铺垫，启发思维，让课堂有深度也有落实，争取把每一节课都上成公开课。

〖专家点评〗

上了高中后，一般人都说，物理难，物理中的电学更难，通过自主合作探究的方法学物理更是难上加难。然而，张婷老师的这节物理课对这种观点无异于"当头一棒"。我在想，如果物理课都像张老师这样设计和实施，物理一定会成为学生最喜爱的学科之一。

从教学设计看，张老师把可以通过阅读教材、延伸思考、动手实验、观看动画达成的目标设计为基础性目标，把需要通过独立思考和合作探究才能达到的目标设计为拓展性目标和挑战性目标。这样的设计符合学生的认知规律，因而能够有效实现。为了使电学知识"可感、可知、可见"，张老师开阔思路，设计了很多有趣的实验和动画，使电学知识有了活力，不再枯燥无味。在教学设计中，假如能增加一些运用知识解决实际生活问题的练习，这节课的"含金量"会更高。

从课堂实施看，张老师通过持续的追问、恰当的引导、有效的点拨，再加上自制的模型、有趣的动画和实验，让这节比较抽象的物理课变得妙趣横生。在感受学科之美、发现学科之美、探索学科之美中，学生发现了学习物理的意义，掌握了物理学习的方法，也顺利达到了这节课设计的目标。正所谓，世上无难事，只怕有心人。当然，在教学实施过程中，假如能进一步强化学习内容之间的逻辑性和整体性，将更有利于学生构建这节课的知识框架。

化学

放手让学生自主复习
——以"芳香族化合物同分异构体的书写规律"教学为例

海南中学　罗书昌

〔教学设计〕

一、课型
复习课。

二、内容分析

同分异构体既是《普通高中化学课程标准（2017年版）》（以下简称"化学新课标"）明确要求的知识，高考化学中每年必考的知识，又是培养学生核心素养的重要载体。根据高考试题分析可知芳香族化合物同分异构体的书写是同分异构体知识中的重难点，在高考第二轮复习中，我们必须帮助学生厘清思路，总结相关方法和规律。

"芳香族化合物同分异构体的书写规律"这节课以学情为本，基于对课程标准、学生核心素养、教材和高考试题的分析来设计。

1. 依据课程标准分析设计

化学新课标必修课程主题4要求学生知道有机化合物存在同分异构现象，能写出丁烷和戊烷的同分异构体。选择性必修课程模块3有机化学基础主题1要求学生认识有机化合物存在构造异构和立体异构等同分异构现象；能辨别同分异构现象，能写出符合特定条件的同分异构体，能举例说明立体异构现象。无论必修课程还是选择性必修课程都明确要求学生知道同分异构体现象，会书写同分异构体，而且选择性必修课程要求更高，让学生会写出符合特定条件的同分异构体。

2. 依据核心素养分析设计

化学学科的核心素养主要包括宏观辨识与微观探析、变化观念与平衡思想、证据推理与模型认知、科学探究与创新意识、科学态度与社会责任。如何把核心素养渗透到我们的课堂教学中呢？首先我们要把核心素养细化，渗透到每节课的学习目标中。同分异构体在微观上的构造异构或立体异构造成了它们在宏观上表现出不同的性质和用途，可渗透宏观辨识与微观探析核心素养；书写同分异构体有一定的方法和规律，需要建立认知模型，帮助学生更方便地解决问题，同时限定的条件发生变化，意味着同分异构体的数目随之发生变化，能培养学生的变化观念。

3. 依据教材内容分析设计

人民教育出版社 2019 年出版的《化学》教材必修第二册第七章第一节给出了同分异构体的概念、正丁烷和异丁烷的分子结构模型，以及戊烷、己烷和癸烷的同分异构体数目。《有机化学基础》（2007 年版）第一章第 2 节介绍了同分异构体的概念和同分异构的类型：碳链异构、位置异构和官能团异构；第二章第 1 节介绍了同分异构的另一种类型：顺反异构。无论是有机内容的必修部分还是选修部分，都对同分异构体做了明确的要求，并且要求越来越高。同分异构体是有机物种类繁多的主要原因，可以说，它也是高中有机化学中最基础最重要的部分，故同分异构体的书写是非常重要的知识点。

4. 依据高考试题分析设计

研究 2019 年全国各地高考化学试卷，可以发现同分异构体的书写既是高考有机试题中出现频率很高的考点，又是高考有机试题中的重难点。

根据近三年高考试题分析可知，考查同分异构体的试题主要有三个特点：以单苯环的芳香族化合物为载体，考查同分异构体的数目，书写限定条件的同分异构体的结构简式。

5. 依据学情分析设计

学生在高考第一轮复习的基础上进一步熟悉了同分异构体的类型（碳链异构、官能团异构、位置异构和顺反异构，而旋光异构等其他异构类型不做考查），能够书写常见有机物的同分异构体，知道书写同分异构体的基本思路和基本方法。本节课是在学生原有的认知水平上，对书写芳香族化合物同分异构体的方法进行系统总结，对书写芳香族化合物同分异构体的思路进行梳理，对书写芳香族化合物同分异构体的规律进行归纳。

三、学习目标

基础性目标	1. 我会根据同分异构体的定义，通过两种有机物的结构简式判断它们是否为同分异构体。
	2. 我会根据同分异构体的书写方法，快速判断简单有机化合物同分异构体的数目。
拓展性目标	1. 我能通过小组学习，正确写出分子式符合 $C_{11}H_{16}$ 且属于苯的同系物的同分异构体。
	2. 我能通过小组学习，总结归纳出书写芳香族化合物的同分异构体的方法：减链法、取代基法、有序分析法、"定二移一"法等。
	3. 我能通过小组学习，绘制书写芳香族化合物的同分异构体的思维导图，并说明书写芳香族化合物的同分异构体的思路和方法。
	4. 我能运用书写芳香族化合物的同分异构体方法，解决有关高考试题。
挑战性目标	1. 我能对有关芳香族化合物的同分异构体高考试题进行改编。
	2. 我能结合书写芳香族化合物的同分异构体规律，创造出一种适合自己的书写同分异构体的方法。

四、实现路径

预备性知识	课前：复习同分异构体的概念、类型和书写方法，完成预备性知识练习。
	课堂：小组核对预备性知识练习答案，对于个人无法解决的问题通过小组讨论解决。
基础性目标实现路径	课前：所有学生自主完成基础性练习。
	课堂：小组核对基础性练习答案，对于个人无法解决的问题通过小组讨论解决。
拓展性目标实现路径	课前：写出分子式符合 $C_{11}H_{16}$ 且属于苯的同系物的同分异构体的数目。
	课堂：小组讨论，查漏补缺，学生展讲，教师点拨，解决疑难问题，并对书写芳香族化合物的同分异构体方法进行归纳总结，绘制思维导图，灵活运用。

续表

挑战性目标实现路径	课前：鼓励5%—10%学有余力的学生自主完成挑战性练习。
	课堂：时间充裕的话，学生对高考试题进行改编，并让其他同学解决，教师给予点拨。
	课后：能结合书写芳香族化合物的同分异构体规律创造出一种适合自己的书写方法。

五、课堂流程

流程	时间	教师活动	学生活动
明确目标拉齐基础	2分钟	展示本节课的三层学习目标，指导学生自查自纠，帮扶学困生。	核对预备性知识练习和基础性练习答案，帮助预备性知识和基础知识有缺陷的同学学好相关知识。
个人完成个人成就	5分钟	观察各个小组学生的表现，为优秀的学生点赞，对分类不全、思维有序性不强的学生进行及时点拨。	书写分子式符合$C_{11}H_{16}$且属于苯的同系物的同分异构体（学生可能会因思维有序性不强导致分类不完全）。
小组学习组内互助	10分钟	指导优秀的学生发挥"小老师"的作用。	组内互相检查，互帮互助，对自己书写的同分异构体进行查漏补缺。
组间展评教师点评	8分钟	适当点评，指导学生做好"记、思、论、评"。	讲述书写分子式符合$C_{11}H_{16}$且属于苯的同系物的同分异构体的思路和方法，其他学生给出评价。
绘制导图组内交流	5分钟	指导学生绘制思维导图，帮助学生厘清书写同分异构体的思路方法，推动组内交流。	根据书写分子式符合$C_{11}H_{16}$且属于苯的同系物的同分异构体的思路和方法，绘制思维导图，厘清书写芳香族化合物同分异构体的思路和方法，组内交流分享。
运用规律检验方法	5分钟	引导学生认真审题，分析同分异物体的限定条件，选择合适的规律解决高考试题。	学生自己解决2017年新课标Ⅲ 36（5）和2017年新课标Ⅱ 36（6）有关同分异构体数目的高考试题，获得成就感。
改编试题思维培养	7分钟	引导学生改编试题，点评改编试题的科学性和严谨性，指导解决改编的试题。	解决2019年全国Ⅲ卷36（5）有关同分异构体数目的试题，并对此题进行改编，同组学生解决，其他组学生点评。
课堂小结提炼升华	3分钟	随机抽取一名学生分享课堂收获，并给予反馈。	分享课堂收获：根据学习目标，交流自己目标的达成度。

六、检测练习

试题1：（2017年新课标Ⅲ）H 是 G（结构式如右图）的同分异构体，其苯环上的取代基与 G 的相同但位置不同，则 H 可能的结构有_____种。

分析：运用苯环上有 3 个互不相同的取代基共有 10 种同分异构体的规律，除去 G，共有 9 种可能的结构。

答案：9 种

试题2：（2017年新课标Ⅱ）L 是 D（HO-⌬-CH₂OH）的同分异构体，可与 $FeCl_3$ 溶液发生显色反应，1 mol 的 L 可与 2 mol 的 Na_2CO_3 反应，L 共有_____种；其中核磁共振氢谱为四组峰，峰面积比为 3∶2∶2∶1 的结构简式为_____、_____。

分析：L 可与 $FeCl_3$ 溶液发生显色反应，1 mol 的 L 可与 2 mol 的 Na_2CO_3 反应，可推知苯环上有 2 个酚羟基和 1 个甲基，共有 6 种同分异构体。

答案：6；

改编：L 是 D（HO-⌬-CH₂OH）属于芳香族的同分异构体，可与钠反应放出氢气，L 共有_____种。

分析：

①只有 1 个取代基：—O—CH₂OH，有 1 种同分异构体；

②有 2 个取代基：—OH 和 —CH₂OH，AB 型共有 3-1=2 种同分异构体；

③有 2 个取代基：—OH 和—OCH₃，AB 型共有 3 种同分异构体；

④有 3 个取代基：2 个—OH 和 1 个—CH₃，AAB 型共有 6 种同分构体。

综上所述，总共有 12 种同分异构体。

七、自主学习单

(一) 预备性知识及练习

1. 预备性知识

（1）同分异构体的概念。

（2）书写同分异构体的基本思路和基本方法：减链法、取代基法等。

（3）知道同分异构体的类型（碳链异构、官能团异构、位置异构和顺反异构，而旋光异构等其他异构类型不做考查）。

2. 相关练习

试题 1（基础性目标 1）：(2019·海南) 下列各组化合物中不互为同分异构体的是(　　)。

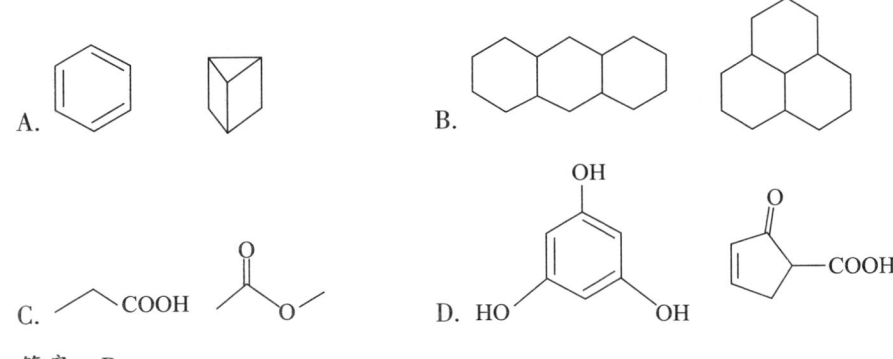

答案：B

试题 2（基础性目标 2）：(2015·海南) 分子式为 $C_4H_{10}O$ 并能与金属钠反应放出氢气的有机物有（　　）(不含立体异构)。

A. 3 种　　　　B. 4 种　　　　C. 5 种　　　　D. 6 种

分析：运用取代基法，C_4H_9—OH，有 4 种同分异构体。

答案：B

试题 3（基础性目标 2）：（2012·海南）分子式为 $C_{10}H_{14}$ 的单取代芳烃，其可能的结构有（   ）。

A. 2 种   B. 3 种   C. 4 种   D. 5 种

分析：运用取代基法：C_4H_9—C_6H_5，有 4 种同分异构体。

答案：C

（二）基础性练习

试题（基础性目标 2）：（2017·海南）苯甲醇的同分异构体中含有苯环的还有_____种。

分析：苯环上只有甲氧基 1 个取代基时有 1 种同分异构体，苯环上有甲基和酚羟基 2 个取代基时有 3 种同分异构体，共有 4 种。

答案：4

（三）拓展性练习

试题 1（拓展性目标 1、2、3）：写出分子式符合 $C_{11}H_{16}$ 且属于苯的同系物的同分异构体（不考虑立体异构），判断符合其条件的同分异构体数目。

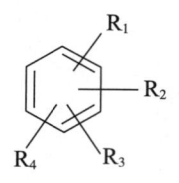

分析：

（ⅰ）$R_1 =$ —C_5H_{11}，$R_2 = R_3 = R_4 =$ H，共有 8 种同分异构体；

（ⅱ）$R_1 =$ —C_4H_9，$R_2 =$ —CH_3，$R_3 = R_4 =$ H，共有 12 种同分异构体；

（ⅲ）$R_1 =$ —C_3H_7，$R_2 =$ —C_2H_5，$R_3 = R_4 =$ H，共有 6 种同分异构体；

（ⅳ）$R_1 =$ —CH_3，$R_2 = R_3 =$ —C_2H_5，$R_4 =$ H，共有 6 种同分异构体；

（Ⅴ）$R_1 =$ —C_3H_7，$R_2 = R_3 =$ —CH_3，$R_4 =$ H，共有 12 种同分异构体；

（vi）$R_1 =$ —C_2H_5，$R_2 = R_3 = R_4 =$ —CH_3，共有 6 种同分异构体；

（vii）苯环有 5 个取代基且都为甲基，共有 1 种同分异构体。

答案：51 种

讨论总结规律：

1. 取代基的结构种类：—C_5H_{11}，有 8 种结构；—C_4H_9，有 4 种结构；—C_3H_7，有 2 种结构。

2. 苯环多个取代基的同分异构体的种类（不考虑立体异构），如上图所示（字母分别代表取代基）：

（ⅰ）AA 或 AB 型：3 种同分异构体；

（ⅱ）AAA 型：3 种同分异构体；

（ⅲ）AAB 型：6 种同分异构体；

（ⅳ）ABC 型：10 种同分异构体；

（Ⅴ）AAAA 型：3 种同分异构体；

（ⅵ）AAAB 型：6 种同分异构体；

（ⅶ）AABB 型：11 种同分异构体；

（ⅷ）AABC 型：16 种同分异构体；

（ⅸ）ABCD 型：30 种同分异构体。

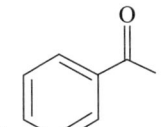

试题 2（拓展性目标 2）：E 的二氯代物有多种同分异构体，请写出其中能同时满足以下条件的芳香化合物的结构简式_____。

①能发生银镜反应；

②核磁共振氢谱有三组峰，且峰面积比为 3：2：1。

答案: [3,5-二氯-4-甲基苯甲醛结构] ; [2,6-二氯-3,5-二甲基(苯甲醛)结构]

改编: [苯甲酰基结构] E 的能发生银镜反应的二氯代物的同分异构体的数目是_____。

分析: 此改编题难度大, 挑战性强, 学生错误率高。

当苯环上有 3 个取代基, 2 个—Cl 和 1 个—CH_2CHO, 符合 AAB 型, 有 6 种;

当苯环上有 4 个取代基, 2 个—Cl 和 1 个—CH_3、1 个—CHO, 符合 AABC 型, 有 16 种;

二者合计 22 种。

(四) 挑战性练习

试题 (挑战性目标 1): (2019·全国Ⅲ卷) X 为 [3,5-二甲氧基碘苯结构] 的同分异构体, 写出满足如下条件的 X 的结构简式_____。

①含有苯环; ②有 3 种不同化学环境的氢, 个数比为 6∶2∶1; ③1 mol 的 X 与足量金属 Na 反应可生成 2 g H_2。

答案: [2,6-二甲基-4-碘-间苯二酚结构] ; [2-碘-4,6-二甲基-间苯二酚结构]

自己尝试改编，自己解决，小组讨论。

（以下仅提供 2 种改编题。）

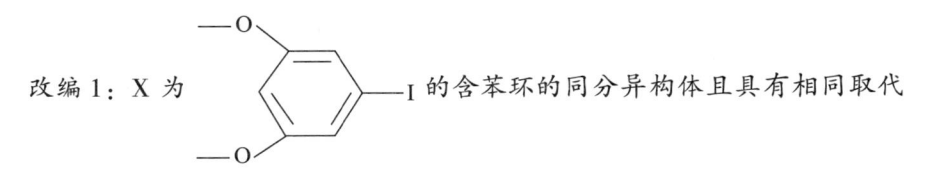

改编 1：X 为 [苯环结构：—O—, —O—, —I] 的含苯环的同分异构体且具有相同取代基，X 共有 _____ 种。

分析：当苯环上有 3 个取代基，2 个 —OCH$_3$ 和 1 个 —I，符合 AAB 型，有 6 种同分异构体，6-1=5 种。

改编 2：X 为 [苯环结构：—O—, —O—, —I] 的同分异构体且满足如下条件，X 共有 _____ 种。

①含有苯环；②不能与 FeCl$_3$ 溶液发生显色反应；③1 mol 的 X 与足量金属 Na 反应可生成 2 g H$_2$；④2 个羟基不连在同一个碳上，碘原子和羟基不连在同一个碳上。

分析：当苯环上有 3 个取代基，2 个 —CH$_2$OH 和 1 个 —I，符合 AAB 型，有 6 种同分异构体；

当苯环上有 2 个取代基，—I 和 —CH（OH）CH$_2$OH，符合 AB 型，有 3 种同分异构体；

共 9 种。

［设计说明］

本节课是高考第二轮复习中的方法规律总结课。本课的教学设计既突出了学生的主体地位，又突出了教师的主导地位。通过对同分异构体的书写，发现结构不同的物质性质和用途不同，培养学生的微观探析和宏观辨识核心素养；通过改编高考试题，发现条件改变同分异构体的数目就会变化，培养变化观念的核心素养；通过解决分子式符合 $C_{11}H_{16}$ 且属于苯的同系物的同分异构体的数目试题，总结归纳书写芳香族化合物的同分异构体的思路、方法、规律，并绘制思维导图，培养模型认知的核心素养；条件发生改变，学生就必须重新审题，尤其学生自己改题、编题，这本身就是一种创造性学习，这一过程培养了学生的创新意识。

一、分层目标设计依据

本节课三层学习目标的设计依据有五点：第一，课程标准要求学生能够书写限定条件的同分异构体；第二，同分异构体因其微观结构不同使其宏观上表现出不同的性质和用途，学习同分异构体能渗透宏观辨识与微观探析核心素养培养，书写同分异构体时能帮助学生建立认知模型；第三，必修和选修模块教材对同分异构体的概念、类型和书写方法提出要求，教学时要立足于教材，高于教材；第四，近几年高考试题考查同分异构体主要以单苯环的芳香族化合物为载体，考查同分异构体的数目，书写限定条件的同分异构体的结构简式，其本质上是对位置异构、碳链异构和官能团异构的灵活运用；第五，学生知道书写同分异构体的基本思路和基本方法，但对书写芳香族化合物的同分异构体的思路和规律需要进一步系统梳理和总结。基于以上分析，得出本节课的三层目标。

二、关键问题设计依据与解决路径

在高中的前两年，学生已经分阶段按课程标准和教材的要求对同分异构体进行了学习，在高三高考第一轮复习中学生对同分异构体相关知识进行了较系统的复习，掌握了同分异构体的概念、书写方法和数目判断规律，但对书写芳香族化合物的同分异构体还不够熟练，部分学生会出现漏写现象，所以对书写芳香族化合物同分异构体的方法进行系统总结、思路进行梳理、规律进行归纳是非常有必要的。本节课的关键问题设定为"你还有哪些方法能快速准确书写芳香族化合物的同分异构体?"。解决路径：小组合作学习解决分子式符合 $C_{11}H_{16}$ 且属于苯的同系物同分异构体的数目，总结归纳出书写芳香族化合物同分异构体的方法——减链法、取代基法、有序分析法、"定二移一"法等，运用这些方法解决相关高考试题，再通过改编试题来巩固书写芳香族化合物同分异构体的方法，最后通过思维导图梳理书写芳香族化合物同分异构体的思路、方法和规律。

三、学生自主合作学习的要求及课前、课后完成任务的时间预设

自主合作学习的要求：目标明确、任务清晰、分工合理、充分利用学生资源。

课前完成自主学习单任务时间：30 分钟；课后完成检测练习任务时间：10 分钟。两项任务难度均不大。

四、学习目标达成度分析

预备性知识练习都是单项选择题，既是典型的高考试题，又能考查同分异构体的判断方法和同分异构体的数目判定，难度符合学情，故通过回顾、练习、检查能完成预备性知识的学习，目标达成度 100%。

基础性目标描述准确，设置合理，通过预备性知识练习单和基础性目标练习单的练习，学生能够自主达成基础性目标，目标达成度 100%。

对于拓展性练习，教师提供一道典型例题［写出分子式符合 $C_{11}H_{16}$ 且属于苯的同系物的同分异构体（不考虑立体异构），判断符合其条件的同分异构体数目］。学生先自主学习、小组讨论、查漏补缺，然后进行展讲，教师点拨，师生共同解决疑难问题。最后师生对书写芳香族化合物的同分异构体方法进行归纳总结，学生绘制思维导图，灵活运用。拓展性目标表述清晰明了，科学性较强，达成路径有效，目标达成度 100%。

对于试题改编，教师示范指导，学生尝试改编，师生对改编试题的科学

性、严谨性进行分析，学生通过解答检验试题的优劣，约 20% 的学生掌握改编试题的方法——改变一些已知条件，对经典试题进行改编，从而加深对书写同分异构体规律的理解与掌握。挑战性目标的达成度为 15%—20%。

〔课堂实录〕

一、明确目标，拉齐基础（展示目标、预备性知识回顾）

师：同分异构体的书写是高考的重难点，也是容易出错的地方，今天我们一起来总结同分异构体的书写规律。请语文课代表来给我们朗读本节课的学习目标。

（语文课代表朗读本节课学习目标。）

师：感谢这位同学铿锵有力的朗读，本节课我们就以此学习目标为导航，展开"芳香族化合物同分异构体的书写规律"的学习。

师：请同学核对预备性知识练习单和基础性目标练习单答案，小组内个别同学有问题组内互教解决，最后统一答案，没有问题的小组长请举手示意。

（小组长举手。）

师：同学们的基本功都不错，今天我们通过解决一道典型例题来总结同分异构体的书写规律。

二、个人完成，个人成就（书写同分异构体）

师（展示试题）：请同学们书写分子式符合 $C_{11}H_{16}$ 且属于苯的同系物的同分异构体，并在书写过程中总结规律。

（学生自己书写同分异构体；教师观察每个小组学生的表现，对表现优秀的学生给予肯定，对分类不全、思维有序性不强的学生进行及时点拨。）

三、小组学习，组内互助（小组互查互学）

师：小组内交换检查，检查是否漏写、重写，思维是否有序，分类是否合理，总结规律。

（学生同组内互相检查，相互帮助，对自己书写的同分异构体查漏补缺；教师指导优秀的学生发挥"小老师"的作用。）

四、组间展评，教师点评（书写同分异构体的思路和方法）

教师随机抽查一个小组，请小组成员讲述书写分子式符合 $C_{11}H_{16}$ 且属于苯的同系物的同分异构体的思路和方法。

小组内一人讲解书写同分异构体的思路（先按取代基的个数分类，再按取代基的类型分类），一人展示小组书写的同分异构体（每一类有序书写），其他学生做好"记、思、论、评"。教师适时引导、肯定、纠错。

五、绘制导图，组内交流（总结书写同分异构体的规律）

师：根据 A 小组书写分子式符合 $C_{11}H_{16}$ 且属于苯的同系物同分异构体的思路和方法，结合自己的书写思路绘制思维导图，厘清书写芳香族化合物同分异构体的思路和方法。完成后组内交流分享。

（学生绘制思维导图并在组内交流分享。）

六、运用规律，检验方法

教师展示 2017 年新课标Ⅲ高考试题 36（5）题，请学生思考，运用规律，快速解答。

师：请 B 小组回答此问题。

生：运用苯环上有 3 个互不相同的取代基共有 10 种同分异构体的规律，除去 G，共有 9 种。

师：B 小组很棒！

教师展示 2017 年新课标Ⅱ高考试题 36 题，请学生思考，运用规律，快速解答。

师：请 C 小组回答此问题。

生：L 可与 $FeCl_3$ 溶液发生显色反应，1 mol 的 L 可与 2 mol 的 Na_2CO_3 反应，可推知苯环上有 2 个酚羟基和 1 个甲基，运用苯环上有 3 个取代基且为 AAB 型共有 6 种同分异构体的规律可得出答案。

师：C 小组也很厉害！

七、改编试题，思维培养

师：我们还可以对 2017 年新课标 Ⅱ 高考试题 36 题进行改编，根据苯环上取代基的类型不同进行改编。如：L 是 D（HO—⟨苯环⟩—CH_2OH）属于芳香族的同分异构体，可与钠反应放出氢气，L 共有_____种。

（学生思考，有学生有困难。）

师：提示一下，可与钠反应放出氢气说明此有机物有醇羟基或酚羟基，按苯环上取代基的类型和个数不同分类思考。

（学生思考，书写同分异构体。）

师：请 D 小组回答此问题。

生：只有 1 个取代基时，—O—CH_2OH，有 1 种同分异构体；有 2 个取代基，—OH 和—CH_2OH，AB 型共有 3－1＝2 种同分异构体；有 2 个取代基，—OH 和—OCH_3，AB 型共有 3 种同分异构体；有 3 个取代基，2 个—OH 和 1 个—CH_3，AAB 型共有 6 种同分异构体。总共有 12 种同分异构体。

师：D 小组思路清晰，分析正确。我们也可以对高考试题进行改编，或自己原创一些试题，请每位同学课下就此知识创编一道试题。

八、课堂小结，提炼升华（自我小结）

师：请同学们对照我们课前设计的学习目标，检测自己的学习效果，分享目标达成度。

生 1：基础性目标、拓展性目标全部达成，挑战性目标中编题有困难。

生 2：只考虑苯环上取代基的类型或个数时我还能应对，这两个因素同时考虑时往往会顾此失彼，考虑不全，今后还要继续练习。

师：很好！今天我们较系统地梳理了书写芳香族化合物的同分异构体的思路和方法，总结了书写芳香族化合物的同分异构体的规律，但要熟练掌握，百分之百不出错，还需要继续努力。

[要素评课]

本评课实录由海南中学高三化学备课组整理成稿。在备课组组长刘夏雨老师的统筹安排下，孙春妹老师负责学习目标的设计与达成维度的观察，郑云飘老师负责实现路径的规划与实施维度的观察，郑焕利老师负责关键问题的设计与解决维度的观察，李少明老师负责教学资源的挖掘与利用维度的观察，王勇老师负责多向交流的运用与效果维度的观察，许建勋老师负责教师点拨的智慧与启迪维度的观察。

维度一：学习目标的设计与达成

结合高三（6）班学生对有机化学基础知识的掌握情况，特别是对书写同分异构体的掌握情况，本节课设计的三层目标层次性强，表述清晰明了，科学合理，给予不同层次学生选择权，对不同层次学生有目标感和激励性，既突出了学生的主体地位又突出了教师的主导地位。通过改编高考试题，条件改变同分异构体的数目就会变化，培养学生变化的观念；通过解决分子式符合 $C_{11}H_{16}$ 且属于苯的同系物的同分异构体的数目试题，总结归纳书写芳香族化合物同分异构体的思路、方法、规律，并绘制思维导图，培养学生的模型认知能力。

课后选取 30 名不同层次的学生进行访谈，询问本节课三层目标的达成情况。30 名学生都完成基础性目标，即基础性目标达成率为 100%；26 名学生能完成拓展性目标，即拓展性目标达成率为 86.7%；5 名学生能根据书写同分异构体的规律对高考试题进行改编，6 名学生能结合书写芳香族化合物的同分异构体规律创造出一种适合自己的方法，即两个挑战性目标达成率分别为 16.7% 和 20%。根据三层目标达成率可知目标达成路径是有效的。

维度二：实现路径的规划与实施

通过检查和观察发现：学生通过自练、自查、自纠预备性知识练习和基础性目标练习，100% 达成了基础性目标；通过自主完成、小组讨论、组内同学互教、小组随机展讲，90% 以上学生知道分子式符合 $C_{11}H_{16}$ 且属于苯的同系物的同分异构体的数目及得来原因，有 86.7% 的学生能运用书写芳香族化合物的同分异构体规律解决相关高考试题。小组内每个学生能都独立书写分子式符合 $C_{11}H_{16}$ 且属于苯的同系物的同分异构体。小组内优等生能对学困生进行有效指导，随机小组展讲调动了每个小组成员的积极性。

维度三：关键问题的设计与解决

本节课的关键问题：你还有哪些方法能快速准确书写芳香族化合物的同分异构体？为了更好地解决此关键问题，罗老师又设计了一系列活动：书写分子式符合 $C_{11}H_{16}$ 且属于苯的同系物的同分异构体，判断符合其条件的同分异构体数目，总结归纳书写芳香族化合物的同分异构体规律，运用规律解决相关高考试题、改编高考试题等。在解决关键问题的过程中，罗老师组织学生自学、小组讨论、组内同学互教、小组随机展讲，充分发挥了学生的主动性和积极性，取得了较理想的效果：90% 以上的学生能正确判断分子式符合 $C_{11}H_{16}$ 且属于苯的同系物的同分异构体的数目，有 86.7% 的学生能总结出书写芳香族化合物的同分异构体的规律，并运用规律解决相关高考试题，有 20% 的学生能对高考试题进行改编。

维度四：教学资源的挖掘与利用

本节课教师用到的资源有学生资源、高考试题、自主学习单、教学课件等。小组内学生能够形成一个整体，率先完成的学生起到"小老师"的作用。教师充分挖掘高考试题，结合学生以往的学习表现，设计整理出了一份高质量的自主学习单，学生利用自主学习单有效完成了本节课的学习目标。

维度五：多向交流的运用与效果

本节课充分发挥了学生的主观能动性。课前学生完成自主学习单，回顾同分异构体的定义、判断方法；课上自主练习、小组讨论、组内同学互教、小组随机展讲，既注重学生的个人成就又发挥了学生中"小老师"的作用，既培养了学生尊重他人、耐心聆听的品质又培养了学生团队合作互帮互助精神。教师既鼓励学生多角度大胆尝试又要求学生有序书写同分异构体，既引导学生自我解决问题又促使学生虚心倾听他人见解，既强调注重总结规律又督促灵活运用等。整节课多向交流的效果良好。

维度六：教师点拨的智慧与启迪

教师在学生讨论如何书写分子式为 $C_{11}H_{16}$ 且属于苯的同系物的同分异构体时，提醒学生既要注意取代基的碳链异构，又要注意取代基在苯环上的位置异构。这既激发了学生的有序思维，又对总结书写芳香族化合物的同分异构体的本质起到画龙点睛的作用。此外，教师引导学生自我解决分子式为 $C_{11}H_{16}$ 且属于苯的同系物的同分异构体的数目问题，启发学生总结规律，使其力争做到融会贯通、举一反三。教师的点拨内容合理，时间恰到好处，效果是显著的。

总之，这节课的三层目标设置科学合理且有激励性，实现目标的路径清晰有效，关键问题得以有效突破，既突出了学生的主体地位又突出了教师的主导地位。通过改编高考试题，引导学生总结归纳书写芳香族化合物的同分异构体的思路、方法、规律，并绘制思维导图，有效培养了学生的学科核心素养。

[教学反思]

一、设计初稿形成后的研课过程简述

根据备课组的安排,本节课的定位为高考复习第二轮解题方法复习课。书写芳香族化合物的同分异构体是这几年高考的难点,不少学生难以准确把握。经备课组全体教师讨论,最后确定将书写芳香族化合物的同分异构体作为本节课的学习主题。

首先我总结了近三年高考中考查书写同分异构体的试题的特点、规律,进而设计典型例题——写出分子式符合 $C_{11}H_{16}$ 且属于苯的同系物的同分异构体的数目;接着确定本节课的三层目标、实现路径、课堂流程、检测练习、自主学习单。

完成教学设计后,我在备课组会上汇报了书写芳香族化合物的同分异构体的设计思路,讲述了三层目标、实现路径、课堂流程、检测练习、自主学习单的设计依据。大家纷纷提出建设性意见:一是题不在多而在精;二是对部分环节进行完善;三是注意把控学生讨论展讲的时间;四是注意方法、规律的提炼。

课前的结构说课,我重点讲述了学习目标以及每个目标达成的路径、关键问题的设计及其解决方法。备课组组长对如何观课、评课做了具体的分工。

综合各方建议,我对教学设计进行了修改,并在高三(6)班实施了此次课的教学。

二、试讲后同事们所提建议及教学设计修改思路

第一次试讲后,备课组同事们重点提出两条修改建议。

第一,三个小组展讲共用时超过 10 分钟,小组展讲时间长导致整节课设计有虎头蛇尾的感觉。改进的办法:随机选取一个小组展讲,其他小组点评。

随机选取会使每个小组都认真准备，不敢懈怠；只有一个小组展讲，耗时较少，其他小组点评，互相补充，保证信息全面。

第二，总结规律的描述虽然专业，但是不便于学生掌握和运用，能否借用 AA 型或 AB 型有三种同分异构体等来总结。比如，苯环多个取代基的同分异构体的种类（不考虑立体异构）规律如下所示。

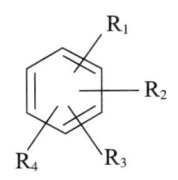

（ⅰ）$R_1 = R_2$ 或 $R_1 \neq R_2$，$R_1 \neq H$，$R_2 \neq H$，$R_3 = H$，$R_4 = H$，即苯环上有 2 两个取代基时有 3 种同分异构体；

（ⅱ）$R_1 = R_2 = R_3 \neq H$，$R_4 = H$，即苯环上有 3 个相同取代基时有 3 种同分异构体；

（ⅲ）$R_1 = R_2 \neq R_3$，$R_1 = R_2 \neq H$，$R_3 \neq H$，$R_4 = H$，即苯环上有 3 个取代基且其中 2 个相同时有 6 种同分异构体；

（ⅳ）$R_1 \neq R_2 \neq R_3$，$R_1 \neq H$，$R_2 \neq H$，$R_3 \neq H$，$R_4 = H$，即苯环上有 3 个互不相同的取代基时有 10 种同分异构体；

（ⅴ）$R_1 = R_2 = R_3 = R_4 \neq H$，即苯环上有 4 个相同取代基时有 3 种同分异构体；

（ⅵ）$R_1 = R_2 = R_3 \neq R_4 \neq H$，$R_1 = R_2 = R_3 \neq H$，即苯环上有 4 个取代基且其中有 3 个相同时有 6 种同分异构体；

（ⅶ）$R_1 = R_2 \neq R_3 = R_4 \neq H$，$R_1 = R_2 \neq H$，$R_3 = R_4 \neq H$，即苯环上有 4 个取代基且为 2 种取代基，每种各 2 个时有 11 种同分异构体；

（ⅷ）$R_1 = R_2 \neq R_3 \neq R_4$，$R_1 = R_2 \neq H$，$R_3 \neq H$，$R_4 \neq H$，即苯环上有 4 个取代基且有 3 种取代基时有 16 种同分异构体；

（ⅸ）$R_1 \neq R_2 \neq R_3 \neq R_4$，$R_1 \neq H$，$R_2 \neq H$，$R_3 \neq H$，$R_4 \neq H$，即苯环上

有 4 个不同取代基时有 30 种同分异构体。

三、实施效果与课堂设计的差距及原因

本节课实施效果与课堂设计存在一些差距，原因是小组讨论展讲时间长导致运用规律解决问题和改编试题时间仓促，无法很好地完成任务。进一步分析，时间未控制好的原因：第一，学习小组建立尚需进一步完善，分工需要进一步明确；第二，三个小组展讲不够精练，时间过长。

四、收获

实施此次教学，最大的收获是思维导学的理念既先进又务实。

在今后的教学中，我们要不断践行思维导学理念，力争把三层目标、达成路径、关键问题、小组学习和思维导图等设计做得更好。三层目标既要符合学情，又要能激发学生学习动力；目标达成路径要既合理又高效；关键问题要既是本节课的关键又能得到有效解决；课堂小组学习要既重视个人成就又能实现相互促进，让每名学生爱讲、会讲、善讲、高效学习；思维导图要既能梳理知识又能为学生提供思维框架。

五、下一步改进

本节研究课相对于试讲课而言，在时间掌控和小组学习等方面有很大改观，但学生在改编试题环节思考的时间不足、深度不够。改进的方法：第一，课前要引导学生做好充分准备；第二，今后在课堂教学中加强训练，逐步让学生掌握改编试题的方法和思路，力争使学生改编试题常态化，这样才更有利于培养学生的高阶思维。

【专家点评】

很多高中老师说可以在高一、高二进行课堂改革尝试，高三必须回到原

来的套路上，如此才能保证高三复习的效率（这也是很多学校只对外开放高一、高二课堂，高三课堂"严禁参观"的原因）。罗书昌老师和思维导学实验学校的很多老师用他们的教学实践驳斥了这种观点。

从教学设计看，罗老师根据思维导学"巩固、整理、提升、应用、变化"五个词的复习课教学要求，把复习巩固基础知识这个任务作为基础性目标，把整理结构（知识结构图）、规律提炼（提升）和应用作为拓展性目标，而把改题编题、创造适合自己的书写同分异构体的方法作为挑战性目标，并设计了达成目标的具体路径，符合思维导学对目标设计和路径规划的要求。此外，把关键问题和练习与目标一一对应，对教学实施具有很强的指导性。假如在教学设计时能补充改编试题的有关资源，让学生改编试题有规律可循，效果会更好。

从课堂实施看，这节复习课罗老师大胆放手让学生去尝试解决问题，改编试题，通过设问、反问和追问，引导学生建立知识框架和知识间联系，进而提升学生知识的应用能力。而敢于放手让学生改编高考试题，则是这节课最大的亮点。我相信，学生如果学会了改题编题，就一定能提高学习效率。假如这堂课在总结规律方面给学生更多的自由，让学生"八仙过海，各显神通"，选择适合自己的复习方法，自由形成小组进行复习，学生的学习热情将更加高涨，效果也会更明显。

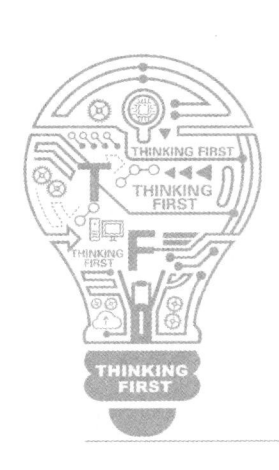

生物

探究性学习激活学习潜能
——以"孟德尔的豌豆杂交实验（二）"教学为例

深圳市福田中学　左海珍

〔教学设计〕

一、课型

新授课。

二、内容分析

1. 从课程标准分析

孟德尔两对相对性状的杂交实验是在一对相对性状的杂交实验基础上完成的。所以在本节课学习之前，学生需要熟记孟德尔一对相对性状的杂交实验，明确分离定律的实质。只有掌握好孟德尔一对相对性状的杂交实验，才能对孟德尔两对相对性状的杂交实验进行探究和学习；只有通过对孟德尔两对相对性状的杂交实验的学习，得出自由组合定律，才能在接下来的学习中进一步达到《普通高中生物学课程标准（2017年版）》（以下简称"生物新课标"）中的要求：阐明有性生殖中基因的分离和自由组合使得子代的基因型和表型有多种可能，并可由此预测子代的遗传性状。

"孟德尔的豌豆杂交实验（二）"教学设计的依据是生物新课标中"必修模块2：遗传与进化"。本节课的学习，旨在使学生能够用生命观念认识生物的多样性，并基于事实和证据运用演绎与推理的方法，探讨、阐释生命现象及规律；培养学生运用科学研究的方法认识事物、解决实际问题的思维习惯和能力；让学生在探究的过程中逐步增强对自然现象的好奇心和求知欲；同时使学生在探究中乐于并善于团队合作，勇于创新；最后还要让学生基于生物学的认识，承担对生命的现象做出理性解释和判断的社会责任。

2. 从教材角度分析

"孟德尔的豌豆杂交实验（二）"教学内容安排为两个课时，本节课是第一课时。本节课内容是"遗传与进化"模块的开篇，而孟德尔的豌豆杂交实验是经典遗传学研究的开端，基因的自由组合定律是遗传学的三大定律之一，所以在本模块中，这一节课的重要性不言而喻。

孟德尔的遗传定律对高中生来说是难点，有很多新的概念，如杂交、自交、遗传因子、相对性状等；此外，学生还要有一定的关于减数分裂的知识基础。作为自由组合定律的第一课时，学生刚刚接触遗传学定律，不可安排过多的教学内容，要精讲细讲，逐一推进。为了使学生更好地理解"自由组合"，在两对相对性状的杂交实验中，关于"F_1代产生四种类型的配子且比例相等"这一体现自由组合定律实质的地方，安排学生通过使用学具模拟产生配子的过程，由小组合作探究得出结论。最后测交实验的演绎推理过程，又可以让学生自主完成，一方面进一步加深对"自由组合"的理解，另一方面熟悉遗传图解的绘制。

三、学习目标

基础性目标	1. 我能说出孟德尔两对相对性状的杂交实验的过程和结果。 2. 我能解释孟德尔两对相对性状的杂交实验结果。 3. 我能说出基因的自由组合定律的内容。
拓展性目标	1. 我能用假说-演绎法，分步写出孟德尔两对相对性状的杂交实验的研究过程。 2. 我能用最简练的遗传学语言（遗传图解）表示杂交实验的过程。 3. 我能找到并准确说出代表自由组合定律实质的关键句。
挑战性目标	我能尝试把两对相对性状的杂交实验进行拆分，每一对相对性状单独研究，并归纳形成一定的联系和规律。

四、实现路径

预备性知识学习	课前：复习孟德尔一对相对性状的杂交实验，并做出解释。熟记分离定律的内容。完成预备性知识练习。
	课堂：展示部分学生的预备性知识练习，指出练习中常见错误，给出标准答案。
基础性目标实现路径	课前：所有学生通过预习能说出孟德尔两对相对性状的杂交实验过程及结果。
	课堂：在教师的引导下，进行小组合作互评。核对自主学习单中的基础性问题答案。

续表

拓展性目标 实现路径	课前：85%以上学生自主完成拓展性练习。
	课堂：小组讨论，完成自主学习单中的课堂探究问题。小组代表展讲，教师点拨，解决疑难问题，总结重要概念。
挑战性目标 实现路径	课前：鼓励15%—20%学有余力的学生自主完成挑战性练习。
	课堂：时间充裕的情况下，学生对典型的挑战性问题进行展讲，教师总结。
	课后：教师公布答案，学生自主进行矫正、归纳、再学习。

五、课堂流程

流程	时间	教师活动	学生活动
复习巩固 拉齐基础	4分钟	教师给出本节课的学习目标，并展示2—3名学生预备性知识练习答案，指出常见错误，给出标准答案。	自我检查，核对答案。
自主学习 收获新知	10分钟	给出基础性练习、拓展性练习的答案，解答学生的问题。	每名学生核对和完善自己的答案，对不明确的地方可进行小组讨论，也可以向教师提问。
小组探究 答疑解惑	12分钟	组织学生对课堂探究的第一个大问题（见课堂探究练习1）进行思考讨论，向学生说明要探究的问题，交代清楚学具的使用方法，在学生讨论的过程中及时给予指导。	学生听清要求，完成自主学习单上的探究问题。学生借助学具（围棋棋子模拟遗传因子），根据自主学习单上的问题引导，小组讨论，合作学习。
合作学习 拓展能力	8分钟	组织学生对课堂探究的第二个大问题（见课堂探究练习2）进行思考讨论。教师巡视，收集学生存在的普遍问题，展示答案，点拨关键点，对易错点进行提示。	学生对课堂探究的第二个大问题进行思考讨论，进行小组合作学习。每名学生核对和完善自己的答案，最后对照教师给出的标准答案进行修改。
突破自我 挑战难点	3分钟	组织学生回答挑战性练习中的问题，适时引导和点拨，最后对挑战性练习进行总结和提升。	学生尝试回答挑战性练习中的问题。聆听教师的点拨，自主归纳结论。
自我小结 提炼意义	3分钟	教师再次给出本节课的学习目标，选择1—2个学生在全班分享本节课的收获。教师对本节内容进行小结，巩固本节课关键问题所含知识点。	对照学习目标自查本节课主要内容的掌握情况，并总结本节课的收获。

六、检测练习

1. 孟德尔揭示出了基因的分离定律和自由组合定律，他获得成功的主要原因有（　　）。

①选取豌豆作为实验材料 ②科学地设计实验程序 ③进行人工杂交实验 ④应用统计学方法对实验结果进行分析 ⑤选用了从单因素到多因素的研究方法 ⑥先选择豌豆再选择紫茉莉、草莓等植物作为实验材料

A. ①②③④　　　B. ①②④⑤　　　C. ②③④⑤　　　D. ③④⑤⑥

2. 下列关于纯合子和杂合子的叙述，正确的是（　　）。

A. 纯合子自交后代是纯合子

B. 杂合子自交后代是杂合子

C. 纯合子与杂合子杂交后代全是杂合子

D. 两纯合子异花传粉，后代一定是纯合子

3. 有关孟德尔假说-演绎法及其遗传规律的叙述不正确的是（　　）。

A. 假说-演绎法的基本步骤是"观察现象—提出问题—做出假说—演绎推理—实验验证—得出结论"

B. 根据"成对的遗传因子在形成配子时彼此分离"可推理出杂合子高茎豌豆能产生数量相等的雌雄两种配子

C. 为了验证做出的假设是否正确，孟德尔设计并完成了测交试验

D. "生物的性状是由遗传因子决定的"属于假说的内容

4. 遗传因子组成为 AaBb（这两对遗传因子独立遗传）的水稻自交，自交后代中两对遗传因子都是纯合子的个数占总数的（　　）。

A. $\dfrac{2}{16}$　　　B. $\dfrac{4}{16}$　　　C. $\dfrac{6}{16}$　　　D. $\dfrac{8}{16}$

5. 用具有两对相对性状的两纯种豌豆作为亲本杂交获得 F_1，F_1 自交得到 F_2，F_2 中黄色圆粒、黄色皱粒、绿色圆粒、绿色皱粒的比例为 9∶3∶3∶1，与 F_2 出现这样的比例无直接关系的是（　　）。

A. 亲本必须是纯种黄色圆粒豌豆与纯种绿色皱粒豌豆

B. F_1产生的雄、雌配子各有4种，比例为1∶1∶1∶1

C. F_1自交时4种类型的雄雌配子的结合是随机的

D. F_1的16种配子结合方式都能发育出新个体

6. 豌豆的黄色（Y）对于绿色（y）为显性，圆粒（R）对于皱粒（r）为显性。一株黄色圆粒（YyRr）豌豆自交，请用棋盘法画出遗传图谱（包括亲代、配子、子代的遗传因子组成、性状表现及比例）。

七、自主学习单

（一）预备性知识及练习

1. 预备性知识

（1）概述孟德尔一对相对性状的杂交实验，并做出解释。

（2）明确基因的分离定律的内容和本质。

（3）描述有性生殖的生物进行减数分裂形成配子的过程，并知道什么是受精作用。

2. 预备性知识练习

豌豆的高茎（D）相对于矮茎（d）为显性，现一株高茎杂合（Dd）豌豆自交，请用交叉线法画出遗传图谱。（提示：包括亲代、配子、子代的遗传因子组成、性状表现及比例。）

（二）基础性练习

写出孟德尔两对相对性状的杂交实验过程。（基础性目标1）

（三）拓展性练习

依据假说-演绎法，写出孟德尔两对相对性状的杂交实验的研究过程。（基础性目标2、拓展性目标1）

生物｜探究性学习激活学习潜能——以"孟德尔的豌豆杂交实验（二）"教学为例

依据观察和分析提出问题	
经推理和想象提出假说	
根据假说进行演绎和推理	
实验检验演绎推理结论	

（四）挑战性练习

如果在孟德尔的豌豆杂交实验中，我们同时观察三对或更多对的相对性状，F_2又会是怎样的呢？（挑战性目标）

（五）课堂探究练习

1. 关于F_1（YyRr）产生的配子，进行小组讨论，回答以下问题：

（1）如果F_1产生的配子只有YR和yr两种类型且比例相同，F_2代的遗传因子组成及性状表现是怎样的？与孟德尔的实验结果一致吗？（基础性目标3）

（2）如果F_1产生的配子只有Yr和yR两种类型且比例相同，F_2代的遗传因子组成及性状表现是怎样的？与孟德尔的实验结果一致吗？（基础性目标3）

（3）如果F_1产生的配子有YR、Yr、yR、yr四种类型且比例相同，F_2代的遗传因子组成及性状表现是怎样的？在表格内填写F_2代个体的遗传因子组成及相应的性状表现。（基础性目标3）

雄配子＼雌配子	YR	Yr	yR	yr
YR				
Yr				
yR				
yr				

(4) F_1产生配子时，成对的遗传因子彼此分离，不同对的遗传因子是_____的。（拓展性目标3）

2. 用交叉线法画出两对相对性状的测交试验（F_1代的黄色圆粒×绿色皱粒）的遗传图谱。（提示：包括亲代、配子、子代的遗传因子组成、性状表现及比例。）（拓展性目标2）

〔设计说明〕

一、分层目标设计依据

本节课内容是学生学习遗传学规律的开端和基础。生物新课标关于该部分内容的要求是：阐明有性生殖中基因的分离和自由组合使得子代的基因型和表型有多种可能，并可由此预测子代的遗传性状。

遗传定律属于高中生物教学的难点，值得教师尝试多种教学方式，以实现学习目标的有效达成。在各种教学方式的尝试中，必须充分考虑学情。学生的基础、理解能力、答题的误区、易错点等都要充分考虑，不能主观臆测学生的能力和反应。要从观察、分析、反馈等多角度发现总结问题，以便设计出适合特定学生的教学方式，让学生可以顺利地学会和掌握知识技能，最后达成学习目标。

基础性目标：在这一节课的学习中，学生可以通过对孟德尔两对相对性状的杂交实验的分析，重温孟德尔的研究之路。通过对孟德尔两对相对性状的杂交实验的解释，理解并明确本节课最重要的概念——自由组合定律的实质，为后续遗传学知识的学习打下基础。

拓展性目标：假说-演绎法是科学研究中常用的方法。通过本节课的学习，学生可以更加熟练地掌握假说-演绎法的流程，并在未来的研究中尝试使用这种方法。遗传图解可以帮助学生更好地理解遗传过程，发现规律，并解决遗传中的实际问题，因此本节课也要训练学生准确地用遗传图解表示有性生殖中的遗传过程。

挑战性目标：本节课挑战性目标的设置旨在培养学生的发散思维，综合分析并解决问题的能力。学生通过对知识的拓展和延伸，尝试从相互联系的事例中总结出一般规律。

二、关键问题设计依据及解决路径

本节课的关键问题是：如果在孟德尔的豌豆杂交实验中，我们同时观察三对或更多对的相对性状，F_2又会是怎样的呢？

要解决这个问题，首先要找到一对相对性状的实验结果和两对相对性状实验结果间的联系。一对相对性状实验中F_2性状组合出现了3∶1的数量比，两对相对性状实验中F_2性状组合出现了9∶3∶3∶1的数量比，此时教师可引导学生建立9∶3∶3∶1与3∶1的数学联系：$(3∶1)^2=9∶3∶3∶1$。这个数学联系可以解释两对相对性状的遗传结果可以表示为它们各自遗传结果的乘积。那么如果是三对呢？就会出现$(3∶1)^3$的情况，n对就是$(3∶1)^n$。但是实际的结果不一定与预测的完全相符。第一，这是统计学预测的大概率结果；第二，还要考虑决定所观察性状的基因是否在不同对的同源染色体上，因为如果决定所观察性状的基因在同一对染色体上，或有的在有的不在，就不会出现这样的结果。这个问题需要学生考虑各种情况，根据已有知识进行思维加工，进行高水平的思考。

关键问题的设计是为了实现挑战性目标：我能尝试把两对相对性状的杂交实验进行拆分，每一对相对性状单独研究，并归纳形成一定的联系和规律。这个问题的设计可以激起学生探究的欲望，引发学生的深刻思考，引导学生发现问题与问题之间的联系，然后再运用联系的观点来分析、解决问题。该问题的设计与前面学生已经学过的知识相呼应，体现科学研究从现象到本质再到一般规律的研究方法。解决此问题的途径是先由学生独立思考，然后教师引导学生建立数学联系，总结出遗传规律，再通过教师的设问和引导，给出不同的情境和条件，学生根据已有知识进行思考，推测此问题的各种可能情况。

三、学生自主合作学习的要求及课前、课后完成任务的时间预设

学生自主合作学习的要求：小组内学生先通过自学教材，尝试完成自主学习单的课前预习部分。自主学习单中有疑问和不能独立完成的再进行合作探讨，也可求助其他组成员或教师。

课前、课后完成学习任务的时间预设：课前约 30 分钟，课后约 20 分钟。

四、学习目标达成度分析

预备性知识练习是完成一对相对性状的自交实验过程的遗传图谱，目的是让学生回顾上节内容，巩固"形成配子时，成对的遗传因子要彼此分离"这一知识点，并练习遗传图谱的画法，为尝试画出本节课两对相对性状的杂交实验遗传图谱做准备。学生通过回顾、练习、检查及教师课前的纠错能完成练习，目标达成度 100%。

基础性目标难度较低，学生可以通过阅读教材找到答案。通过自主学习单的基础性练习的完成情况看，目标达成度 100%。

拓展性目标难度增加，需要学生通过课前预习和课堂讨论两部分来共同完成。自主学习单中设置的拓展性练习从学生完成度来看达到 90%，基本完成了"我能用假说-演绎法，分步写出孟德尔两对相对性状的杂交实验的研究过程"这一目标。课堂讨论部分，学生的完成度约 60%。

为完成挑战性目标，自主学习单中设计了挑战性练习。从自主学习单的练习完成度来看，通过学生的自主预习达成这一目标的人数较少，大概占 5%。后续通过课堂上教师的点拨，又有一部分学生总结出了孟德尔遗传学实验的规律，目标达成度约 30%。

〔课堂实录〕

活动一：复习巩固，拉齐基础

（课件展示本节课的学习目标。）

师：前面我们已经对孟德尔的一对相对性状的杂交实验进行了学习。然后我们进行了一个小测验，小测验的内容如下。

〔课件展示小测验题目：豌豆的高茎（D）相对于矮茎（d）为显性。现一株高茎杂合（Dd）豌豆自交，请用交叉线法画出遗传图谱。（提示：包括亲代、配子、子代的遗传因子组成、性状表现及比例。）〕

师：现在我们来看一下大家是怎么写的。

（屏幕展示第一个学生的答案。）

师：大家看一下，有没有什么不对的地方？

（学生小声讨论。）

师：大家看一下题目的要求。这名同学的答案有一个明显的错误，就是雌雄配子的结合。交叉线法一定要体现雌雄配子的结合，而这名同学没有写出配子，所以这是明显的错误。我们再来看下一名同学的，大家看看有什么问题。

（学生小声讨论。）

师：好，大家看出来了很多问题。下面我们来看看正确的遗传图解。

（教师课件展示本题遗传图解。）

师：亲本用P表示，然后写出遗传因子组成及其表现形式，再写出它的配子。在形成配子的时候，成对的遗传因子要彼此分离。用交叉线法，写出F_1代的遗传因子组成及性状表现。最后我们整理一下，写出F_1代的遗传因子组成及其比例，以及性状表现的种类和比例。在之前的内容中，我们学习了遗传学的第一大定律——分离定律，大家还记得分离定律的内容吗？分离定律指的是什么分离呢？在什么过程中要分离？

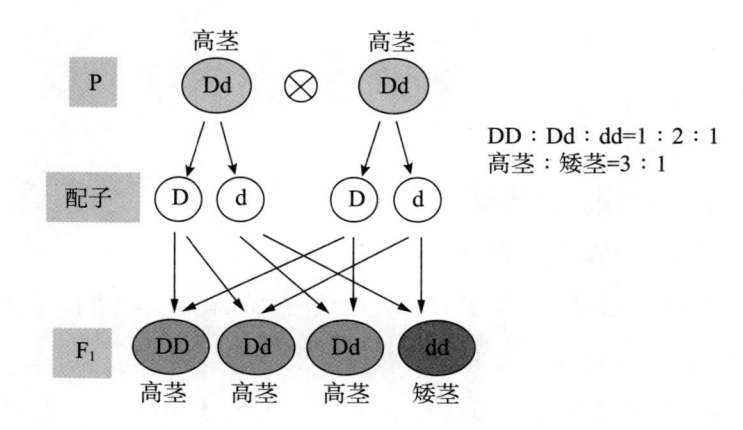

```
                   高茎          高茎
        P          Dd    ⊗      Dd
                                              DD : Dd : dd = 1 : 2 : 1
                                              高茎 : 矮茎 = 3 : 1
       配子       D    d       D    d


       F₁       DD    Dd    Dd    dd
                高茎   高茎   高茎   矮茎
```

(学生思考、讨论。)

师：大家如果记不清了，可以把书翻到第 7 页看一下。"在体细胞中遗传因子是成对存在的，形成配子时，配子中只有成对的遗传因子中的一个。"这句就是分离定律的实质。

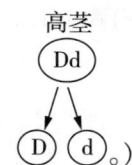

```
                  高茎
                   Dd

                  D   d
```

（板书，展示体现分离定律实质的过程　　　。）

师：这就是我们的遗传学第一大定律分离定律：减数分裂形成配子的时候，成对的遗传因子会分离，每个配子中只能有成对遗传因子中的一个。这里成对的遗传因子控制的是同一相对性状。我们可以用这个过程来表示分离定律的实质。

活动二：自主学习，收获新知

师：前面的课我们讲的是一对相对性状的杂交实验，那么今天我们就来研究一下两对相对性状的杂交实验。我们来看看大家自主预习的情况。先来看基础性练习：写出孟德尔两对相对性状的杂交实验过程。

师：大家要注意，我们这里研究的是豌豆的两对相对性状。一对是豌豆粒的颜色，黄色对绿色；一对是豌豆粒的形状，圆粒对皱粒。从 F_1 代的黄色圆粒我们可以推测一下，哪些是显性性状？黄色和绿色哪个是显性？

生（齐声）：黄色。

师：对。因为通过前面的学习我们知道，亲本是纯合的黄色和绿色，而F_1都是黄色，那说明黄色是显性。同样的道理，圆粒和皱粒这对，谁是显性呢？

生（齐声）：圆粒。

师：很好。那么下面我们就来看一下孟德尔两对相对性状的杂交实验的过程。同学们快速核对一下答案，看看是否准确完成练习。

（教师展示答案。）

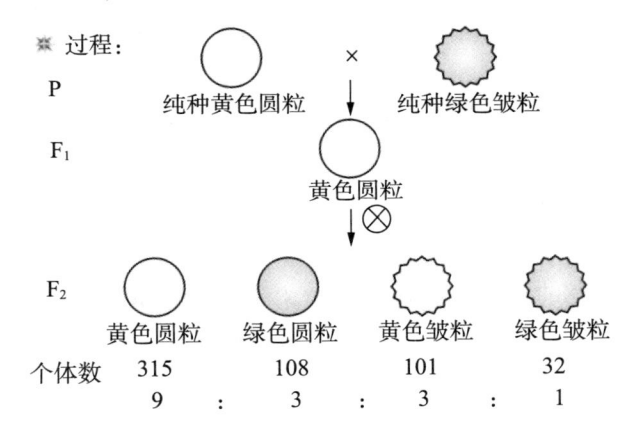

※ 过程：

P　　　纯种黄色圆粒　×　纯种绿色皱粒

F_1　　　黄色圆粒　⊗

F_2　　黄色圆粒　绿色圆粒　黄色皱粒　绿色皱粒

个体数　　315　　　108　　　101　　　32

　　　　　9　：　3　：　3　：　1

师：大家对照答案看看有没有要修改的。

（学生核对、修改答案。）

师：两对相对性状的杂交实验过程大家都清楚了。我们再看一下孟德尔是如何运用假说-演绎法来进行研究的。假说-演绎法一般分为四个步骤，我们的拓展性练习给大家列出了四步，需要大家一一对应孟德尔的研究过程，把它补充完整。这道题稍有难度，需要大家自己看书整理。我看了一下，有的同学写了一些，有些同学还没有写好。现在小组同学合作，快速把这道题答案补充完整。

(学生翻书，讨论、交流，修改完善自主学习单上问题的答案。)

师：好，大家都写得差不多了，现在思路清晰一些了。我们来看孟德尔是如何使用假说-演绎法来研究两对相对性状的杂交实验的。

(教师展示答案。)

假说-演绎法

1. 依据观察和分析提出问题　　　为什么F_2中出现了新的性状组合？且F_2出现的四种性状组合比例为9∶3∶3∶1？

⬇

2. 经推理和想象提出假说　　　F_1产生配子时，每对遗传因子彼此分离，不同对的遗传因子可以自由组合。

⬇

3. 根据假说进行演绎和推理　　　测交：F_1与双隐性纯合子杂交，后代出现四种性状表现，比例为1∶1∶1∶1。

⬇

4. 实验检验演绎推理结论　　　测交实验结果与预期相符，假说正确。

活动三：小组探究，答疑解惑

师：在孟德尔的两对相对性状的杂交实验中，亲本只有两种性状表现，分别是黄色圆粒和绿色皱粒。接着孟德尔对F_2中不同的性状类型进行了数量统计：在总共得到的556粒种子中，黄色圆粒、绿色圆粒、黄色皱粒和绿色皱粒的数量依次是315、108、101和32。经统计学分析，它们的数量比接近于9∶3∶3∶1。针对这个结果，孟德尔提出了这样的疑问：为什么F_2出现了新的性状组合？且F_2出现的四种性状组合的比例接近9∶3∶3∶1呢？接下来，我们就一起来体验一下孟德尔的研究之路。要想弄清楚F_2的性状表现，我们就要知道F_1代的黄色圆粒豌豆产生了什么样的配子，因为F_1代雌雄配子结合受精才形成了F_2代。孟德尔对此的解释是F_1代的黄色圆粒豌豆产生了四种类型的配子。那为什么是四种呢？为什么不是两种或三种？想知道这个问题的答案，我们可以自己探究一下。怎么探究呢？我们可以借助学具来解决。我们准备了围棋棋子模拟基因，也就是孟德尔说的遗传因子。每个棋子上写了它代表的是哪种遗传因子。

（教师在展台展示学具的使用方法。）

师：F_1代的基因型我们可以这样表示——Y，y，R，r。这样的个体会产生什么样的配子呢？现在小组通过讨论一起来完成我们自主学习单上的课堂探究练习。时间5分钟，开始。

（学生使用学具，分小组讨论，完成自主学习单上的探究练习。）

师：好，时间到了。现在请一个小组的代表来回答一下：为什么F_1代产生了四种类型的配子？

生1：因为F_1代要有四种类型的配子，F_2代才会出现实验结果，就是四种类型的豌豆，而且比例是9：3：3：1。

师：那如果F_1代产生的是两种类型的配子呢？你们讨论了没有？如果是YR和yr两种类型，后代是什么样？

生2：不会有黄色皱粒和绿色圆粒的出现。

师：对，很好。第2个问题，如果只有Yr和yR两种类型呢？

生3：没有绿色皱粒的出现。

师：对，那就不符合孟德尔的实验结果了。接下来我们看一下，如果是四种类型的配子，F_2代是怎样的？我们展示一下刚才讨论的结果。

[教师选择一名学生的自主学习单进行展示，探究练习1（3）。]

师：大家来一起检查看看这位同学写的有没有需要改进的地方。

（学生小声议论。）

师：有个小错误是吧？谁上来帮他修改一下？

（生4上讲台，修改展台上自主学习单中的错误之处。）

师：很好，现在答案没有问题了。我们来数一数，黄色圆粒有几个？

生（齐声）：9个。

师：黄色皱粒呢？

生（齐声）：3个。

师：绿色圆粒呢？

生（齐声）：3个。

师：最后绿色皱粒只有1个，是不是我们说的9∶3∶3∶1啊？

生（齐声）：是。

师：所以要得到9∶3∶3∶1的比例，F_1代必须产生四种类型的配子才可以。每种类型的配子出现的概率必须相同吗？

生（齐声）：对。

师：F_1代产生了四种类型的配子，且比例相等。那我们来看看，在产生这样的配子的时候，有什么规律呢？根据我们之前学过的分离定律，F_1代在产生配子的时候，成对的遗传因子要彼此分离，也就是每个配子中只能出现一个Y（y）和一个R（r）。那不同对的遗传因子之间呢，Y到底是和R进入到一个配子中，还是和r呢？

生（齐声）：都有可能（自由组合）。

师：对，也就是说在形成配子的过程中，成对的遗传因子彼此分离，不成对的遗传因子是自由组合的，都有可能。所以第1（4）题，我们要填的关键词就是"自由组合"。很好，基因在形成配子时的分配规律其实就是我们遗传学的第二大定律"自由组合定律"的主要内容。

活动四：合作学习，拓展能力

师：假如我们是孟德尔，接下来，我们还要根据假说设计测交实验进行演绎推理。我们一起来完成探究练习题2。给大家3分钟时间。

（学生答题。）

师：好，现在我们来展示一位同学的答案。大家一起来看看，有没有什么问题？

（学生仔细看，小声议论。）

师：大家都看出来了，有点小问题。有一些细节还要注意，比如要写好亲本和子代的性状表现，以及子代的不同类型的比例。

（教师边说边修改，展台展示修改过程。）

师：同学们再对照着修改一下自己画的遗传图谱，保证准确。

（学生修改自己的答案。）

活动五：突破自我，挑战难点

师：好，大家都基本完成了，接下来我们来做个小挑战。在我们的自主学习单上，有一个挑战性问题：如果在孟德尔的豌豆杂交实验中，我们同时观察三对或更多对的相对性状，F_2又会是怎样的呢？回答这个问题之前，我们先来思考一下：在孟德尔一对相对性状实验中F_2性状组合出现了3∶1的数量比，两对相对性状实验中F_2性状组合出现了9∶3∶3∶1的数量比，这两个数量比之间有没有什么数学联系呢？

（学生思考。）

师：谁来说一下你的发现？

（学生举手。）

生：9∶3∶3∶1是3∶1的平方，两个3∶1相乘就是9∶3∶3∶1。

师：你说得很对，非常好。我们来看一下，（3∶1）乘（3∶1）就是9∶3∶3∶1。

（教师板书。）

师：我们看一下这个是怎么乘的啊，因为有些同学不太会这种乘法，我演示一下。（3∶1）乘（3∶1），我们先让第一个3和后面的（3∶1）分别乘一次，再让第一个1分别和后面的（3∶1）分别乘一次，就是9∶3∶3∶1了。接下来我们再思考一下，如果观察的是三对相对性状，F_2是怎样的呢？请一位同学说说。

生：应该是三个3∶1相乘。

师：很好，这就是规律了。三个（3∶1）相乘结果是什么？课下有时间大家可以试着算一下。那如果是更多对，比如 n 对，那 F_2 就会出现 $(3:1)^n$ 这样的数量比了，也就是说从一对到两对甚至更多对是有规律的。所以孟德尔是先一对，再两对，是按照这个顺序来研究和分析实验结果的，从而得出了数据之间的联系，总结出了遗传的规律。但是我们在预测这个结论的时候有没有什么前提呢？是不是每个实验结果都会符合我们的推测，比如如果 F_2 只有十几株，会符合这个比例吗？

生（齐声）：不会。

师：为什么呢？谁来说一下？

生：因为这个是大概率情况，数量要足够多，数量太少就不符合概率的统计了。

师：这个同学说得非常好，大家都听明白了吧。那如果 F_2 的数量足够多，就一定会出现我们预测的数量比吗？

（学生思考。）

师：如果我们回顾之前学习的减数分裂过程，就会发现只有非同源染色体才会出现自由组合，如果决定所观察性状的基因在同一对染色体上，或有的在有的不在，那么我们刚才基于自由组合定律推出的结论就不成立了。所以在实际的情况中，不是很容易找到这样的规律的。这也是孟德尔能取得成功的原因之一，他选对了实验材料和研究的相对性状。如果他研究的不是豌豆，不是从一对到多对去研究，那他就要离"遗传学之父"很远了。

活动六：自我小结，提炼意义

师：好，今天的内容到这里我们就都学完了。接下来我们做个回顾小结，大家对照前面的这些学习目标，看一下你们的目标都完成了没有。

（学生思考。）

师：完成了吗？

生（齐声）：完成了。

师：既然大家觉得都完成了，我就来考考大家啊。谁能用一句话总结一下自由组合定律的实质是什么？我随机找一个啊，请这位同学回答。

生：F_1产生配子时，成对的遗传因子彼此分离，不同对的遗传因子是自由组合的。

师：很好，这个同学很认真啊，这就是我们课堂探究练习第一大题的第4问的探究结果。大家要牢牢记住这句话：在形成配子的过程中，成对的遗传因子，也就是基因要彼此分离，比如说 Y 和 y，R 和 r，不同对的遗传因子是自由组合的。遗传学定律是我们必修 2 这本书的主线，也是难点。以后我们还要应用这些定律去解决很多问题，这些内容会对我们后面的学习有很大的帮助。今天的课就到这里，课下大家及时完成检测练习。

[要素评课]

在学科组组长雷蕾老师的统筹安排下，雷蕾老师负责学习目标的设计与达成维度的观察，彭莹老师负责实现路径的规划与实施维度的观察，张晓云老师负责关键问题的设计与解决维度的观察，童志伟老师负责教学资源的挖掘与利用维度的观察，房薇老师负责多向交流的运用与效果维度的观察，朱文艺老师负责教师点拨的智慧与启迪维度的观察。

维度一：学习目标的设计与达成

首先，目标设置完整，三个层次的目标都有涵盖，目标体现了科学性、激励性，并且层次分明、层层递进、环环相扣。让学生以假说-演绎法为轴线，对孟德尔两对相对性状的杂交实验进行探究，体现了生物学科核心素养的"科学思维"和"科学探究"两个维度。

其次，该班为重点班，学生基础较好，学生能根据关键词提示和教师的启发较顺利地回答课堂问题。对学生自主学习单的检查发现，基础性练习全部学生完成，完成率为 100%，拓展性练习完成率为 60%，挑战性练习完成率为 26%。

最后，目标表述清晰明了，学生可以读懂，且有与目标相适应的实现路径。通过课后检测发现，基础性目标达成比例为 95%，拓展性目标达成比例为 75%，挑战性目标达成比例为 38%。

维度二：实现路径的规划与实施

首先，教师设计了与本节课有关的预备性知识练习，难度适中，重点突出。

其次，学生在自主学习单的引导下基本都完成了课前预习，而且通过预习可以较容易地完成基础性练习。课前学生自主学习的时间约为 30 分钟。

再次，本节课安排了三次小组合作学习交流，时间分别是 4 分钟、8 分钟和 5 分钟。我们重点观察了 4 个小组，合作交流时，4 个小组学生都做到了全员参与。第一次交流主要是为了解决自主学习单中的拓展性练习，学生小组内交流，每组都有一半以上同学发言，大家认真聆听，最后统一结论。第二次交流时需要动手动脑，学生热情高涨，讨论热烈，但是学具操作过程中错误较多，其中 1 个小组没有完成课堂探究的所有问题。第三次交流，其中 3 个小组解决了教师设置的问题，1 个小组没有完全解决，在教师讲解后，这个小组最终也解决了问题。

最后，由于课堂探究问题难度较大，交流时间略显仓促，学生讨论不够深入。

维度三：关键问题的设计与解决

本节课的关键问题是依据教学重难点设计的，目的在于引发学生的高阶思维。本节课对关键问题的解决，集中在学生得出自由组合规律之后，体现在挑战性练习中。整个过程是在教师的指引下，通过教师提出的层层问题逐步完成的。学生带着问题去思考，并尝试回答。在这个过程中，教师有提示、引导等，对学生的回答进行了及时的评价。学生被问题牵引，深入思考，基本上达到了全员参与。但是由于此问题的难度较大，需要数学知识和减数分裂非同源染色体自由组合等知识，所以从学生的反馈来看，完全理解的人数约占三分之一。如果思考时间更充分一些，效果会更好。

维度四：教学资源的挖掘与利用

首先，教师充分发掘了学生资源，把学生差异作为资源加以利用，组员之间交流愉快、顺畅。每组组员均参与讨论探究。率先完成任务的小组还能够帮助其他小组解决疑问。

其次，教师充分利用课本资源，预习以课本内容为主。学生通过阅读课本，可以较容易解决自主学习单中的基础性问题。把课本内容进行整理归纳后也可以尝试完成拓展性练习。另外，挑战性练习也是直接来自课本上的思考题。

再次，课堂上，教师充分利用计算机和投影仪等设备，学生可以更加直观地观察。

最后，教具的使用对解决本节课的重难点问题做出了很大的贡献。棋子可以更直观地表示细胞中的遗传因子。

维度五：多向交流的运用与效果

本节课采用探究式学习方式，课上学生交流气氛热烈、有效。学生活动层层推进，教师引导得法，学生的主体性得到重视，充分发挥了学生学习的积极性。生生交流氛围热烈，每组同学都是全员参与。小组内讨论、交流三次，组与组间交流一次，学生相互质疑，又相互帮助解决问题，在讨论中，知识逐渐清晰。

师生交流丰富、流畅。教师的提问非常具有启发性，教师与学生之间平等、自由地交流对话。教师与学生对话互动活跃，在解决教师设置的探究问题的过程中，教师不断引导和启发，激活了学生的思维，学生得出的结论是在师生的反复对话中逐步生成的，学生体会到了探究的过程。问题在生生、师生的反复对话中逐步解决，学生愉快、积极地完成探究。

维度六：教师点拨的智慧与启迪

本节课内容为高中生物学中较难的一节，教师大胆采用了探究式学习的模式，这对教师的要求很高。高效多样的点拨方法有效帮助学生达成本节课的目标。

（1）在对预备性练习进行讲评时，学生全员参与，整体评价。教师点拨时间恰当，点拨的均为关键内容，例如，分离定律实质的表示。

（2）在学生探究前，教师进行整体点拨，引导学生先思考再探究。对于本节课的重难点问题，如自由组合定律的实质，教师给予足够充分的点拨和引导，最后重点强调，使重点问题更加凸显。

（3）学生进行小组探究时，教师采取了个别点拨的方式。同时通过对小组活动的积极评价，给了学生很大的鼓舞。对于提前完成任务的学生，教师给予表扬，极大地调动了学生的积极性。

（4）对于练习题中各问题的解决，学生全员参与，个别展示，师生共同评价。教师最后适时进行总结和点拨。

〔教学反思〕

一、设计初稿形成后的研课过程简述

为了上好这节课，我去深圳市图书馆查阅了近几年 30 多篇关于这堂课内容及教学的文献。通过阅读资料，我厘清了本堂课的基本教学思路，即以探究体验式教学来帮助学生实现本节课的学习目标。以假说-演绎法为轴线设计课堂教学过程，将本节课的教学重心放在 F_1 产生配子的类型上，让学生对基因自由组合定律的实质有一个深刻的认识和理解。此外，设计探究性学习，

教师自制棋子学具，让学生在体验假说-演绎法的过程中，推导出基因的自由组合定律。探究问题设置由浅入深，层层推进。自主学习单的设计使学生可以充分预习，发挥自主学习能力，外显自己的疑问，在课堂学习中再解决问题，完善知识结构，提升能力。

二、正式上课前同事们所提建议及教学设计修改思路

建议1：孟德尔的两对相对性状杂交实验是在一对相对性状杂交实验的基础上完成的。所以在这一节的学习之前，学生需要进一步熟悉孟德尔一对相对性状的杂交实验内容，并且充分理解、明确分离定律的实质。只有一对相对性状的杂交实验掌握好了，才能对孟德尔两对相对性状的杂交实验进行探究和学习。同时学生还要有一定的关于减数分裂的知识基础。所以建议在本节课前，先进行减数分裂及受精作用内容的学习。对本章出现的新概念，如杂交、自交、相对性状、遗传因子、基因、基因型、表现型等，学生在课前要熟悉并理解。这些知识对学生来说是陌生而抽象的，所以课前要完成预备性知识的学习，否则学生在本节课的学习中会有知识混乱的感觉。绘制遗传图谱对学生来说也是新的内容和难点，所以在讲解分离定律的知识时也要打牢基础。

修改思路1：本节课在教材中虽然是必修2的开篇，但是为了降低学生理解的难度，我把授课顺序进行了一定的调整——先讲减数分裂及受精作用，然后再介绍孟德尔的遗传定律。对于分离定律的预备性知识，要讲解到位，帮助学生复习如何正确绘制遗传图谱。此外，教学中要强调分离定律的实质，让学生明确在形成配子时，体细胞中成对的遗传因子要分离，每个配子中只能有成对遗传因子中的一个。并且板书出分离定律的实质，图谱形式和文字形式都表示出来，加深学生印象。

建议2：学具的使用是本节课的亮点，也是一个创新。学生可以通过实际动手操作（用围棋棋子代表遗传因子）来演示F_1代产生配子的类型以及配

子随机结合形成下一代的受精过程。把抽象的内容形象化，更易于学生理解。但是学生一定是在明确学具的使用方法的前提下才能达到这一目的的。因此，学具中棋子代表的含义、黑白棋子的区别等，一定要给学生交代清楚。

修改思路2：在课堂小组合作探究学习之前，教师先对学具的使用做详细说明——每个棋子代表一个遗传因子，两个是一对。体细胞中遗传因子要成对存在，两对性状就要有两对遗传因子。配子中只能有成对中的一个，两对性状配子中应该有两个。来自父方的遗传因子和来自母方的遗传因子用不同颜色的棋子表示。为了使学生更好地理解，教师可以投影展示举例，演示出亲本杂交形成F_1代的过程。通过这个活动，就可以让学生明白学具是如何模拟杂交实验的过程的。

三、实施效果与预期的差距及原因

教学过程中发现，学生对上堂课"基因的分离定律"中的假说-演绎法、分离定律实质等内容掌握情况不佳，对"F_1形成配子时，成对的遗传因子要彼此分离"这一重要结论理解不透，导致课堂进度略缓慢。

此外，自主学习单上拓展性练习难度较大，部分学生通过自主学习无法得出答案，导致课堂上小组讨论时间过长，修改答案的时间也增加了。

个别学生不能很好地理解学具的使用方法，不知道怎样用学具演示亲本杂交过程。

以上问题的出现使本节课拓展性目标的达成率只有75%。

四、收获最大的点及对后续教学的启发

在本次课的设计和实施过程中，我发现了很多自己平时教学中会忽略的问题。首先，在平时的教学中，没有充分考虑学生的思维水平，一直在按自己认为的学生理解程度去传授知识，没有准确预估学生的思考方式和思维漏洞。只有解决了这个问题，才能对学生精准定位，完善自己的教学设计，真正实现学习目标的有效达成。其次，在教学中还需随时关注学生的课堂参与

度和课堂反馈,这样才能及时调整教学策略,达成学习目标。此外,板书设计合理、课件简洁、教态亲切等,也都是一节好课所必需的。

五、本节课的不足及改进思考

本节课的不足及改进之处有以下几点。

一是自主学习单上拓展性练习难度较大,导致30%左右的学生通过自主学习后依然不能独立完成自主学习单上的问题。因此需要对自主学习单内容进行修改,如假说-演绎法的研究过程可以以填空题的形成出现,学生梳理过程,完成关键词的填写即可。

二是部分学生对学具的使用生疏。因此对于学具使用的指导,需更加详细。为避免学生不理解黑白棋子的含义,可以改用同一颜色棋子,降低难度。还可用课件清晰展示学具的使用方式,模拟杂交实验过程,并强调自交时亲本的基因型相同,雌雄配子各有两种类型,再随机结合,产生 F_2 代。

三是课堂上探究性问题的设置,有的学生不理解。教师要有解释的过程,并简要说明为什么会有"如果 F_1 产生的配子只有 YR 和 yr 两种类型"和"如果 F_1 产生的配子只有 Yr 和 yR 两种类型"这样的问题设置。

〔专家点评〕

很多时候,探究性学习被教师认为是公开课和研究课上不得已才会采用的方法。许多教师选择探究性学习内容时,一般会选择容量偏小、难度偏低的内容让学生展开探究,以减少课堂实践的风险。然而,左海珍老师的这节生物课却是实打实的探究性学习课,因为她选择的学习内容是生物学上有一定难度的遗传学知识。她的这种精神值得嘉奖。

从教学设计看,左老师根据假说-演绎法的要求,引导学生根据以前学过的基因分离定律和非同源染色体在减数分裂时自由组合的有关知识,引导学生依据现象提出问题，形成假说，继而通过演绎推理和实验验证，让学生自己总结自由组合定律及其实质。同时，左老师把一对相对性状的杂交实验、分离定律的内容和本质以及有性生殖的生物进行减数分裂形成配子的过程作为预备性知识，并设计了相关练习，为本节课学生开展探究性学习奠定了基础，扫清了障碍。假如在设计预备练习时增加减数分裂过程中非同源染色体自由组合的图示题目，会更有利于学生对自由组合定律本质的理解。

从教学实施看，左老师使用围棋棋子作为学具，让学生模拟遗传因子的分配过程，使抽象的教学内容具象化，化解了学生学习中的困难。同时，左老师要求学生根据分离定律，分别解释两对相对性状的遗传现象，既充分复习了前面学习的内容，又增强了两个规律之间的联系，有利于学生构建知识整体结构。假如在学生总结完规律后，引导学生对规律的原因进行认真探讨，更有利于学生对本节课关键问题的理解。

思想政治

让思想政治课更贴近生活
——以"政府：国家行政机关"教学为例

昆明西南联大研究院附属学校　范全礼

〔教学设计〕

一、课型
概念课。

二、内容分析

（一）从教材角度分析

"政府：国家行政机关"为人教版《思想政治 2：政治生活》第二单元第三课第一框内容，是上一单元"公民的政治生活"的延续。本节课内容与上一单元中的"人民民主专政：本质是人民当家作主"密切相关，是政府知识的开端，为下一框以及下一单元的学习奠定了知识基础，在教材中起着承上启下的作用，在全书中占有重要地位。

教材中的"政府：国家行政机关"主要包括以下内容：我国政府的性质、基本职能；我国政府的作用；我国政府职能的有限性；建设服务型政府的目的；正确处理公民与政府的关系。

其中，我国政府的性质、基本职能是本节课教学的重点。本节课的最终目的是通过对我国政府的性质及基本职能的学习，引导学生对政府的履职表现进行评议，从而培养学生的现代公民意识，增强学生参与政治生活的能力，培育学生政治认同、法治意识等核心素养。

（二）从课程标准和核心素养角度分析

《普通高中思想政治课程标准（2017 年版）》（简称"思想政治新课标"）指出，要"引导学生经历自主思考、合作探究的学习过程，理解中国特色社会主义进入新时代的历史方位，了解新时代中国特色社会主义经济、政治、文化、社会、生态文明建设和党的建设进程，培育政治认同、科学精神、法治意识和公共参与等核心素养"。要实现这个目标，必须以教材中政府的相关知识为支撑，明确我国政府的性质，理解我国政府的基本职能以及政府依法行使职权对我们生活的影响和作用，引导学生了解政府、理解政府、相信政府、支持政府，以评议政府履行职责的表现为途径，正确认识、处理公民与政府的关系。

（三）从学情角度分析

昆明西南联大研究院附属学校是一所新建校，生源质量中等，学生的知识储备、学习能力均属一般水平。

学生在学习了第一单元"公民的政治生活"后，对我国人民民主专政的国家性质和公民的政治参与有了比较深入的了解，但对我国政府的性质和政府的基本职能这两个问题的理解存在困难。

首先，由于教材在此之前没有关于我国国家机关知识的介绍，所以学生对"我国政府是国家权力机关的执行机关"这一政府性质的定义不是很清楚。另外，学生在区分政府五个基本职能时也会遇到一些问题。一方面，虽然政府的工作和我们的生活密切相关，学生有所了解，但是并不清楚政府每个部门的具体工作，生活中需要寻求政府帮助时也不一定能找到正确的方法；另一方面，政府的不同职能间存在交叉，政府的一项活动可能会同时体现多个职能。根据高一学生的知识储备和思维特点，本节课可以让学生结合生活中的具体事例，再根据教材中有关资料学习政府的基本职能，了解政府的作用。

三、学习目标

基础性目标	1. 我能说出我国政府的性质。 2. 我能说出我国政府的基本职能及其内涵。 3. 我能举例说明我国政府的作用。 4. 我能说出我国建设服务型政府的目的。

续表

拓展性目标	1. 我能用政府职能的知识说明政府履职的方式。 2. 我能用所学知识分析我国政府职能的有限性。 3. 我能用政府职能的知识对政府履行职能的表现进行评议。	
挑战性目标	1. 我能用政府的相关知识说明如何正确处理政府和市场的关系。 2. 我能用所学政府相关知识，为推进当地政府工作提出合理化建议。	

四、实现路径

预备性知识学习	课前	根据自主学习单，进行自主复习，100%的学生完成预备性知识的学习和预备性练习。
	课堂	通过小组讨论和交流，解决预备性知识中存在的疑难问题。
基础性目标实现路径	课前	通过阅读教材和自主学习资料，初步理解有关概念，自主完成知识预习及基础性练习。
	课堂	通过小组讨论和交流，对基础性练习的答案进行核对、讨论，取得一致性认识，并提炼疑难问题，通过课堂展讲和教师答疑加以解决。
拓展性目标实现路径	课前	根据目标要求，利用自主学习单，80%的学生完成拓展性知识的学习和拓展性练习。
	课堂	1. 通过组内讨论、交流和展示，学生初步解决拓展性学习中出现的问题，对小组合作学习中解决不了的问题或新出现的问题进行汇总，并选取有代表性和共性的问题进行展讲，教师适时点拨。 2. 学生根据自主学习单完成检测性练习，并通过组内或组间讨论和交流解决检测性练习中出现的疑难问题。教师可以适时进行点拨。
挑战性目标实现路径	课前	学生视基础和学习能力自主选择完成自主学习单中的一部分或全部挑战性练习。
	课堂	如果课中有时间落实挑战性目标，则由学生对挑战性知识和挑战性练习进行展讲，教师适时进行点拨。
	课后	如果课堂上无时间落实挑战性目标，则课后以书面作业的形式完成（以小组为单位）。

五、课堂流程

流程	时间	教师活动	学生活动
明确目标 拉齐基础	2分钟	展示本节课的三层学习目标。	明确学习目标，核对预备性知识练习答案。
主动探究 基础过关	3分钟	引入《政府工作报告》片段，让学生了解我国政府的性质。	通过组内讨论和交流，了解我国政府的性质。
合作探讨 组间展评	10分钟	1. 组织学生对课本上的五幅图片进行组内探讨，让学生初步理解我国政府的基本职能。 2. 选择一个小组进行展讲。 3. 适时点拨，引导学生对相关问题进行交流、评论甚至争论。 4. 教师总结。	小组合作探讨后汇报本组讨论结果，对提出异议者进行反驳或对其他小组的观点进行评论、补充。
合作探讨 拓展能力	12分钟	1. 组织学生对我国政府基本职能的内涵、如何评议政府的履职表现等进行组内探讨。 2. 选择一个小组进行展讲。 3. 适时点拨，引导学生对以上两个问题进行交流、评论甚至争论。 4. 教师总结。	小组合作探讨后汇报本组讨论结果，对提出异议者进行反驳或对其他小组的观点进行评论、补充。
挑战突破 答疑解惑	10分钟	1. 多媒体展示我国网络游戏市场中存在的问题。 2. 组织学生对如何正确处理政府和市场的关系进行组内讨论。 3. 选择一个小组进行展讲。 4. 适时点拨，引导学生对相关问题进行交流、评论甚至争论。 5. 教师总结。	小组合作探讨后汇报本组讨论结果，对提出异议者进行反驳或对其他小组的观点进行评论、补充。
对照目标 检测效果	5分钟	再次展示本节课的三层学习目标，组织学生检测学习效果。	完成检测性练习，对照三层目标（主要是基础性目标和拓展性目标），检测学习效果。
归纳小结 提炼升华	3分钟	1. 随机请一名学生分享本节课的收获。 2. 教师总结，巩固关键问题所含知识点。	小组内总结并分享本节课的收获。

六、检测练习

1. （基础性目标1）"更要优先保障和改善民生，该办能办的实事要竭力办好，基本民生的底线要坚决兜牢。"2017年《政府工作报告》中把保障和改善民生作为重点的社会建设这一论述，在教育、医疗、环保等基层工作者及各地群众中引起热烈反响。这种"获得感"是落地生根的实惠，是惠及众生的可喜变化。政府这样做的依据有（　　）。

①广大公民是国家的主人

②我国政府是便民利民的政府

③中国共产党是我国的执政党

④我国政府是为人民服务的政府

A. ①②　　　B. ②③　　　C. ②④　　　D. ③④

2.（基础性目标2）2019年1月，民政部制定《"孤儿医疗康复明天计划"项目实施办法》，扩大项目资金资助范围，降低诊疗起付标准，提高康复资助限额以及住院服务费用标准，让孤儿得到更多实惠。实施办法的出台（　　）。

①是政府积极履行社会建设职能的体现

②表明了我国人民民主是最真实的民主

③推动了政府管理创新，提高了行政效率

④保障了公民的知情权，坚持了民主决策

A. ①②　　　B. ①④　　　C. ②③　　　D. ③④

3.（基础性目标3）"忧民之忧者，民亦忧其忧。"只要政府真心实意为群众办实事，尽最大努力解决民生问题，就一定会得到人民群众的拥护。从政府角度看，要切实解决民生问题，重要的是（　　）。

A. 人民要支持政府的工作

B. 政府要履行好职能，争做全能的政府

C. 建设服务型政府，完善政府社会建设职能

D. 精简政府机构，弱化政府管理职能

4.（基础性目标4）自2017年春季学期起，统一城乡义务教育学生"两

免一补"政策,每个学生背后的义务教育经费可以"钱随人走",让更多农村孩子跟随打工父母进城读书。从政府职能方面考虑,"两免一补"政策是(　　)。

　　A. 履行政治职能,保障人民民主,协调人民内部矛盾

　　B. 履行经济职能,提高生产力水平和人民生活水平

　　C. 履行文化职能,提高全民族的思想道德素质和科学文化素质

　　D. 履行社会建设职能,充分保障人人学有所教

5.(拓展性目标1)为破解下图漫画《砸不开》反映的经济困境,政府应履行的职能是(　　)。

①组织经济建设,实现城乡居民收入倍增

②组织文化建设,转变城乡居民消费观念

③加强市场监管,保持物价总体水平不变

④提升公共服务水平,建立健全保障体系

A. ①③　　　B. ②③　　　C. ②④　　　D. ①④

6.(拓展性目标2)国务院印发的《盐业体制改革方案》从2017年1月1日开始实施,我国放开所有盐产品价格,取消食盐准运证,允许现有食盐生产企业进入流通销售领域,食盐批发企业可开展跨区域经营。实施这一改革(　　)。

①有利于完善市场管理体制

②意味着政府进一步放松对经济活动的监管

③是建设服务型政府、转变政府职能的体现

④淡化了政府组织社会主义经济建设的职能

A. ①②　　　　B. ①③　　　　C. ②④　　　　D. ③④

七、自主学习单

预备性知识学习	
预备性知识	预备性知识练习
1. 上一单元"公民的政治生活"的相关知识。 2. 我国的国家机构（以中央国家机关组织系统为例）。	1. 2019年3月，第十三届全国人民代表大会第二次会议听取和审议了国务院的《政府工作报告》。会议充分肯定了国务院过去一年的工作，同意报告提出的2019年工作总体部署、目标任务和重点工作，决定批准这个报告。会议要求，国务院要周密部署，精心组织，保证方案顺利实施。这说明政府是（　　）。 ①司法机关的职能部门 ②国家的行政机关 ③国家的司法机关 ④权力机关的执行机关 A. ①②　B. ①③　C. ②④　D. ③④ 2. 下列对国家性质、政府性质、政府职能的关系，表述正确的有（　　）。 ①国家性质由占统治地位的阶级的性质决定 ②国家性质决定政府的性质、职能 ③政府职能反映政府性质、国家性质 ④国家性质决定政府职能，政府职能决定政府性质 A. ①②　B. ①③　C. ②③　D. ③④
基础性目标	
目标	目标达成练习
目标1　我能说出我国政府的性质 2019年3月5日，李克强总理代表国务院在十三届全国人大二次会议上作《政府工作报告》。 思考： （1）李克强总理为什么要向全国人大作政府工作报告？ （2）我国的政府和人民代表大会是什么关系？	【目标1练习】 2019年6月17日，四川省宜宾市长宁县发生6.0级地震，造成重大人员伤亡。国家应急管理部、四川省、宜宾市政府领导在第一时间赶赴灾区指导抢险救灾，慰问受灾群众，现场解决实际问题。这充分彰显了我国政府是人民的政府。我国政府是人民的政府，这是因为(　　)。 ①我国是人民民主专政的社会主义国家 ②政府的权力是由人民赋予的 ③我国政府承担着重要职能 ④我国政府是国家权力机关的执行机关 A. ①②　B. ①③　C. ②③　D. ③④

续表

基础性目标	
目标	目标达成练习
目标2 我能说出我国政府的基本职能及其内涵 1. 自主阅读教材第36、37页，找到政府的职能。 | 职能	内涵
	| 2. 解读2019年《政府工作报告》，分析以下措施体现的政府职能。 （1）强化社会治安综合治理，开展扫黑除恶专项斗争，依法打击各类违法犯罪。 （2）丰富人民群众精神文化生活。培育和践行社会主义核心价值观，广泛开展群众性精神文明创建活动。 （3）坚持以市场化改革的思路和办法破解发展难题，发挥好宏观政策逆周期调节作用，丰富和灵活运用财政、货币、就业政策工具。 （4）加快发展社会事业，更好保障和改善民生。支持社会力量增加非基本公共服务供给，满足群众多层次、多样化需求。 （5）加强生态系统保护修复。推进山水林田湖草生态保护修复工程试点，持续抓好国土绿化，加强荒漠化、石漠化、水土流失治理。加大生物多样性保护力度。	【目标2练习】 1. 伴随"十三五"规划建议落地，"健康中国"正式升级为国家战略。国务院出台《关于整合城乡居民基本医疗保险制度的意见》，明确提出建立统一的城乡居民基本医疗保险制度。建立这一制度是（　　）。 ①扩大公民政治权利，确保公民的生命健康权得以实现的途径 ②政府履行经济职能，提高生产力水平和人民生活水平的表现 ③政府加强社会建设，加快健全基本公共服务体系的现实要求 ④完善社会保障制度，使人民的利益得到日益充分实现的举措 A.①②　　B.①③　　C.②④　　D.③④ 2. 有专家提出，一个和谐、宜居的城市，应该是"婴儿车能在街头任意出现"的城市。媒体将这概括为"婴儿车指标"。有同学据此推测，达到这一指标需要城市基础设施完善、行人车辆各行其道、环境优美等条件。创造这些条件，政府须切实（　　）。 ①依法行政和公正司法 ②保障公民的民主决策权 ③履行加强社会建设职能 ④履行推动生态文明建设职能 A.①②　　B.①③　　C.②③　　D.③④ 3. 近几年，我国电信网络诈骗案频发，2016年山东临沂徐玉玉被电信诈骗致死案更是引起各方关注。电信网络诈骗已经成为社会公害，引起民众公愤。为此，政府应该（　　）。 ①维护社会长治久安，依法打击电信诈骗活动 ②加强社会建设，完善电信基础设施建设 ③组织经济建设，对电信网络运营商加强监管 ④公正司法，保护人民群众的生命财产安全 A.①②　　B.③④　　C.①③　　D.②④

续表

基础性目标	
目标	目标达成练习
目标3 我能举例说明我国政府的作用 阅读教材第38页。想一想：政府履行职能对我们的生活有什么影响？	【目标3练习】 我们读书的学校大多是政府开办的；日常使用的人民币是由政府通过中国人民银行发行的；安定的社会秩序、和平的生活环境和优美的生态环境，更离不开政府的工作。在日常生活中，我们每时每刻都会感受到（ ）。 ①人们的公共生活受到政府的管理 ②人们在享受着政府提供的公共服务 ③我们的政府是便民利民、无所不能的政府 ④政府是为全体公民服务的国家权力机关的执行机关 A.①②　　　B.②③　　　C.①③④　　　D.①②④
目标4 我能说出我国建设服务型政府的目的 2018年3月13日，国务院机构改革方案公布，根据该方案，改革后，国务院正部级机构减少8个，副部级机构减少7个，除国务院办公厅外，国务院设置组成部门26个。 想一想： 国务院进行机构改革的目的是什么？	【目标4练习】 2017年6月13日，李克强总理在国务院召开的全国深化简政放权放管结合优化服务改革电视电话会议上强调，既要进一步做好简政放权的"减法"，打造权力瘦身的"紧身衣"，又要善于做加强监管的"加法"和优化服务的"乘法"。这些要求旨在（ ）。 ①弱化政府职权，提高决策效率 ②强化社会监督，保障人民利益 ③转变政府职能，提高服务水平 ④强化政府责任，提高监管效能 A.①②　　　B.①④　　　C.②③　　　D.③④
拓展性目标	
目标	目标达成练习
目标1 我能用政府职能的知识说明政府履职的方式 李克强总理在2019年《政府工作报告》中指出： 2019年要继续深化简政放权、放管结合、优化服务改革；推动供给结构和需求结构相适应、消费升级和有效投资相促进、区域城乡发展相协调，增强内需对经济增长的持久拉动作用；坚决打好蓝天保卫战；办好公平优质教育；推进健康中国建设，织密扎牢民生保障网。	【目标1练习】 结合材料，从政府职能角度说明做好2019年工作，国务院应该如何作为。

续表

拓展性目标	
目标	目标达成练习
目标2　我能用所学知识分析我国政府职能的有限性 阅读教材第38页。想一想：政府履行基本职能，是否意味着政府可以包办一切，管得越多越好？	【目标2练习】 2015年3月，国务院办公厅印发的《中国足球改革发展总体方案》要求，按照政社分开的原则调整组建中国足球协会，改变中国足球协会与体育总局足球运动管理中心两块牌子、一套人马的组织构架；中国足球协会与体育总局脱钩，按照社团法人机制运行。这一改革是（　　）。 ①强化足球协会职权，使其摆脱体育行政机关干预的体现 ②明确足球协会地位，推动足球事业发展的重要举措 ③促进足球协会提供专业化服务，提高足球运动水平的重大决策 ④政府把组织和发展体育事业的职能转让给社会组织的表现 A.①③　　B.①④　　C.②③　　D.②④
目标3　我能用政府职能的知识对政府履行职能的表现进行评议 昆明市在国家"文明城市"创建工作中，锐意改革创新，成绩斐然。其做法是：强化社会治安综合治理，开展扫黑除恶专项斗争，依法打击各类违法犯罪；强化基础设施建设，修建了贯通全市的地铁；加大"软环境"建设力度，开展"昆明好人"和"最美邻居"评选；大力兴办教育，积极实施"三名"工程；充分利用当地资源优势，保护滇池，大力发展旅游业。	【目标3练习】 结合材料，运用所学知识，对昆明市政府在"文明城市"创建工作中履行职能的表现进行评议。
挑战性目标	
目标	目标达成练习
目标1　我能用政府的相关知识说明如何正确处理政府和市场的关系 近年来，网络游戏日益成为民众休闲娱乐的重要方式。但是网络游戏市场良莠不齐，有的网络游戏以低俗、暴力、色情为卖点，有的网络游戏歪曲历史、恶搞英雄人物。	【目标1练习】 有同学认为，市场在资源配置中起决定性作用，所以政府应全面退出市场。请你用本节课所学的相关知识谈谈对该观点的看法。

续表

挑战性目标	
目标	目标达成练习
目标 2　我能用所学政府相关知识，为推进当地政府工作提出合理化建议 随着"一带一路"建设和长江经济带建设等发展战略的深入实施，昆明市审时度势，着眼未来竞争，立足昆明实际，确立了建设区域性国际中心城市的奋斗目标。	【目标 2 练习】 实现昆明市成为区域性国际中心城市的目标，需要你我共同参与。请你用所学政府相关知识，为昆明市推进区域性国际中心城市建设提出合理化建议。

〔设计说明〕

一、分层目标设计依据

1. 课程标准

思想政治新课标指出：要着眼于学生思想活动的独立性、选择性、多变性、差异性和高中阶段成长的新特点。进行目标分层，尊重学生的个体差异，符合思想政治新课标的课程基本理念。

2. 教材内容

教材是对课程目标的落实。教材中，有些内容只需识记，如我国政府的性质、作用以及建设服务型政府的目的；有些内容需要应用、分析、评价甚至创造，如我国政府的基本职能及其内涵、政府职能的有限性、评议政府的履职表现。按照布卢姆认知领域的识记、理解、应用、分析、评价和创造六个层次分类目标，可以把教材内容分为相应的六个层次，设计基础性目标、拓展性目标和挑战性目标三个不同层次的学习目标。

3. 学生的学习基础和能力水平

《思想政治2：政治生活》一般安排在高一下学期学习。经过高一上学期一个学期的学习，学生在学习能力、基础等方面已经出现了分化，层次差异明显。任教的班级学生基础整体偏弱。

基于学情，学习目标必须分层。基础薄弱的学生可以选择先完成基础性练习，能力提高后选择完成部分或者全部拓展性练习；中等层次的学生可以选择完成基础性练习和拓展性练习，在学有余力的情况下，完成部分或者全部挑战性练习；成绩优异的学生可以自由选择自己需要完成的练习，适当处理基础性练习和拓展性练习，完成部分或全部挑战性练习。

这样，学生就可以选择不同层次的目标，做到有的放矢。

二、关键问题设计依据与解决路径

关键问题	设计依据	解决路径
运用所学知识，对昆明市政府在创建国家"文明城市"工作中履行职能的表现进行评议。	对本地政府履行职能的表现进行评议，可以让学生进一步感受政府履职对我们生活的影响，从而激发学生的政治认同，培育学生的核心素养。	小组合作探究和群体展学相结合，教师适时进行点拨。
有同学认为，市场在资源配置中起决定性作用，所以政府应全面退出市场。请你对这名同学的观点进行评价。	正确处理政府和市场的关系，更好发挥政府作用，既是本节课的重点和难点，也是一个热点。该问题不仅能引发学生的质疑和争论，还能锻炼学生运用联系的、发展的和全面的观点分析、解决问题的能力，培育学生的科学精神，锻炼学生的辩证思维和批判性思维。	同伴答疑和群体展学相结合，教师适时引导学生对相关问题进行交流、评论和争论。
请你用所学政府相关知识，为昆明市推进区域性国际中心城市建设提出合理化建议。	此问题包含了这节课的主要内容，能让不同层次的学生获得不同层次的思考和答案，让学生对公共参与有较深刻的体验，培育学生的公共参与素养，锻炼学生的创造性思维。	如果课堂时间允许，则采取小组合作探究的形式解决；如果时间不允许，则课后以书面作业形式完成（每小组一份）。

三、学生自主合作学习的要求及课前、课后完成任务的时间预设

1. 学生自主合作学习的要求

（1）明确学习目标。必须明确本节课的"三层目标"，然后带着目标有目的地学习。

（2）学习目标要分层，不同的学生承担不同的学习任务。

（3）要学会独立思考、自主学习。这一环节是在学生明确任务后实施的，是学生独立思考的环节。只有经过独立的思考才会对问题有所了解，才能把知识内化为自己的东西，提出自己的看法。

（4）组内、组间进行讨论、交流。在小组活动中，每一个学生都要参与讨论和交流。

（5）展示。学生自我总结本节课的收获，教师随机选择一名学生展讲。

（6）教师点拨。时间要得当，要给学生留下思考和讨论的空间；方法要合理、有效，要引导学生解决问题，评价要能调动不同学生参与的积极性，同时能对问题的解决产生启迪作用。

2. 课前、课后完成任务的时间预设

课前完成学习任务的时间预设：20分钟；

课后完成学习任务的时间预设：20分钟。

四、学习目标达成度分析

1. 目标明确，利于达成

学习目标的设置科学、有层次，符合学科核心素养的要求，分层科学、合理。

2. 一切从学情出发，符合学生实际

本节课的学习目标是在充分分析学情的基础上制订的，符合本班学生实际。

3. 选择性学习，激发内驱力

不同层次的学生可根据自己的学习基础和能力选择性地完成基础性目标、拓展性目标和挑战性目标，能激发学生学习的内驱力。

4. 突出学生的主体地位

采用开放互动的教学方式与合作探究的学习方式，使学生在充满民主氛围的课堂中提高自主学习和发展的能力。

5. 练习精练、科学

各层目标练习精练，难度符合学生的认知水平和基础，且学生有选择权，形式多样，易调动学生的积极性。

〔课堂实录〕

一、明确目标，拉齐基础（展示目标、预备性知识解答）

师：请小 A 同学为我们朗读一下本节课的三层学习目标。

（小 A 同学朗读三层学习目标。）

师：谢谢小 A 同学。这节课我们就以此为学习目标进行"政府：国家行政机关"的学习。

师：在课前，同学们利用自主学习单进行了自主学习，梳理了本节课所需的预备性知识，完成了预备性练习。下面我们来看一下大家掌握的情况。

师：预备性知识练习 1、2 的答案分别是什么？

生（众）：都是 C。

师：非常好，看来大家对预备性知识的掌握很到位，现在我们开始学习本课内容。

二、主动探究，基础过关（我国政府性质的导入）

师：李克强总理为什么要向全国人大作政府工作报告？

生 B：因为国务院是由全国人大选举产生的，国务院要对全国人大负责，受它监督。

师：那是不是说国务院要在全国人大的领导下工作呢？

生 C：是的，国务院、国家监察委员会、最高人民法院和最高人民检察院等中央国家机关都是由全国人大选举产生的，它们都要对全国人大负责，都要接受全国人大的领导。

师：C 同学认为国务院要在全国人大的领导下工作，所以全国人大和国务院是领导和被领导的关系。大家同意他的观点吗？

生（众）：同意……不同意……

（学生对这个问题反应强烈，已然形成了两个阵营。）

师：我们请不同意 C 同学观点的同学谈一下自己的观点。（指定 D 同学回答。）

生 D：C 同学的观点不对，二者不是领导和被领导的关系。《中华人民共和国宪法》规定，我国是人民民主专政的社会主义国家，我国的一切权力属于人民。人民通过民主选举选出各级人大代表，由他们组成各级国家权力机关，代表人民统一行使国家权力，决定全国和各级地方的一切重大事务，并由权力机关产生行政、监察、审判、检察等机关，具体行使管理国家和社会事务的权力。全国人大与其他中央国家机关的关系，是决定与执行的关系，是监督与被监督的关系。所以国务院是全国人大的执行机关，二者并无领导与被领导关系。

（大部分学生表示赞同，但仍然有部分学生不同意或不理解。）

生 E：既然全国人大决定，国务院执行，国务院是全国人大的执行机关，那不正好说明全国人大领导国务院吗？

（学生争论中。）

生 F：首先，两者根本没有直接的隶属关系；其次，他们各司其职，国务院不能履行全国人大的职能，全国人大也不能履行国务院的职能，全国人大有最高决定权，它做出决定后，具体由国务院等部门来执行，国务院等执行机关在执行的过程中需要接受全国人大的监督。综上所述，全国人大和国务院之间不是领导和被领导的关系，是监督和被监督的关系。

（学生鼓掌，包括刚刚持"领导和被领导"观点的学生。）

师：大家同意 F 同学的观点吗？

生（众）：同意。

师：我们所有同学都很棒，尤其是 D 同学和 F 同学。他们不仅进行了深入的思考，还能用《中华人民共和国宪法》等相关资料来帮助自己理解，这是很好的学习方法，值得我们所有人学习。我们通过刚才的讨论，认识到了人民通过民主选举选出各级人大代表，由他们组成各级权力机关，代表人民统一行使国家权力，决定全国和各级地方的一切重大事务，并由权力机关产生行政、监察、审判、检察等机关，具体行使管理国家和社会事务的权力。所以说，我国政府是人民的政府，是国家权力机关的执行机关，是我国的行政机关。

三、合作探讨，组间展评（政府职能的理解）

师：在所有的国家机关中，我们接触最多的就是政府，人们的日常生活，总会和政府发生这样那样的关系。我国政府作为人民的政府，具有哪些职能呢？请大家看课本第 36 页的 5 幅图，并结合自己的生活经验，概括我国政府的主要职能。各小组的组织者做好协调，小组汇报者准备展讲。

（学生讨论中。）

师：好，时间到。我们请第三小组给我们分享他们小组的讨论结果。

生（第三小组汇报者）：图 1 中，公安机关惩恶扬威，打击违法犯罪活动，说明政府有维护国家和社会稳定的职能；图 2 中，中国人民银行调整存款准备金率，说明政府根据经济运行的状况采取各种手段对国民经济进行调节和控制，所以我们认为政府有对经济进行宏观调控的职能；图 3 讲的是政府兴办教育，说明政府具有文化建设的职能；图 4 表明政府对生病的人进行救助，让人民病有所医，说明政府很重视民生，具有改善民生的职能；图 5 表明政府重视环境保护，说明政府有保护环境的职能。

（学生鼓掌。）

师：第三小组的同学认为政府有"维护国家和社会稳定""宏观调控"

"文化建设""改善民生""保护环境"五个方面的职能,其他小组有没有补充或者其他看法?

生(第一小组汇报者):我们同意第三小组的观点,但是我们认为还不够准确。图2的确表明政府在对国民经济进行宏观调控,但是不能说政府具有"宏观调控"职能,因为政府还要对市场进行监管,比如在新一轮机构改革中新成立的国家市场监督管理总局,其职能就是加强对市场的监督和管理。所以我们认为应该把"宏观调控"职能改为"经济建设"职能。

(学生鼓掌。)

师:大家视野都很开阔,都能结合生活经验来思考问题,尤其是第一小组,他们还能关注到新一轮的国家机构改革,说明他们政治参与的意识很强。这是一个很好的习惯!

师:我总结下这两组同学的观点,他们认为我国政府具有"维护国家和社会稳定""经济建设""文化建设""改善民生""保护环境"五个方面的职能。那么我们的教材上是怎么说的呢?现在同学们打开课本第37页,看看课本上对我国政府职能的表述。

(学生欢呼、鼓掌。)

师:大家之所以欢呼,是因为我们经过自己的思考和小组讨论得到的结论和课本上的观点是高度吻合的,这说明只要我们肯主动思考,善于总结生活经验,主动关注政治生活,就能享受到知识生成的过程带给我们的喜悦,同时也能提高我们学习的兴趣和信心。不过,我们也要认识到,我们大多用生活语言来表述,和课本上的专业表述还有一定的差距。现在我们请第二小组的同学把第一、第三小组同学的生活语言"翻译"为学科语言。

生(第二小组汇报者):第三小组同学说的"维护国家和社会稳定"应为"保障人民民主和维护国家长治久安","文化建设"应为"组织社会主义文化建设","改善民生"应为"加强社会建设","保护环境"应为"推进生态文明建设";第一小组同学说的"经济建设"应为"组织社会主义经济建设"。

(学生鼓掌。)

师：谢谢第二小组的同学。经过刚才的讨论，我们不仅得到了想要的结论，也认识到了一个道理：思想政治课本上的知识都来源于生活，都是对生产生活、实践经验的概括和总结，并没有大家想象的那么抽象。我们要学好思想政治这门学科，就要善于总结生产生活、实践经验，积极参与政治生活；同时，还要学会积累学科语言，能够把生活用语"翻译"成专业表述，用学科语言来表达。

(学生赞同地点头。)

四、合作探讨，拓展能力（政府职能知识的运用）

师：通过刚才的学习，我们知道了我国政府具有五个基本职能。但是我们不仅要知道政府有这五个基本职能，还要知道政府的五个基本职能的内涵。下面大家分组讨论一下自主学习单上的材料体现的政府职能。

(学生讨论中。)

师：我们请第六小组分享一下他们的讨论结果。

生（第六小组汇报者）：第一个措施体现的是保障人民民主和维护国家长治久安的职能；第二个措施体现的是组织社会主义经济建设的职能；第三个措施体现的是组织社会主义文化建设的职能；第四个措施体现的是加强社会建设的职能；第五个措施体现的是推进生态文明建设的职能。

(学生鼓掌。)

师：其他小组有没有不同意见？

生（众）：没有。

师：很好，答案很准确。刚才讨论的时候，我发现第六小组只用了1分钟就写出了答案，说明他们对我国政府职能的内涵理解得很到位。下面请他们分享一下对我国政府职能内涵的理解。

生（第六小组汇报者）："保障人民民主和维护国家长治久安"的职能主要包括打击敌人、打击犯罪、维护权益、协调内部矛盾这几个方面。

"组织社会主义经济建设"的职能主要包括两个方面：宏观调控和市场监管。

"组织社会主义文化建设"的职能包括两个方面：一是宣扬马克思主义科学理论和科学文化知识，提高全民素质；二是发展科、教、文、卫、体事业。

"加强社会建设"的职能讲的主要是"保障和改善民生"，凡政府在"民生"方面的措施一般都体现为该职能。

"推进生态文明建设"的职能：凡政府在"节约资源和环境保护"方面的措施一般都体现为该职能。

（学生欢呼、鼓掌。）

师：好方法，太厉害了！第六小组的同学准确、完整地概括出我国政府五个基本职能的内涵，说明他们认真研读了教材，这值得我们所有人学习。第六小组同学的表现也说明了一个问题，一定要注重对教材文本的解读。

（学生再次鼓掌。）

师：在第六小组同学总结的基础上，我再补充几点。

（1）履行政府职能的主体只能是政府，中国共产党、人民代表大会、人民政协、监察委员会、个人和社会团体等主体都不能代替政府履行职能。

（2）某些社会政治现象所体现的政府职能，可能是一项也可能是多项，甚至有些职能存在交叉的关系，大家在分析材料的时候一定要注意。

（3）我们的政府为了能更有效地发挥作用，进一步提高为经济社会发展服务、为人民服务的能力和水平，正在建设服务型政府。

师：通过刚才的学习，我们知道了我国的政府是便民利民、为人民服务的政府，知道了我国政府的基本职能。下面我们尝试着用所学知识来评议一下政府的履职表现。各小组组织者做好协调，汇报者做好汇报准备。

（学生讨论中。）

师：我们请第三小组谈一下应该怎样评议政府的履职表现。

生（第三小组汇报者）：对政府履行职能的表现进行评议，我们认为应该从以下角度进行：政府是否全面履行了职能？政府是否管了不该管的事？政府履行职能的效果如何？

师：非常棒！概括得很全面，不仅掌握了所学知识，还能够灵活运用。

师：通过刚才的学习，我们知道政府履职表现得好坏会直接影响我们每一个人的生活，所以我们一定要监督好政府，督促政府认真履行职能。大家思考一个问题：我国政府为什么要做这些工作？

生（众）：因为我国政府是人民的政府，是便民利民的政府，是为人民服务的政府。

师（追问）：当我们遇到困难的时候怎么办？

生C：找政府，寻求政府的帮助。

师（追问）：是不是所有问题都要找政府？

生G：不是，要具体问题具体分析，政府便民利民、为人民服务，不意味着政府要包办一切！

师：很好！大家都很厉害！我们的生活既受到政府的管理，也享受着政府提供的服务，可以说，我们每时每刻都会感受到政府的作用。我们要相信政府，支持政府，同时也要监督政府的行为，让政府更好地便民利民、为人民服务。但我们也要意识到政府职能的有限性，不能包办一切、什么都管。

生H：老师，那政府哪些该管？哪些不该管呢？

师：这个问题问得好，说明这位同学思维很严谨。为了搞清楚这个问题，我们来看一个案例。

五、挑战突破，答疑解惑（政府与市场关系的处理）

> **多媒体展示**
>
> 近年来，网络游戏日益成为民众尤其是青少年休闲娱乐的重要方式。但是网络游戏市场良莠不齐，有的网络游戏以低俗、暴力、色情为卖点，有的网络游戏歪曲历史、恶搞英雄人物。
>
> 针对该现象，有以下两种不同的看法：
>
> 1. 在市场经济条件下，网络游戏开发商有权决定开发什么样的游戏，消费者也有自由选择游戏的权利，政府不应加以干预。
>
> 2. 政府应该加强监管，净化网络环境，否则会导致网民道德价值观扭曲，给社会稳定发展带来隐患。

师：对于这两种观点，你怎么看？小组讨论一下，组织者做好协调，汇报者做好准备。

（学生讨论中。）

师：好，我们请第二小组分享一下他们讨论的结果。

生（第二小组汇报者）：我们同意第一种观点。"经济生活"的知识告诉我们，市场在资源配置中起决定性作用。游戏开发商开发什么游戏、消费者选择什么游戏都是市场配置资源的结果，政府不应该干预。

（学生有人鼓掌、有人摇头，已然形成两个阵营。）

师：看来有同学不同意第二小组的观点啊。我们请第四小组说一下他们的看法。

生（第四小组汇报者）：我们不同意第二小组的观点！我们认为，政府应该加强监管，正确引导，净化文化环境。通过"经济生活"的学习，我们知道虽然市场在资源配置中起决定作用，但市场调节也不是万能的，存在着自发性等弊端。如果只靠单纯的市场调节，必定会带来一系列的危害，比如第二种观点中所说的"导致网民道德价值观扭曲，给社会稳定发展带来隐患"。

所以我们认为，针对此现象，政府应该介入，加强管理，正确引导，这是政府的职责所在。同时，要正确处理政府和市场的关系，既需要发挥市场在资源配置中的决定性作用，又需要更好地发挥政府作用，实行科学的宏观调控。

（学生鼓掌。）

师：非常棒，能够用学过的经济学知识来分析问题，视野很广阔。大家同意他们的观点吗？

生（众）：同意（包括刚才赞同第二小组观点的学生）。

师：H同学，听了大家的观点后，你认为政府哪些该管哪些不该管？

生H：市场、社会能做的事，政府不能做；对于政府职责范围内的事，政府一定要管好；对于司法机关等其他国家机关做的事，政府不能代替。

师：很厉害，总结得很有条理。其他同学有没有不同看法？

生I：我们觉得H同学总结得很全面，但是不够具体。我认为，一方面需要弱化政府在微观方面的一些管理职能，从不该管的领域中退出来，让市场真正发挥资源配置的决定性作用，从而有效提升市场效率，努力打造服务型政府，在坚持市场化改革过程中完成政府职能的转变；另一方面需要强化政府在社会管理和服务方面的职能，通过强化政府这方面职能，弥补市场本身的不足和缺陷，为市场经济健康发展创造良好环境。

师：能够将经济学的知识进行迁移并融会贯通，真的很厉害。还有补充的吗？

生（第一小组汇报者）：综合以上同学的观点，我们认为，政府在履职时，要做到"三不"：不越位、不缺位、不错位。

不越位：政府不能包办一切，政府不要把那些不该管、管不了也管不好的事情揽在手里，要变"无限政府"为"有限政府"，对于市场、社会能做的事，政府不能做。

不缺位：政府不能万事包办，但也不能什么也不管，政府应该把该管的事情真正管好。对于政府职责范围内的事，政府一定要管好。

不错位：政府不能既当规则的制定者，又当规则的执行者。对于司法机关等其他国家机关做的事，政府不能代替。

（学生鼓掌。）

师：太厉害了！比老师想得准确、全面！

生（第一小组汇报者）：这都是我们小组集体讨论和组间交流的结果。

师：不错，一个人可以走得很快，但是一群人可以走得更远！我们在学习中，要学会合作学习，这样才能相互促进、共同提高。

师：经过刚才的讨论，我们知道了遇到困难时可以寻求政府的帮助，但也要知道政府的职能是有限的，不能包办一切。在市场经济中，要正确处理政府与市场的关系，既需要发挥市场在资源配置中的决定性作用，又需要更好地发挥政府作用，实行科学的宏观调控。更好地发挥政府作用，就应该让政府把自己该做的事情做好，真正解决在某些领域存在的政府越位、缺位和错位问题。

师：时间关系，请大家在课后以书面作业的形式完成挑战性目标2，每个小组上交一份即可。（多媒体展示挑战性目标2）

六、对照目标，检测效果（自我小结）

师：请同学们对照我们课前设计的学习目标，检测自己的学习效果，分享达成度。

生J：基础性目标、拓展性目标全部达成，挑战性目标中对如何正确处理政府和市场的关系还有一点困难，课后我再复习一下"经济生活"中的相关内容，相信我一定能达成目标。

生K：基础性目标、拓展性目标全部达成，挑战性目标完成第一个，第二个进行了初步思考，课后我会和同学们继续探讨。

生L：基础性目标、拓展性目标和挑战性目标全部达成。

师：同学们都完成得很好，在后期的学习中，我们还将对政府职能的相关知识进行强化，评议政府履职表现以及政府如何提高履职能力和水平的题目我们也会再进行练习。请同学们从知识与思想方法等角度回顾学习过程，谈谈自己的收获与感悟。

生 M：学习了我国政府的性质和基本职能后，我更加相信我国政府是便民利民的政府，我会继续信任和支持我国政府。

生 N：通过对政府性质和基本职能的学习，我感受到了我国政府是便民利民的政府，我对我国政府的认同感也更强了；同时，我还能用所学的知识来对我国政府的表现进行评议，这增强了我参与政治生活的能力和意识。

师：很好，看来我们这节课的学习目标已基本达成，大家都收获满满，学有所获！

七、归纳小结，提炼升华（提升、巩固关键问题）

师：通过本节课的学习，我们知道了我国政府是为人民服务的政府，是便民利民的政府，我们要认同、相信、支持政府的工作，学会寻求政府帮助的方法；同时，作为现代公民，还要正确认识、处理公民与政府的关系，要有现代公民意识，要积极参与政治生活，监督政府的工作。这不仅能提高我们参与政治的能力，还能促使政府改进工作，提高政府为经济社会发展服务、为人民服务的能力和水平。

〔要素评课〕

在教研组组长夏安邦老师的统筹安排下，夏安邦老师负责学习目标的设计与达成维度的观察，郭俊老师负责实现路径的规划与实施维度的观察，徐悦老师负责关键问题的设计与解决维度的观察，胡芬老师负责教学资源的挖掘与利用维度的观察，欧阳红老师负责多向交流的运用与效果维度的观察，曹世渊老师负责教师点拨的智慧与启迪维度的观察。

维度一：学习目标的设计与达成

1. 目标设置层次分明，具有科学性；目标表述清晰明了，学生均能理解目标内容；符合学科核心素养的要求。基础性目标注重教材知识，能关注到所有学生，拓展性目标能激发学生自主合作学习的热情，挑战性目标给学有余力的学生留有发挥空间。

2. 目标层次符合本班学生实际。本班为文科班，总人数为30人，学生的思维水平、知识基础存在差异，但所有学生都能解决课本及自主学习单中的基础性问题。

3. 时间安排比较合理。基础性目标用时10分钟，拓展性目标用时15分钟，挑战性目标用时5分钟，最后的对照目标检验和课堂小结耗时5分钟。

4. 目标达成情况良好。我选取了2个小组进行观察，基础性练习学生全部完成，完成比例100%，拓展性练习完成比例80%，挑战性练习完成比例20%。

维度二：实现路径的规划与实施

由于教材内容在此之前没有我国国家机构相关知识的介绍，所以学生对我国政府性质的理解存在困难。为帮助学生更好地理解我国政府的性质，范老师安排学生课前复习了上一单元"公民的政治生活"的相关知识，给学生印发了"我国的国家机构"的相关知识。用来检测学生预备性知识掌握情况的题目共两题，均为选择题，数量和难度合适，且题目的设计合理、有针对性。

从学生自主学习的程度来看，预备性知识和基础性目标均通过自主学习完成，时间安排合理，平均用时分别为10分钟和20分钟。

从学生合作的效度看，目标的达成度较高，基础性目标、拓展性目标、挑战性目标达成率分别为100%、80%、10%；组内交流时间安排合理、恰当，各小组均能在规定时间内完成任务；学生的参与度高，各小组均全员参与组内讨论，没有被边缘化的学生；在展讲安排上，范老师选择不同水平的学生进行展讲，关注了不同层次的学生；针对展讲中存在的问题，范老师通过追问来引导学生思考，层层递进，锻炼了学生分析、解决问题的能力；对交流中出现的新问题，范老师能及时引导学生进行评论甚至争论，加深了学生对学习内容的理解。

维度三：关键问题的设计与解决

为实现本节课的学习目标，落实学科核心素养要求，范老师设计了三个关键问题。

第一个关键问题：运用所学知识，对昆明市政府在创建国家"文明城市"工作中履行职能的表现进行评议。对本地政府履行职能的表现进行评议，可以让学生进一步理解我国政府的性质和基本职能，感受政府履职对我们生活的影响，从而激发学生的政治认同，增强学生政治参与的意识。在具体的实施过程中，范老师采取小组合作探究和群体展学相结合的形式，充分调动了学生的积极性。在展讲过程中，范老师适时、有效地进行了指导，并对展讲学生进行了有效评价，不仅很好地解决了该问题，达成了学习目标，还顺势引出了下一个关键问题。

第二个关键问题：有同学认为，市场在资源配置中起决定性作用，所以政府应全面退出市场。请你对这名同学的观点进行评价。正确处理政府和市场的关系，更好发挥政府作用，既是本节课的重点和难点，也是一个热点。该问题不仅能引发学生的质疑和争论，还能锻炼学生运用联系的、发展的和全面的观点分析、解决问题的能力。在小组合作探讨并汇报本组讨论结果后，范老师引导学生对观点进行评论和争论，并适时进行点评和总结。

第三个关键问题：请你用所学政府相关知识，为昆明市推进区域性国际中心城市建设提出合理化建议。此问题包含了这节课的主要内容，能让不同层次的学生获得不同层次的思考和答案，让学生对公共参与有较深刻的体验，培育学生的公共参与素养，锻炼学生的创造性思维。可惜的是，由于时间关系，该问题不能课上解决，只能让学生在课后以书面作业的形式完成。

总体来说，范老师设计的三个关键问题均为开放性问题，属于评价、创造类问题，能与学习目标一一对应。在实施过程中，范老师充分调动了不同层次的学生参与，学生参与程度高；对学生展讲过程中产生的新问题进行了适时、有效的指导，对展讲的学生进行了有效的评价。总之，关键问题的设计科学、合理，学生展讲过程符合问题解决的流程，学习目标达成度较高。

维度四：教学资源的挖掘与利用

1. 在小组合作学习过程中，每个学习小组都形成了学习共同体，组内"小老师"表现积极，其他学生也积极参与讨论并展示自己的学习成果，其中第三小组遇到难题的时候，第四小组的"小老师"还积极主动地帮助了他们。

2. 对课本资源的挖掘合理、到位。教师充分利用了课本上的五幅图来帮助学生理解政府的基本职能，还利用了课本上的一个习题"评议政府的履职表现"作为拓展性目标的达成练习。

3. 有效利用了自主学习单资源，与课堂教学关联度高。

4. 合理利用了课外资源。在学习我国政府的性质和基本职能时，该教师利用2019年李克强总理在《政府工作报告》中与本节课知识相关度较高的一段话、最新的国务院机构改革方案和《中华人民共和国宪法》条文作为课外资源，强化学生对政府性质和职能的相关知识的掌握，更重要的是培育学生科学精神和法治意识的核心素养。可以说，课外资源使用得当。

5. 本节课使用课本资源的时间约为33分钟，课外资源的学习用时12分钟，课内、课外资源学习时间的比例接近3∶1，比例恰当、合理。

6. 教师合理利用信息技术，5次用到多媒体向学生展示教学内容，激发了学生的学习兴趣。

维度五：多向交流的运用与效果

本节课所有环节均在师生互动、生生互动中展开，从课堂预设到动态生成，层层递进。

1. 生生交流情况。

（1）学生交流深入有序，不仅有组内交流，还进行了组间交流。整节课小组内讨论、交流了 3 次，用时约 10 分钟，小组成员全员参与；组间交流 2 次，用时 4 分钟。

（2）小组内部、组间交流积极、氛围热烈、形式多样，通过生生互动，有效达成了本节课的拓展性目标。

2. 师生交流情况。在师生互动中，教师的提问非常具有启发性，点拨科学、恰到好处。教师与学生之间的对话是在民主、平等的基础上进行的，有利于激发学生的学习内动力，激活学生的思维。

维度六：教师点拨的智慧与启迪

1. 在探究李克强总理为什么要向全国人大作政府工作报告时，以问题为导向，层层推进，在短暂的 5 分钟内让学生初步认识了我国政府的性质以及我国政府与人民代表大会之间的关系，既让学生理解了这个知识点，又激发了学生的探究欲。

2. 在小组合作探究我国政府的基本职能时，让学生从生活经验中总结概括政府职能，注重知识生成，既提高了课堂效率，也使抽象问题具体化，增强了学生学习思想政治的兴趣和信心。在小组汇报展讲时，让小组间进行补充评价，关注到了全体学生，对学生有很好的激励作用。

3. 在小组合作探究我国政府的基本职能时，采用个别点拨与评价相结合的方式，用时 5 分钟，引导学生把生活语言翻译成学科语言，既让学生掌握了学科语言，也锻炼了学生的学科思维。

4. 在对我国政府的性质、职能的有限性及如何正确处理政府和市场的关系进行讨论时，教师引导学生对相关问题进行交流、评论甚至争论，层层递进，帮助学生对政府职能进行深入挖掘，培养了学生认真思考、解决问题的能力。学生进行展讲之后，教师进行了简短的评价和延伸，有效地激发了学生探索和发现的欲望，增强了学生的政治认同、科学精神和公共参与意识，凸显了政治学科的核心素养要求。

〔教学反思〕

一、研课过程简述

初稿形成后，我邀请学校政治备课组、昆明市呈贡区李哲高中政治名师工作室全体成员研课，经过"研、说、观、评、改"五个步骤，形成现在的教学设计。

1. 集体研课

我完成教学设计后，向学校政治备课组、呈贡区李哲高中政治名师工作室的同行汇报设计思路。教师们围绕思维导学课堂教学观察的六个要素针对教学设计提出了修改意见，之后我根据大家的意见修改了教学方案。

2. 结构说课

正式上课前，备课组组织结构说课。说课结束后，根据备课组同事、名师工作室同行的建议，我进一步调整完善了设计思路。

（1）说目标：我的目标设计与学生实际间的相符性，学生课前完成目标可能需要的时间，达成目标学生的比例。

（2）说路径：包括实现路径，每个目标达成可能需要的时间，拓展性目标和挑战性目标达成的措施。

（3）说问题解决：问题与学习目标间是如何一一对应的，以及解决问题的策略。

3. 全员观课

教学设计完善后，备课组组织教师观课。备课组教师、名师工作室同行根据课堂观察要素，选择观察一两个小组的学生表现，查看学生达成目标的情况。

4. 要素评课

上课结束后，备课组组织评课。各位教师就各自的观察点发表看法、提出疑问，我根据大家的意见再次进行修改。

5. 改进课堂

根据备课组各位教师、名师工作室同行（各有观察点）的建议，我再次认真修改了设计方案，然后在本年级其他班级以该主题为内容再上了一次课。备课组继续观察，重点关注我改进课落实备课组、名师工作室建议的情况。

二、实施效果与预期的差距及原因

在教学实施的过程中，发现目标达成所用时间与预设时间以及预设目标达成效果与实际达成效果存在差异。具体表现在：在设计拓展性目标时，我预设的时间为12分钟，但用时15分钟，并且达成效果欠佳。经过总结和反思，原因如下。

一是对学情的把握不准确。没有准确分析不同水平的学生的学习状况，没有准确预估每一层次学生在学习过程中可能遇到的障碍和困难。

二是拓展性目标表述不清晰，导致学生理解出现偏差。

三是课堂流程的设计不合理，时间安排得不紧凑。

四是教师点拨的方法不合理，有效性、导向性较差。

五是教师的评价对问题的解决没有起到很好的启迪作用。

三、收获

在本节课的设计与实施中，收获最大的点就是对学习目标的设计方法和要求体会得更到位了，这对我以后的教学将有巨大的帮助。在以后的教学中，在制订"三层目标"时，我将做好以下几点：

首先，认真盘点本节课将要用到的基础知识。

其次，分析不同层次、不同水平学生的学习状况，预估他们在学习过程中可能遇到的障碍和困难。

再次，对课程标准、教材、教学内容和学科核心素养的要求进行深入研读。

最后，根据学情对学习目标进行科学分类。

四、本节课的不足及改进思路

1. 本节课的不足

（1）"三层目标"的设置科学性、激励性和层次性不够，目标层次与本班学生实际匹配度有待改进，对学情的分析不到位，导致设置的练习题难度过大。

（2）预期达成的效果与实际的达成效果之间有差距，对不同层次的学生完成任务的时间以及课内学生自主学习的时间预估不足。

（3）点拨的时间过长，没有给学生留下足够的思考和讨论空间；在借助评价与反馈调动学生参与的积极性方面还有待提升，需要提出更多有助于学生思维发展的问题。

2. 改进思路

（1）关于"三层目标"的设计：一切从学情出发。

①目标一定要以课程标准、教材内容、学生的基础和能力为依据，满足不同水平学生的学习需求；分析不同类型学生的学习状况，预估各种类型的学生在学习过程中可能遇到的障碍和困难。

②认真盘点知识。制订教学方案前，认真盘点本节课将要用到的基础知识，特别是盘点哪些知识是学生容易遗忘或者应用时容易出问题的。

③三层目标之间一定要有逻辑性，一定要有思维梯度。

④目标表述要准确，指向要明确，把结果动词变为过程动词。

⑤目标一定要简洁清晰，一定要具体可操作，要让学生有选择权，这样才能让学生有获得感、成就感，才能激发学生学习的动力。

（2）正确处理问题与目标的关系（问题引导教学，问题引发学生思考）。

①每一个目标都可以设计为一个问题（但不是关键问题）。

②课堂教学主要指向拓展性目标的实现（应用、分析）。

③挑战性目标（评价、创造）如果课堂实现不了，则放到课后。

④注意课堂上新生成的问题，如果课堂时间不允许，则可将新生成的问题转化成课后的作业。

（3）关于教师点拨。

①调整点拨的时间，给学生留下足够的思考和讨论空间。

②调整评价方式，充分调动学生参与的积极性。

③每个小组都有展示的机会。

④各小组展讲后，请其他小组点评或补充。

⑤学生展示后，教师应该及时进行小结，小结是一节课的精华。

⑥引导学生对相关问题进行交流、评论甚至争论，课堂效果还会更加突出。

〔专家点评〕

"思想政治课难教、更难学"的原因，除了内容变化快以外，主要还是思想政治课的内容相对抽象。范全礼老师的这节思想政治课，却使课堂教学变得有血有肉，有效增进了师生的理论自信。

从教学设计看，范老师引入了《政府工作报告》片段、政府对四川省宜宾市长宁县地震救灾工作指导的新闻、国务院关于"健康中国"的文件、政府指导防止电信诈骗的新闻、国务院会议简政放权的新闻、昆明市政府精准扶贫的举措和做法等大量鲜活素材，让学生通过阅读、讨论和交流，进一步认识我国政府"人民政府为人民"的本质，使学生对政府的性质、基本职能有所了解。特别是让学生根据所学知识讨论市场与政府的关系，加深了学生对深化机构改革和行政体制改革目的的理解。假如所给的材料能与学生的距离更近一些，更能联系学生学习、生活的实际，将会使学生对学习内容的理解更加深刻。

从课堂实施看，范老师选择不同水平的学生进行展讲，关注了学困生；充分利用了课本上的五幅图来帮助学生理解政府的基本职能；提问具有一定的启发性，点拨比较及时、有效。同时，范老师提出问题后，不是急于让学生回答，而是给学生留下了思考和讨论的空间。这节课最大的亮点是，范老师所引用的学习资源是最新的时政材料，能让学生切实感受到思想政治课就在我们身边，思想政治与每个人密不可分，从而能够让学生发现学习的意义，提高学习的积极性和主动性。假如本节课能引导学生对关键问题进行深入交流、评论，甚至引发争论，课堂效果将会更加凸显。

历史

在"亲历"历史中学习历史
——以"'百家争鸣'和儒家思想的形成"教学为例

西安高新第一中学　李　庆

〔教学设计〕

一、课型

概念课。

二、内容分析

（一）从教材角度分析

本节课内容来自人教版高中《历史》必修 3 第一单元第 1 课"'百家争鸣'和儒家思想的形成"。本课是教材必修 3 的开篇之作，也是后续学习内容的基础。

中国两千年以前出现的以儒、道、墨、法四家为代表的诸子百家在互相辩难中形成的"百家争鸣"，不仅对中国传统文化产生了深刻的影响，而且对后世中国人的性格、观念、习惯、行为方式产生了巨大的影响。教材对"百家争鸣"的介绍过于简略，重在介绍"百家"，未能很好地体现"争鸣"这一内容。通过对教材内容的重新整合，将"百家争鸣"作为一个完整的课时进行介绍，可使教学重点突出，线索清晰，内容充实，知识更加完整。

（二）从课程标准分析

《普通高中历史课程标准（2017 年版）》（以下简称"历史新课标"）要求学生：通过了解春秋战国时期的经济发展和政治变动，理解战国时期变法运动的必然性；了解老子、孔子学说；通过孟子、荀子、庄子等了解"百家争鸣"的局面及其意义。历史新课标要求学生认识老子、孔子学说，重点是了解"百家争鸣"形成的重要影响，即认识中国传统思想文化形成的重大意义。学生通过学习早期诸家的民本思想，培养人文关怀精神，认识中国优秀传统文化在世界文化史中的地位及对后世的影响。《普通高中历史课程标准（实验）》要求学生知道诸子百家，认识春秋战国时期"百家争鸣"局面形成的重要意义；了解孔子、孟子和荀子等思想家以及儒家思想的形成。本节课结合两个版本的课程标准进行设计。

(三) 从核心素养分析

本课是进入高二年级文理分班后的历史第 1 课。文科班学生的历史学习任务有了明显的增加，思维能力要求有了明显的提高，在学科核心素养指导下学习任务也有了更加明确的目标。本课将使学生掌握基本的时空观念；通过提供新材料、创设新情境使学生增长对历史问题的解释能力；引导学生运用唯物史观正确评价历史人物；通过"百家讲坛""主题争鸣"等活动使学生提高辨析材料、分析和解决问题的能力；培养学生的民族自豪感、爱国主义情感和家国情怀。

三、学习目标

基础性目标	1. 我能说出"百家争鸣"学派的主要人物。 2. 我能说出"百家争鸣"学派的核心观点。 3. 我能说出"百家争鸣"形成的主要原因。
拓展性目标	1. 我可以归纳"百家争鸣"学派的深远影响。 2. 我能总结"百家争鸣"学派的思想特点。 3. 我能比较"百家争鸣"不同派别的观点异同。
挑战性目标	1. 我能用唯物史观评价某派观点。 2. 我能用本派观点批驳别派观点。 3. 我能利用材料改编探究性问题。

四、实现路径

预备性知识学习	课前：学生根据自主学习单，预习"百家争鸣"的有关知识，并回顾初中所学相关知识。
基础性目标实现路径	课前：通过关键词，掌握"百家争鸣"基本的时空观；通过阅读相关材料掌握"百家争鸣"各派别的核心观点；运用唯物史观分析"百家争鸣"形成的原因。 课堂：能抓住教材、自主学习单中的关键词，准确说出"百家争鸣"各派别的核心观点，概括代表人物的思想主张。

续表

拓展性目标 实现路径	课前：完成拓展性练习，对"百家争鸣"的背景和内容进行必要的分析和总结，熟悉本节课的重点和难点知识。
	课堂：通过合作学习、主题争鸣等活动，对关键问题形成深入的认识，通过情境体验对知识进行应用。
挑战性目标 实现路径	课前：在自主学习单的引导下，阅读有关中国传统文化的经典作品，对先秦思想家有较为深入全面的了解。
	课堂：通过小组讨论，开展主题争鸣等活动，通过争鸣达到历史解释、唯物史观、家国情怀等核心素养的培养。
	课后：学有余力的学生能从对先秦思想的了解扩展到对人类思想文化多元性的认识，阅读相关的著作，撰写专题性小论文。

五、课堂流程

流程	时间	教师活动	学生活动
明确目标 拉齐基础	3分钟	介绍本课的三层学习目标，明确本课的学习任务。播放《亚洲文化嘉年华》片段，激发学生的学习兴趣。	感知中国传统文化美的表现，思考中国传统文化美的源头。
"乱与变" 小组学习 教师引导	5分钟	引导学生通过阅读材料分析"乱"与"变"的内在逻辑关系，认识"变"的本质。	阅读四则材料，看到"乱"的表象，分析"变"的原因，了解"百家争鸣"的背景。
"争与鸣" 小组讨论 百家讲坛 情景剧 主题争鸣 情境体验	28分钟	介绍"争"与"鸣"的概念。	分为儒家、道家、墨家、法家四个小组，分小组合作探究四家的核心观点。
		补充说明儒家和道家的核心思想。	百家讲坛：儒家和道家小组选派代表上台陈述本派的主要观点。
		鼓励学生积极表演，并比较墨家和儒家"爱"的不同。	情景剧：由四名学生进行情景剧表演，体会"非攻""兼爱"的思想。
		对学生的辩论进行点评，深度解读"礼治"和"法治"各自的重要性。	主题争鸣：儒法争鸣"礼治"还是"法治"，每组派两名代表进行现场自由辩论。
		对学生表现进行点评。	情境体验："学生上课玩手机——我派的应对策略"，各组学生讨论后选派一名代表谈应对策略。

续表

流程	时间	教师活动	学生活动
"思与识" 思想升华	2分钟	"思"：引导学生思考"百家争鸣"的影响。 "识"：引导学生认识中国传统文化的特征，认识传统文化对现今精神文明建设的重要意义。	学生感悟，情感体验。
课堂小结 思维导图	5分钟	引导学生进行小结，巩固知识；提出绘制思维导图的要求与方法。	小组合作，集体完成；成果展示，分享成果。
课堂检测	2分钟	分析思路，教师寄语。	根据材料回答问题。

六、检测练习

试题1.（基础性目标2）墨子主张"有能则举之，高予之爵，重予之禄"，反对"骨肉之亲无故富贵"。这表达了（　　）。

A. 有教无类的教育方法

B. 新兴地主阶级渴望废除奴隶主特权

C. 小生产者怀念"小国寡民"社会

D. 小生产者要求提高政治地位的愿望

考点：春秋战国时期的"百家争鸣"——墨家的思想主张。

解析：材料主要体现了作者"尚贤"的思想，主张任人唯贤，反对王公贵族的任人唯亲。墨子代表了小生产者平民的利益，希望提高自身政治地位，故D项正确；A项是儒家思想；B项是法家思想；C项是道家思想。

答案：D

试题2.（拓展性目标1）孟子发扬孔子开创的儒学，主张涵养"浩然之气"，倡导"富贵不能淫，贫贱不能移，威武不能屈"，对后世影响极大。孟子这些言论所强调的是（　　）。

A. 努力完善个人品德　　　　B. 坚持个人独特性格

C. 勇于突破礼制束缚　　　　D. 敢于反抗专制暴政

考点：春秋战国时期的"百家争鸣"——孟子的思想主张。

解析："浩然之气"是一种个人品质，并由此成为民族品德，故 A 项正确；孟子儒学的思想"对后世影响极大"，推动了民族品德的形成，与"个人独特"不符，故 B 项错误；孟子的学说是在继承孔子学说的基础之上形成的，通过个人品德的修养来更好地维护社会秩序，故 C 项错误；涵养"浩然之气"的主要目的是培养个人品德，其根本目的是维护统治，与反抗暴政不符，故 D 项错误。

答案：A

试题 3.（拓展性目标 3）先秦诸子百家既相互辩难，也相互影响。儒家与法家主张的共通之处是（　　）。

A. 重农抑商　　　　　　　　B. 强调制度与秩序

C. 厚古薄今　　　　　　　　D. 重视道德与人伦

考点：春秋战国时期的"百家争鸣"——儒家与法家的思想主张。

解析：重农抑商是我国古代基本的经济政策，主要由法家提出，故 A 项错误。法家主张建立君主专制的中央集权国家，倡导实行法治，有利于维护社会秩序。儒家倡导"为政以德"，在治国方面强调"仁""礼"，注重贵贱有序的等级秩序，故 B 项正确。"厚古薄今"主要是儒家的思想主张，法家主张进行社会变革，反对儒家的厚古薄今，故 C 项错误。重视道德与人伦是儒家的主张，不符合法家的思想，故 D 项错误。

答案：B

七、自主学习单

（一）预备性知识

1. 初中《历史》教材七年级上册第 8 课"百家争鸣局面"中"百家争鸣"的主要派别和代表人物。

2. 高中历史必修 1 "夏、商、西周的政治制度"中关于春秋战国时期分封建制和宗法制的内容；高中《历史》必修 2 "古代的经济政策"中关于井田制的瓦解、土地私有制出现的知识。

（二）基础性练习

1．（基础性目标1）战国时期，提出"君者舟也，庶人者水也，水则载舟，水则覆舟"这一论断的思想家是（　　）。

　　A．孟子　　　　B．荀子　　　　C．庄子　　　　D．韩非子

2．（基础性目标2）春秋战国至秦汉时期，各种思想流派纷呈。有学者将它们分别描述为"全面归服自然的隐士派""专制君主的参谋集团""拥有无限同情心与向上心的文化人的学派"。请按顺序指出它们分别代表的学派是（　　）。

　　A．儒、道、法　　B．儒、法、道　　C．法、儒、道　　D．道、法、儒

3．（基础性目标3）春秋战国时期空前的战乱动荡和社会变革，为各个阶层的思想家发表自己的主张、诠释自己的学说提供了历史舞台，促成了（　　）。

　　A．"百家争鸣"局面的出现　　　　B．"双百"方针的提出

　　C．儒家思想正统地位的确立　　　　D．科学技术的发展

（三）拓展性练习

4．（拓展性目标1）美国历史学家斯塔夫里阿诺斯提出："促成中国文明的内聚性的最重要因素，也许是通称为儒家学说的道德准则和文学、思想方面的文化遗产。"这里的"儒家学说的道德准则"主要是指（　　）。

　　A．天人感应　　B．罢黜百家　　C．三纲五常　　D．民贵君轻

5．（拓展性目标2）战国时期的"稷下学宫"，容纳了当时诸子百家中的各个学派，……凡到稷下学宫的文人学者不论其学术派别、政治倾向都可自由发表见解。"稷下学宫"是（　　）。

　　A．齐国的官办学校　　　　B．儒家讲学的场所

　　C．最早的官办学校　　　　D．当时"百家争鸣"的缩影

6．（拓展性目标3）孔子主张"仁者，爱人"，但又说"贵贱有序"。墨子主张"兼相爱，交相利""爱无差等"。造成这种分歧的根源是（　　）。

A. 所处时代不同　　　　　B. 代表的阶级不同

C. 学术思想不同　　　　　D. 谈论的问题不同

(四) 挑战性练习

7.（挑战性目标1）老子说,"道常无为而不为",谈谈你对这句话的理解。

8.（挑战性目标2）辩题：治国是"礼治还是法治",爱人是"仁爱还是兼爱",人性是"性善还是性恶",人生是"入世还是避世"。请选择一个辩题,从正反两方面进行准备。（要求：论之有据,论据充分,条理清晰,语言流畅。）

9.（挑战性目标3）孔子和苏格拉底是公元前5世纪的东西方思想巨人,根据材料回答问题。

[材料一] 樊迟问仁。子曰："爱人"；"有德者必有言"；"学而时习之,不亦说乎?"。

——《论语》

[材料二] 苏格拉底："知识即美德"；"无知是罪恶的根源"；"认识你自己"。

——岳麓版《历史》教材必修Ⅲ

根据材料结合所学,探究两位思想家观点的异同并分析产生差异的原因。

(五) 参考答案

1. B【解析】本题考查"百家争鸣"代表人物的核心观点。此句出自《荀子·王制》："传曰：'君者舟也,庶人者水也,水则载舟,水则覆舟。'此之谓也。"意思是："君主是船,平民百姓是水,水能承载船只,也能倾覆船只。"比喻人民可拥护君主,也能推翻君主的彼此关系。A项提出了民贵君轻的观点,C项是道家学派的代表人物,强调人与自然的关系,D项主张兼爱、非攻,因此A、C、D项均不符合题意,答案为B项。

2. D【解析】本题考查"百家争鸣"主要学派的观点。通过材料并结合所学知识不难发现，"全面归服自然的隐士派"指的是道家，"专制君主的参谋集团"指的是法家，"拥有无限同情心与向上心的文化人的学派"指的是儒家，对应的是道、法、儒的核心观点，即道家顺应自然、清静无为的特征，法家积极为君主服务、提倡专制主义中央集权的观点，儒家主张道德教化的思想观点。所以本题的正确答案是 D 项。

3. A【解析】本题考查"百家争鸣"形成的原因。春秋战国时期出现社会动荡和社会变革，这样的社会存在产生的社会意识就是"百家争鸣"现象的出现。B 项"双百"方针是在新中国成立后毛泽东同志于 1956 年提出的，C 项是汉朝确立的，均不符合题目设问要求，D 项科学技术的发展与此无关，故答案为 A 项。

4. C【解析】本题考查"百家争鸣"中主流学派儒家思想的深远影响。儒家学说的道德准则，主要是指三纲五常。三纲五常（纲常）是中国儒家伦理文化的核心。三纲、五常来源于西汉董仲舒的《春秋繁露》一书，但最早渊源于孔子，故 C 项正确。自汉朝确立了儒家的正统地位，儒家学说影响深远，儒家思想从此成为中国社会占统治地位的主流思想。

5. D【解析】本题考查"百家争鸣"的思想特点。士人冲破礼法束缚，四处游说、讲学，促进了文化的觉醒。稷下是战国时期齐国都城临淄稷门附近由齐宣王为接纳游说之士而扩建的客馆，稷下成为各国学术文化交流的中心，体现了"百家争鸣"的思想特征，各种思想交流、争辩，促进了当时文化的繁荣和发展，故答案为 D 项。

6. B【解析】本题考查"百家争鸣"的观点异同。儒家和墨家对"爱"有不同理解。孔子的仁爱，是以血缘关系为基础的爱，由近及远，贵贱有序，强调"爱"是有等级的；墨子的兼爱，是不分亲疏、无条件平等的爱。而差异的根本原因是所代表的阶级属性不同，孔子代表的是没落的奴隶主贵族阶级的利益，而墨子代表的是下层的手工业者的阶级利益。故答案为 B 项，其他选项均不是根本原因。

7.【解析】首先认识什么是道，尔后用唯物史观进行辩证分析。（1）"道"是抽象化、无所不包的哲学概念，是天地万物的本源；"道"是有自然规律的，"天道自然无为"。（2）对统治者来说，倡导"无为而治"以"无事取天下"，这种主动积极的"无为"对统治者来说应做到"清静无为"，即休养生息，而不是无所作为，以达到"无不为"的效果。这是告诫统治者施政的一种策略。（3）对民来说，"无为"就是达到无知无欲，老子的"无为"也是追求社会回到原始的状态，这产生了一定的消极影响。

8.【解析】本题具有很大的挑战性，要求学生选好一个辩题后，明确辩题的正反两方面的观点，围绕观点进行材料准备，以做到知己知彼。要充分阐述本方观点的合理性，运用史实、案例等进行多角度、多层次、多史观的阐述；论从史出，论之有据，论中有情；古今贯通，中外关联，纵横捭阖；辩驳中要思维敏捷、条理清晰、逻辑性强；针对论题、针对观点、针对错点（如逻辑矛盾、论据瑕疵等）有理、有据、有序地进行辩驳；在准备上可以考虑小组合作，充分讨论，集思广益，确立主辩和次辩，并进行合理的分工；在形式上可考虑小组与小组、班级与班级之间的辩驳。

9.【解析】相同点：都把人类及社会作为探究的主题；都体现了人文主义精神，注重人，研究人性；都重视人的品德；都注重对人的教育及教育的方法；都对后世的思想产生了重大影响。

不同点：（1）政治目标不同。孔子为奴隶制服务，欲恢复周礼；苏格拉底是为了挽救雅典世风日下的雅典民主制。（2）道德认识不同。孔子强调个人守礼知节是为了从属社会的需求，即道德的社会性；苏格拉底强调人的个性美德，用知识完善自我，不仅强调人性，更强调个性。（3）社会影响不同。儒家思想成为中国传统文化主流，成为维护封建统治者的工具；苏格拉底思想对西方人文主义精神产生了重要影响，成为反封建、追求近代民主政治思想的源头。

差异的原因：孔子生活在春秋末期，井田制瓦解，分封制破坏；周王室衰微，诸侯混战；礼崩乐坏，社会矛盾尖锐。苏格拉底生活在雅典奴隶制繁荣时期，雅典工商业空前繁荣，雅典民主制日趋衰落，人们的道德承受着巨大考验，人文主义思想处于萌芽时期。

[设计说明]

一、分层目标设计依据

目标	内容	设计依据
基础性目标	1. 我能说出"百家争鸣"学派的主要人物。 2. 我能说出"百家争鸣"派别的核心观点。 3. 我能说出"百家争鸣"形成的主要原因。	以历史课标要求的"知道诸子百家"为依据，以初中所学知识为基础，提出"我能说出基本的时空观念、代表人物及主要观点"等目标要求，实现全员都能达到的目标，有效落实基础知识和主干知识的学习。
拓展性目标	1. 我可以归纳"百家争鸣"学派的深远影响。 2. 我能总结"百家争鸣"学派的思想特点。 3. 我能比较"百家争鸣"不同派别的观点异同。	以课标要求的认识"百家争鸣"的意义为依据，为促进学生思维能力的提升，需要学生对百家的观点进行归纳、说明和比较，尤其是对"争与鸣"的认识，要通过多元化的活动，使学生的思维实现多元化的发展，解决教学中的重点和难点。
挑战性目标	1. 我能用唯物史观评价某派观点。 2. 我能用本派观点批驳别派观点。 3. 我能利用材料改编探究性问题。	历史解释是课标核心素养的重要能力之一。能"唇枪舌剑"批驳别派观点，在"争鸣"中不断碰撞出思想的火花，是新课标中史料实证、唯物史观、家国情怀等核心素养的体现。改编题要求学生不仅知道知识是什么，而且知道为什么，从而达到高阶思维能力的培养。

二、关键问题设计依据与解决路径

关键问题是一节课的核心，找准关键问题也就找到了教学内容的本质性问题，解决关键问题有助于增强学生学习的信心。

关键问题	设计依据	解决路径
"乱与变"中的"变"	"乱"是"百家争鸣"的表象，"变"是"百家争鸣"的本质，即从奴隶社会到封建社会的转变。如何变？为何变？这是"百家争鸣"原因的关键所在。	小组合作探究
"争与鸣"中的"争"	"鸣"是"百家争鸣"各派别观点的反映，"争"是"百家争鸣"思想的碰撞。如何争？为何争？这是"百家争鸣"核心问题的关键，有利于培养学生高阶思想能力。	百家讲坛 情景剧 主题争鸣 情境体验
"思与识"中的"思"	"思"是通过对"百家争鸣"的学习，对历史问题的深度思考，用历史说明过去，用历史呼应现实，通过思辨、思考、思索培养学生的历史核心素养引导学生，树立正确的历史价值观，这正是我们学习历史的价值所在。	合作探究 实践体验

三、学生自主合作学习的要求及课前、课后完成任务的时间预设

学生根据教材，结合自主学习单进行自主学习，明确本课的学习目标和学习任务；掌握基本的时空观念和主体知识框架；对学习中存在的问题及时进行沟通和交流；对教师布置的活动以小组形式共同探究，积极准备，合作完成所承担的学习任务。

时间预设：课前预习10分钟，课后20分钟。

四、学习目标达成度分析

通过阅读教材和完成自主学习单，回顾预备性知识，完成对基础知识、基本线索的掌握，基础性目标达成度为100%。

通过对自主学习单等相关材料的解读，对问题做出理性的分析，能对"百家争鸣"各学派的观点进行归纳、分析，对中国传统文化的形成及影响有比较明确的认识，拓展性目标达成度为95%。

少数优秀学生可以对"百家争鸣"主要学派的异同进行评判性分析，并能运用正确的史观对异同的原因做进一步的说明；能对"百家争鸣"某个专题内

容进行开放性的探究学习，并写出学习的体会。挑战性目标达成度为5%。

〔课堂实录〕

一、明确目标，拉齐基础（导入新课）

师：同学们好，我们今天要学习的课题是"'百家争鸣'和儒家思想的形成"。

教师接着介绍本课的课标要求，明确本课的学习任务。开场先请学生观看2019年5月《亚洲文化嘉年华》演出中的一段视频。（众多演员齐声朗读："各美其美，美人之美；美美与共，天下大同……"）

师：我们从中看到了中国传统文化美轮美奂的场景，感受到了传统文化"美"的表现。那么我们还应思考："美"的内涵是什么？"美"的源头在哪里？带着这样的问题让我们进入今天的学习。

【设计意图：视觉冲击，巧设疑问，探究问题，激活思维。】

二、辨析材料，剖析原因（介绍"百家争鸣"的背景）

教师写出"乱与变"的标题，展示"乱"的四则材料。

1. "乱"

"乱"的时间：春秋战国。

"乱"的表象：材料解读（课件展示）。

材料一　三年之丧，期已久矣。君子三年不为礼，礼必坏；三年不为乐，乐必崩。

——《论语》

天下有道，则礼乐征伐自天子出；天下无道，则礼乐征伐自诸侯出。

——《论语》

材料二　公作则迟，有所匿其力也；分地则速，无所匿迟也。

——《吕氏春秋》

材料三　天子失官，学在四夷，官学颓废则觅于私学，礼失则求诸野。

——《学在官府与学在民间》

材料四　鲁缪公拜孔子之孙子思为师，燕昭王拜普通知识分子郭隗为师。战国时代的君主们竞相招贤纳士，对他们敬礼有加。

——《浅析春秋战国之际士阶层演变》

师：鲁缪公他们怎样敬礼有加，我给同学们讲一个关于"士"的小故事，齐桓公为求霸业五登稷门。稷是一个下等的士，齐王三敲稷门，稷闭门不见，王的随从说："大王贵为一国之君，他一个布衣百姓这样做，也太无礼了！"王曰："他不见我，正说明他有胆识，不求富贵，若只做君主我也就罢了，若想做霸主我还得再敲门。"王敲到第五回，感动了稷，君臣相见，从而共同谋成了霸业。（说明士的作用。）

师：通过阅读上述材料，你能从哪几个角度看到春秋战国期间"乱"的表现？

学生找出四组对应关系：政治——礼崩乐坏；经济——井田制瓦解；文化——学术下移；社会阶层——士阶层的兴起。

师：如果将以上四则材料转换成原因，则"乱"的根本原因是什么？

教师进一步引导学生从经济角度分析，即井田制的瓦解造成的影响，说明生产力的决定作用。此外，当时的诸侯争霸、兼并战争也在客观上促进了学术的传播和交流。

2. "变"

师：因为有"乱"，所以有"变"。"变"的本质是什么？

生：奴隶社会向封建社会转变。

师："变"是时代发展的产物，因为有"变"所以有"争"，"争"是社会剧变的反映，也是思想激烈碰撞的体现；"争"引发了"鸣"，"鸣"是"争"的结果，是士人的有所作为，体现了激情澎湃的年代。（说明社会存在与社会意识之间的关系。）

```
      有谁鸣？
              ↘
               "百家争鸣"？
              ↗
      怎样争？
```

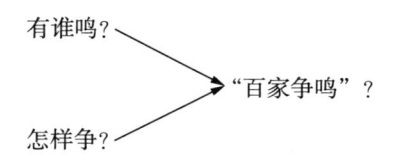

带着这个问题进入下一个环节的学习。

【设计意图：培养学生认识问题、分析问题和解决问题的能力。】

三、合作探究，多样活动（理解和体会"百家争鸣"的内容）

教师写出"争与鸣"的标题，说明什么是"百家"（讲述"有谁鸣"的问题），如何理解"争鸣"（认识"怎样争"的问题）。

1. 合作探究（准备讨论"怎样争"的问题）

教师将学生按儒家、道家、墨家、法家分为四个组，说明任务和要求：开展百家讲坛、情景剧、主题争鸣、情境体验四个活动；合作探究本派的观点，分析和研究别派观点。选出本派代表参与"争鸣"。代表陈述：要求观点明确，条理清晰，论之有据。

2. 学生活动（体会"怎样争"的问题）

活动一：百家讲坛（儒家组和道家组活动展示）

师：请儒家代表上台演讲。

生（走上讲台，面向全体学生）：孔子是春秋时期的思想家、政治家和教育家，儒家学派的创始人，其主要思想是仁和礼。战国时期儒家的代表人物是孟子和荀子。孟子主张"仁政，民贵君轻"；荀子提出君民之间的关系是"水则载舟，水则覆舟"。汉朝经董仲舒改造，提出"罢黜百家，独尊儒术"，确立了儒家的正统地位，其影响深远……（掌声）

师（补充说明）：①儒家的核心观点概括起来主要就是三个字：仁、礼、中。

"仁"："仁者爱人"，怎样"爱人"？要做到"忠恕"之道。"忠"：己欲利而利人；恕：己欲达而达人。这就体现出"美人之美"的理念。如果说

"仁"是道德标准，那么"礼"就是行为准则。

"礼"：就是要做到"克己复礼"。"礼"的标准是什么？即"周礼"。怎样做到"礼"？即要做到"非礼勿视，非礼勿听，非礼勿言，非礼勿动"，是对行为的约束，这就体现出"各美其美"的观念。

"中"：即"中庸"之道。怎样做到"仁""礼"的统一，即知行合一？要求达到一个度，这就是"中庸之道"。这是一种调和，要求和谐相处，这就体现出"美美与共"的思想。

②孔子的地位及影响：孔子被称为"天纵之师""天之木铎""至圣先师""万世师表"等。孔子不仅对中国也对世界产生重要的影响，被誉为"世界十大文化名人"之首。孔子学院遍及世界各地，成为宣传中国传统文化的一张有力名片。

师：请道家代表上台演讲。

生（走上讲台，面向全体学生）：道家的代表人物是老子，老子姓李名耳，楚国人。他博学多识，精通礼法，其代表作是《道德经》。……他的主要观点是，道是万物的本源，事物可以相互转化，治理国家主张无为而治。战国时期道家的代表人物是庄子，他提出齐物、逍遥、天与人"不相胜"的观点，人们应该更多地顺应自然……

师（补充说明）：先讲一个孔子见老子的小故事。孔子推开院门，眼前是这样的场景，老子刚洗过头，正让风自然吹着头发，眼睛似睁非睁，嘴似张非张，脸似笑非笑。孔子回家后，三天后终于说话："鸟，吾知其能飞；鱼，吾知其能游；兽，吾知其能走。走者可以为罔，游者可以为纶，飞者可以为矰。至於龙，吾不能知其乘风云而上天。吾今日见老子，其犹龙邪！"这就是老子。（以此对老子做一个形象的说明，为理解老子的思想做好铺垫。）下面进一步说明老子的思想。

①哲学思想：其一是"道"，"人法地，地法天，天法道，道法自然"。这就是探求万物本源的思想，改变了以往的天命观。其二是辩证思想，事物

都有对立两个方面，如高低、难易、生死、贵贱等，并提出事物对立的两个方面可以互相转化，如他的名句"祸兮福之所倚，福兮祸之所伏"。

政治思想："道常无为，而无不为"，对君而言主张无为而治，君主应清静无为。无为，即不要无所作为、为所欲为，更不能胡作非为。对民而说主张圣人之治"虚其心，实其腹，弱其志，强其骨。常使民无知无欲"，回到小国寡民的状态。

②地位：《道德经》号称"万经之王"，犹如宝塔之巅的明珠，璀璨夺目，照耀着中国古老文明，代表了东方的智慧。

胡适说："老子是中国哲学的鼻祖，是中国哲学史上第一位真正的哲学家。"

德国哲学家尼采说："一本老子说，像一口永不枯竭的井泉，满载宝藏，放下汲桶，唾手可得。"

美国《纽约时报》把老子列为"世界古今十大作家"之首。

师：习近平总书记在 2013 年接受金砖国家媒体联合采访时说："治大国如烹小鲜"，请一个同学来解读这句话。

生：治理国家，如同做菜一样的道理。

师：你会做饭吗？

生：会一点。

师：你做饭想过治国的道理吗？

生：没有。

师：即使我们常做饭的人也很少将做饭与治国联系到一起，但老子就从这样一个看似最平常的生活问题联系到深奥复杂的政治问题，真是小问题，大道理，大智慧。老子的话可谓字字珠玑，句句箴言。

师：下面请同学们一起朗读《道德经》第一章。（要求：用心去悟，用情去读，看课件内容朗读。）

> 道可道，非常道；名可名，非常名。无，名天地之始；有，名万物之母。故常无，欲以观其妙；常有，欲以观其徼。此两者，同出而异名，同谓之玄。玄之又玄，众妙之门。
>
> ——《道德经》

师：其玄妙之处，需要我们用心去悟，这是我们需要终身学习的一本书，受益无穷。儒家主张"有为"，道家主张"无为"。是选择"无为"还是"有为"，请同学们课后去思考。

【设计意图：通过小组讨论、学生演讲，鼓励学生合作学习，积极探究问题，提高概括和归纳问题的能力；通过教师的引导提高学生对问题的理性认识。】

活动二：情景剧《墨鲁斗法》（墨家组活动展示）

生：我派代表人物为墨子，其主张概括为"兼爱、非攻、尚贤"。为进一步说明"非攻"思想，下面请看情景剧《墨鲁斗法》。

（墨子、墨子的弟子、鲁班、楚王分别由四名学生扮演。）

（场景一：去往楚国的路上）

弟子：师傅为何走得这般急？（墨子和弟子做急行的动作。）

墨子：走得晚了是要死人的。

弟子：师傅，我饿了，前面有饭馆，咱们进去吧？

墨子：不行，忘了为师给你们的教导，要节俭，进馆子就得花钱。就吃自己带的干粮，喝点水就行了。

弟子：好吧。

（场景二：墨鲁相见）

墨子：你是公输般吗？

鲁班：是的，你是？

墨子：我是墨子。

鲁班：久仰大名，不知阁下有何贵干？

墨子：帮我杀人！

鲁班：杀人？我没听错吧！

墨子：是的，有人侮辱我，你帮我杀了这个人。

（鲁班摇头。）

墨子：给1000金，干不？

鲁班：不干！杀人的事我不干，给多少钱我也不能干。

墨子：那你造云梯帮楚王攻宋不是杀人吗？而且是杀更多的人！

鲁班：这个……这个……那是楚王让我做的。

墨子：咱们去见楚王。

鲁班：好的。

（场景三：楚王府）

墨子：大王好，我听说有这样一个怪事。

楚王：什么事？

墨子：有一人家里有华丽豪车，有绫罗绸缎、美味佳肴，却要去偷邻家的粗制车子、破旧衣裳、糟糠米酒。

楚王：这人脑子有病啊！

墨子：现在楚国疆域辽阔、物产丰盈，就像那有豪车、有绸衣、有鲜酒的富有之家；而宋国国贫民弱不就像那只有破车、旧衣、糟酒的穷苦之家吗？现在楚国攻打宋国不正像这个富家抢夺穷家吗？

楚王：这个……这个……？！可是寡人已经做好攻打宋国的准备了，如箭在弦，不得不发。

墨子：公输般能攻城，我就能守城。

楚王：那你俩就比试一番。

（墨子和鲁班表演攻守。）

鲁班：我用云梯攻城。

墨子：我用火箭烧。

鲁班：我用车撞城门。

墨子：我用礌石砸。

鲁班：明的不行，我用暗的，我用地道攻。

墨子：我用烟来熏。

鲁班：我还有攻城一计，我不说了。

墨子：我知道足下之计，我也不说。

楚王：你们怎么不说了，急死寡人了，墨子你快说啊！

墨子：他的意思是杀了我，宋人就不会守城了。然而我已将我的守城之策告诉我弟子了，他们都做好准备了。

墨子的弟子（指着台下学生，非常得意）：这些人都是我师兄弟、师姐妹，他们都知道守城方法。

鲁班：大王，还攻宋吗？

楚王：这样攻还有必要吗？

（演出结束后表演学生集体谢幕，观众热烈鼓掌。）

【设计意图：学生的表演充满趣味，表演本身就是对知识的加工过程。观看的学生在笑声中领悟知识，使枯燥的史实形象化，抽象的概念生动化，体现思维导学中以学生兴趣为导向的教学理念。】

教师进一步引导学生思考儒家和墨家"爱"的差异。

	墨家	儒家
阶层	平民阶层	统治阶层
主张	兼爱	仁爱
区别	无差别的爱	有等级的爱

【设计意图：通过比较，加深学生对"爱"的理解，进行比较思维能力的培养。】

活动三：主题争鸣（法家组活动展示）

师：请法家代表陈述观点。

生：法家的代表人物是战国时期的韩非子，他是法家的集大成者，其政治主张是法、术、势相结合，建立中央集权国家；针对儒家的礼治他提出法治，主张变法革新。

师：为进一步说明法家法治的观点，请法家组和儒家组进行一场争鸣，辩论主题是"礼治"还是"法治"。辩论要求：观点明确，论之有据。下面请法家和儒家各派两名代表进行辩论。

（被推荐的四名学生走上台，分别站在黑板前左右两侧。）

法家代表1：我方主张法治，没有规矩不成方圆。

儒家代表1：我方主张礼治，没有道德，就会犯错。

法家代表2：你们儒家宣扬道德、礼治，恢复周礼，可是你们儒家在周游列国时，谁听你们的主张了？

儒家代表2：秦国用了商鞅之法，可我问你们，秦朝是不是历史上最短命的王朝？

法家代表1：你没看到秦国的强大吗？秦始皇能君临天下，是何等的气魄，百代犹得秦政法，不正说明法家的作用吗？

儒家代表1：你们难道没看到商鞅落了个身败名裂的下场？我们礼治，以礼服人，是一种美德，我们儒学后世不是成为显学了吗？孔子地位重要还是法家韩非子地位重要呢？韩非子能说是韩圣人吗？（掌声）

法家代表2：我们现在的改革开放思想不正是法家变革思想的体现吗？没有班规、校规，你会保证不迟到、好好读书吗？你觉得你还是个好学生吗？（掌声）

儒家代表2：我们班上贴的"社会主义核心价值观"体现的是儒家的道德观还是法家的思想呢？

…………

师：争论时间到，谢谢同学们的精彩发言。理不辩不明，话不说不透。同学们谈古论今，各抒己见，论之有理。我们选择礼治还是法治，二者都言之有理。其实，在战国时期荀子就已经融合了法家思想和其他学派的思想。荀子被称为百家思想的集大成者，并且历代统治者都有礼法并施的特征。要做到"礼"和"法"的结合，在家要明礼，在国要守法，家国一体，明礼守法，这才是做人做事的基本道理。

【设计意图：学生之间的儒法争鸣，充分体现以学生为本的教学理念，引导学生在争鸣中提升高阶思维能力，培养学生历史辨析、阐释问题的能力。】

活动四：情境体验"学生上课玩手机——我派的应对策略"

（教师叫一名学生坐到讲台旁，面对同学玩手机。用板擦做手机道具。）

师：给你们1分钟时间，议议你作为本派学者怎样用最简短的语言或行为来应对。

（学生热烈议论。）

师：下面依次请各组推荐的代表上台进行展示。

①儒家代表：同学你玩手机是不对的，你这样做害人害己，影响学习……

师：很好。用说教的方法，体现了儒家的礼治思想。

②道家代表：同学你继续玩手机，把你眼睛玩瞎了，成绩下降了，你就不玩了……

师：顺其自然，无为思想，很好。如果是我还会考虑这样来表现。

教师走到玩手机的同学面前，什么也不说，只是瞪了他一眼，学生恍然大悟。

师：刚才大家发现我并没有通过说话去劝阻这名同学玩手机，而是用目光表达我的意图。这更体现了道家"无为而治"的思想特点。

③墨家代表：玩手机是要花钱的，这是非常浪费流量的，你这样玩对眼睛也不好……

师：这体现了节俭、兼爱思想，非常好，掌声鼓励。

④法家代表：你玩手机，违反班规，我要没收！

师：上课玩手机是严重的违纪行为，应受到严厉的处罚，体现了法家严刑峻法的特征。

师：四名同学的应对策略，实际上就是对四家观点的应用。以上的活动使我们对百家观点有了较为全面的认识，有了深刻的体会和感悟。下面再谈谈"百家争鸣"思想的影响。

【设计意图：学生在活动中领悟知识，运用知识，提高学习热情，对历史学科产生兴趣。】

四、思考影响，情感生成（"百家争鸣"的影响及思想升华）

教师写出"思与识"的标题，并解读其义。

"思"："百家争鸣"创中国思想解放之先河，是中国历史上第一次思想解放运动，奠定了中国思想文化发展的基础，立中国传统文化之本源。儒家孕育了传统文化中的政治理想、道德准则；道家创立了中国古代的哲学基础；法家的变革、创新精神是政治家革新图治的理论武器。它们成中华传统文化之内涵，使我们看到传统文化天地智慧精髓之亮光。

"识"："百家争鸣"纵横捭阖，机锋迭起，智慧纷呈，展现出无穷的魅力。文明如水，润物无声，我们从中领悟到文化源、民族情、中华魂——修身齐家治国平天下的家国情怀，求真求善求美同天下的大道情操。我们对传统文化应该有爱、有情、有悟、有敬仰。

习总书记在 2019 年 5 月亚洲文明对话大会上说，"美人之美、美美与共"，向世界阐述了中国传统文化海纳百川、有容乃大、泽被东西的博大情怀。党的十九大报告提出："文化是一个国家、一个民族的灵魂。文化兴国运兴，文化强民族强。"我们要做到文化自信，努力做到文化立国、文化兴国。

我们都是中华文化的传承人，也是时代的追梦人，不忘初心，牢记使命，我坚信亚洲文明对话大会嘉年华片头所说的"美美与共，天下大同"中国梦美好景象一定会实现。

【设计意图：首尾呼应，引导学生进一步热爱中华民族优秀传统文化，树立家国情怀，感悟担当的责任和使命，以达到思想的升华。】

五、画出思维导图，分享优秀成果（殊途同归，品尝成果）

1. 课堂小结：回顾主干知识，总结本课知识体系。

2. 指导学生画思维导图，说明画思维导图的方法及意义。待学生画完，教师选出画得比较好的两名学生甲、乙进行展示，给予评价：学生甲的思维导图好在核心概念明确，学生乙的思维导图好在脉络清晰。然后让其他学生观摩，教师给予鼓励。

教师展示学生的思维导图。

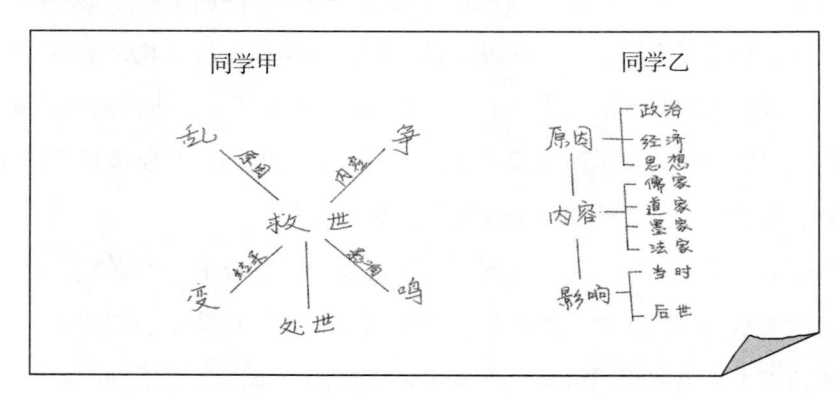

【设计意图：培养学生概括、归纳、总结的能力，鼓励学生分享学习成果，提高学习热情。】

六、考点小测，寄语明天（落实考点，立德树人）

1. 课堂检测

师：结合所学知识判断下列语言符合哪一派代表人物。

课件展示:"我仁""我义""我柔""我爱""我罚""我战"。

生(踊跃回答):孔子、孟子、老子、墨子、韩非子、孙子。

2. 教师寄语

教师从儒、道、法之气中(浩然之气、清然之气、威严之气)提炼关于"气"的说法,赠予学生,也是本节课的结束语。(课件展示)

养正气,立志气,

彰大气,焕朝气,

存书气,有锐气。

(学生掌声响起,课堂结束。)

【设计意图:本节课结束语既是对学术观点的小结,也是对学生价值观的正确引导,达到立德树人的目的。】

〔要素评课〕

在备课组组长李庆老师的统筹安排下,阴竹娟老师负责学习目标的设计与达成维度的观察,孙婉宜老师负责实现路径的规划与实施维度的观察,罗斌老师负责关键问题的设计与解决维度的观察,王小青老师负责教学资源的挖掘与利用维度的观察,余鑫老师负责多向交流的运用与效果维度的观察,王刘平老师负责教师点拨的智慧与启迪维度的观察。

维度一:学习目标的设计与达成

第一,学习目标设置具有科学性、层次性、实效性。科学性是指学习目标根据课程标准合理设计,规范有效。层次性是指学习目标明确,任务具体,基础性目标关注全体学生,拓展性目标注意培养学生的各种学习能力,挑战性目标注重激发学生的学习潜力。每个教学环节的目标都有对学科核心素养培养的考虑。实效性是指学习目标贴近学情,通过各种教学活动调动学生学习的热情，具有很强的激励性，做到了有理、有序和有效。

第二，学习目标适合本班的教学实际。本节课是文理分班后第一节历史课，学生在新环境下对学习目标有一定的期待，也有一定的学习热情。教师在教学中大胆创新，注意调动学生学习的热情，让每一个学生都回到历史的情境中，以"亲历"的角度去体验历史、感悟历史、思考历史。有了"亲历"，自然有了活力，课堂也充满了张力。全体学生踊跃参与，完成了基础性目标，90%以上的学生完成了拓展性目标，挑战性目标对5%学有余力的学生进行了延伸性任务安排。通过有效学习，学生对中华民族优秀传统文化有了一定认识，达到了培养家国情怀、立德树人的目标，学习目标有信度、梯度和高度。

第三，从时间上看，完成基础性目标用时8分钟，完成拓展性目标用时28分钟，思想升华、课堂小结和画思维导图用时7分钟，学习目标检验和教师寄语用时2分钟，课堂结构安排比较合理。

维度二：实现路径的规划与实施

第一，为实现学习目标，教师专门为学生设计了自主学习单，其中有与三层目标相匹配的练习，并设计有与本课相关的预备性知识及练习。此外，根据高二文科班历史学习的要求加大了材料的引用量，做到了论从史出，史论结合，提高了学生对材料的辨析能力。

第二，路径规划合理，目标明确，路径清晰。教师设计了"乱与变""争与鸣""思与识"三个主题，即以"变、争、思"为核心点，以"乱、鸣、识"为线索进行探究，进而扩展到政治、经济、思想三个层面，这样就形成了点、线、面的结合。每个环节又以"是什么、为什么、怎么样"的路径展开，环环相扣，步步深入，既注意知识的内在逻辑性，又注意知识的相关性、整体性，从而使课堂任务指向明确，主次分明，行进流畅，方式灵活，张弛有度。

第三，从实施的效果看，合作探究时学生的参与率达到100%；从活动的类型看，有演讲、争鸣、表演、应用等，内容充实，形式多样。直接登台参与活动的学生达20人之多，活动的完成率达95%，思维导图的完成率达100%，基本达到预期的教学效果。

维度三：关键问题的设计与解决

通过课堂观察，发现这节课的关键问题的设计与解决做得比较好，这主要体现在以下几点。

第一，关键问题与目标有较好的对应关系，基础性目标对应的问题是"乱与变"，拓展性目标对应的问题是"争与鸣"，挑战性目标对应的问题是"思与识"。每类问题又有明确的核心问题。在问题的解决上采用不同的手段，从"亲历"的角度入手，给学生创设情境，帮助学生运用新手段去解决新问题。

第二，问题的类别丰富，比例合理。通过观察发现，问题的引出有视频、文字材料，解决问题的方式有讲坛、参演、争鸣、情境体验等。在基础性目标、拓展性目标方面设计的更多是探究性、开放性的问题。涉及基础性、主干性知识问题的比例为75%，体现能力性、拓展性问题的比例为20%，挑战性问题的比例为5%，易、中、难问题比例适中，符合高中本学段的学情。

第三，教师设计的问题精练、合理。教师将教材内容主体处理为"乱、变、争、鸣、思、识"六个关键字，本身就是对教材深度加工的体现。教师对问题进行了高度的概括与浓缩，使问题更加精练，指向更加明确，如此解决问题就更加精准，课堂效果也就更加精彩。教师的设问具有启发性，做到了问而有答、启而有发，师生互动融洽。对于学生在学习过程中存在的问题，教师能够适时、有效地给予指导。针对基础性问题组织学生进行合作探究，时长8分钟；针对拓展性问题引导学生分为4个小组进行探究，时长28分钟。这样的安排比较合理，有利于问题的充分展开，有利于培养学生的思维能力。

维度四：教学资源的挖掘与利用

第一，教师比较好地利用了学生资源。学生分组活动有明确的分工，小组讨论热烈，小组代表的发言是小组集体智慧的成果，"小老师"的效果明显。墨家组同学《墨鲁斗法》的剧本由学生自主创作、编排、展演；学生先自主创作思维导图，再进行优秀成果的分享。在"亲历"的过程中，学生被激发了热情、激活了思维，用心走进了课堂，用情走进了历史。

第二，教师有效利用了自主学习单资源。自主学习单与课堂结构相呼应，任务与目标相对应，内容与材料相关联，练习与知识相匹配。通过自主学习单，全体学生进行了课前的预习，落实了基础性练习、拓展性练习和挑战性练习，起到了课前预习、课后延伸学习的作用。

第三，教师合理利用了课本、课外资源。从结构上看教师对教材体系进行了重新加工与整合，以课本资源为主线，将"百家争鸣"处理为一个完整的课时，使知识体系更加清晰完整。将教材中的"孔子和早期儒学""道家和法家"放在"百家争鸣"知识体系当中，既符合历史内容的时序性，又不失知识的完整性。围绕主线教师还补充了适当的课外资源，尤其是本地资源的利用，使知识更加充实，教学更加生动。

维度五：多向交流的运用与效果

教师注意多向交流的运用与效果。课堂上既有学生之间的争鸣，也有师生之间的互动交流，在一节课中将独立思考与集体智慧、个体学习与合作学习有机地结合起来。

第一，加强了学生之间的互动交流。在"乱与变""争与鸣"主题学习和情境体验中，首先以合作学习形式展开，让每一个学生参与其中，热烈讨论，时长3—4分钟，给学生较为充分的互动交流时间；在"主题争鸣"环节，学生之间、小组之间互动交流，学生们激烈争论，不时碰撞出思想的火花。

第二，加强了师生之间的互动交流。教师在教学中善于提出启发性、有价值的问题，如"士"阶层为什么在春秋时期得到重用？重用和不重用的结果分别是什么？既有调动学生兴趣的问题，又有鼓励学生思考的开放性问题。再如对"百家争鸣"标题的设问："哪百家？有谁鸣？怎样争？"，使问题由大到小，由粗到细，层层递进，不断激发学生思考。教师对学生的回答，耐心倾听，适时评价，营造了民主、融洽、平等的课堂氛围，有效实现了学习目标。

维度六：教师点拨的智慧与启迪

第一，教师的点拨在时间上有精度。由材料导向问题，由问题引发思维。在学生解决问题遇到瓶颈时，教师适时进行了点拨，从而使问题更具有关键性的特征，体现出教师点拨的价值。如教师对"上课玩手机"道家的应对策略的点拨，使学生从迷惑到醒悟，有一种豁然开朗的感觉。教师不仅启迪了学生，而且凸显了教师点拨的艺术。

第二，教师的点拨在内容上有宽度。教师在具体问题上通过点拨达到对知识的扩展，引发学生深入思考。如儒家提到"仁爱"，墨家提到"兼爱"，教师对两种"爱"进行了比较，拓展了学生对"爱"的理解；再如是"礼治"还是"法治"，待学生争论完，教师进行点拨，使问题更有针对性，开阔了学生的视野。

第三，教师的点拨在思想上有高度。教师在讲解老子的思想时，对"治大国如烹小鲜"的点拨，使学生感到既亲切又熟悉。再如对"美美与共，天下大同"的点拨，进行了思想上的升华，给学生以深刻的启迪，达到了家国情怀的培养目标。

〔教学反思〕

一、设计初稿形成后的研课过程简述

本节课是 2019 年 7 月实施的一节历史学科展示课。整个教学环节严格按照思维导学流程进行。

这节课的内容庞杂，人物众多，能将这节课的内容顺利讲完就是一个不小的挑战，更别说上得精彩，学生悟透，时间紧、任务重，其困难可想而知。但不变的是教育改革的决心和对教育事业热爱的初心。

初稿形成后，数易其稿，与同组教师反复进行说课、研课，对用什么样的标题也反复斟酌，这绝不仅是个标题问题，还体现了对教材结构的深度加工及寻找"课魂"的过程。最终形成了这节课的主体框架模式，围绕"变、争、思"三个关键字进行设计，力求内容少而精，使目标明确，任务具体，既能凸显重点，又能使脉络比较清晰。在结构上决定进行合理的取舍，将"百家争鸣"的内容作为完整的一课时。

二、采纳同事及专家的建议并修改思路

我将设计的初稿交给房超平老师审阅，房老师从课型、教材分析、学习目标、实现路径等十个方面提出了具体的建议，并从"说、研、观、评"提出了明确的注意事项。他对整体的教学设计进行了肯定，还给出了具体的修改意见，如提出在"争与鸣"环节可否采用"百家讲坛"的形式，不仅在形式上更加丰富，更重要的是学生有了更多的参与，会调动他们学习的积极性。于是在拓展性目标的实现方式上，增加了"百家讲坛"的形式，使目标实现的路径更加多样化。

在前期的试课中，同组教师按照思维导学的要求进行了观课、评课。在磨课中，他们又提出诸多存在的问题，如导课中原本用的是《亚洲文化嘉年华》的图片，罗斌老师提出使用视频效果更好，更有视觉的冲击力、感染力。他不但提出好的建议而且帮我付诸实施，专门制作好小视频。在《墨鲁斗法》的情景剧设计中，同事们帮我指导学生的语言和动作，并提供他们的班级让我试课，促进我不断反思，修改完善教学设计。

三、实施效果与预期的差距及原因

实施效果与教学设计的差距主要是学生对材料的解读不到位，原因是学生刚文理分班，没有很好的知识积淀，有些分析还不到位，如对战国时期孟子、荀子思想的比较，儒家思想后续演变的分析等。此外，留给基础相对薄弱的学生的思考时间不够充分，而对一些基础较好的学生应有一定的留白。同时，课件设计还有待完善，个别材料展示有些过快，在思维导图成果展示环节应给更多的学生参与展示的机会。

四、教学启发

1. 设计与实施中的亮点

这次设计的亮点首先在于较好地体现了以学生为本的理念。尽管在此之前我也进行了思维导学的实验工作，但在理念上我的传统教学观念还比较牢固，自己讲得多，学生思得少，在调动学生思维上做法不够。通过研读思维导学书籍，我认为历史课堂要把更多的时间交给学生，让学生"亲历"历史，从中体会和感悟历史。本节课以学生思维培养为核心，充分发挥学生的主体作用，调动学生学习的热情，较好地完成了思维导学预定的目标，也较好地体现了历史学科的核心素养培养目标。

2. 改进思考及对后续教学的启发

首先是加强思维导学的理论学习，教学设计要有针对性，教材分析要关注本课与前后知识的联系，关键问题设置要准确，路径规划要贯穿课堂教学全过程且清晰合理，学习目标要贴近学情，任务具体可见，要落实学科核心素养的培养目标。我感到自己在理论上还需要进一步学习，以提高教学设计的科学性和有效性。今后还要多参加相关教学实验活动及理论学习活动。

这节课还有许多可以进一步完善的地方，有些教学环节还可以做得更精细：课前要落实自主学习单的学习要求；在课堂引导学生开展思维活动时要注意层次，给学生留有充分的思考时间；设计问题时要考虑课堂的生成效果；

课件的制作还可以更精细。

此外，将思维导学的理念与实践活动融入常态化的教学是我的追求。

【专家点评】

有人说，好的历史教师往往在课堂上口若悬河、旁征博引，甚至经常会通过讲故事来吸引学生的注意力。仔细想来，好像是这么回事儿，因为学生能读懂课本上的文字，所以讲解课本上的内容，把课本上的内容进行结构化整理，似乎也没有必要。李庆老师的这节历史课，让我们对历史课有了别样的思考：原来，历史课还可以这样形式新颖、内容充实、活动丰富、生动有趣。

从教学设计看，李庆老师根据思维导学理念对历史课的两个定位——让历史告诉未来，在"亲历"历史中学习历史——精心设计了这节课的学习目标和实现路径：通过引导学生阅读有关材料，让学生分析"百家争鸣"的背景；通过任务分解，让不同小组对不同派别的观点进行总结提炼，节省了课堂教学时间；通过设置历史情景剧展演、百家讲坛和课堂小辩论等环节，让学生以历史"亲历者"的身份更加主动积极地参与到课堂学习中。假如能进一步优化教学活动设计，减少课堂环节，课堂的主题会更加突出，任务会更加明确。

从课堂实施看，李庆老师通过小故事串讲，让历史变得鲜活灵动；通过画思维导图，既提高了学生的归纳能力，也让学生对历史学习不再畏惧。而这节课最大的亮点，是通过"百家讲坛"，引导学生归纳儒家和道家的主要观点；通过《墨鲁斗法》情景剧，让学生体会"非攻""兼爱"的思想；通过小型课堂辩论，让学生对儒家和法家的主要观点更加明晰；通过现实生活的情境体验，让学生进一步明确法家思想的重要性。假如这节课增加学生的互评环节，会更有助于学生思维能力的提高。

地理

"发现"学习的"新大陆"
—— 以"水循环的过程和意义"教学为例

深圳市福田中学　余海波

〔教学设计〕

一、课型
概念课。

二、内容分析

（一）教材内容
本节课是人教版《地理》必修1第三章"地球上的水"的第一节，是本章开篇内容。本节内容首先介绍水圈的构成及其特点，主要讲述了"相互联系的水体""水循环的过程和意义"两个知识点。第一个知识点浅显易懂，是学生学习的基础知识，也为第二个知识点的学习做铺垫；第二个知识点是本节课的重点内容，通过图文和相应的活动介绍了水循环发生的领域、水循环的类型和环节。但教材对"水循环的意义"仅用较理论的语言进行阐述、总结，缺乏实例依托，并未涉及真实地理环境的水循环过程，学生较难理解，此为教学难点。

（二）内容价值
作为地球上能量和物质运动最重要的过程之一，水循环与第二章"地球上的大气"和第四章"地表形态的塑造"都有比较密切的联系，因此在全书中占有重要地位。本节课作为第三章"地球上的水"第一节，其知识为第二节"大规模的海水运动"做铺垫，同时又是学习第三节"水资源的合理利用"的基础。

（三）学情分析
本节课的授课对象是高一学生，他们具有一定的知识储备，能够理解水在自然界中的存在形式。通过前几章的学习，学生知道了地球因为接收太阳辐射而升温，因而水会蒸发。水循环是一个较常见的自然现象，学生对水循环也有一定的了解。对于阅读和使用地图，学生已掌握了一些基本的技能和方法，但要在地图中挖掘地理信息、运用多幅地图和相关资料相结合进行分析难度明显增大，因此需要通过多读图来加强和提高学生读图、用图的能力。此外，学生已具有一定的认识和判断能力，但抽象的概念、空洞的数据对他们而言缺乏吸引力。他们容易陷入碎片化学习、被动学习，少体验感悟、少有效互动，懂知识而不会运用。因此教学需适应学情，并改进教学理念，如注重知识情境化、有效互动等。具体到本节课，可将现实生活中的自然现象进行视觉化呈现，将数据与学生所了解的事物联系起来并作形象地比较，使抽象问题具象化、情境化。

本节课的设计旨在引导学生结合生活实际，关注生活，关注社会，学以致用，了解人类活动与水循环的关系。

三、学习目标

基础性目标	1. 我能说出水循环的类型、环节、动力和地理意义。 2. 我能依据图片或文字资料，绘制水循环思维导图。 3. 我能结合材料或示意图，判断水循环的类型。 4. 我能用一句话概括水循环的内容。
拓展性目标	1. 我能结合水循环示意图，说明水循环与其他圈层的关系。 2. 我能运用水循环的意义，解释径流变化对地理环境的影响。
挑战性目标	1. 我能结合具体情境，应用水循环原理及意义进行评价。 2. 我能利用水循环知识，为改善城市内涝提出合理化建议。

四、实现路径

基础性目标 实现路径	课前：按要求，绘制水循环的过程和意义的思维导图，完成自主学习单基础性练习问题1、2。
	课堂：代表上台展讲，学生对思维导图进行纠错，小组核对自主学习单基础性练习问题1、2答案。

续表

拓展性目标实现路径	课前：85%以上学生自主完成拓展性练习（自主学习单拓展性练习问题3、4、5）。
	课堂：通过小组讨论、交流、展讲，完善对问题的理解，教师适当点拨，总结归纳。
挑战性目标实现路径	课前：鼓励5%—10%学有余力的学生自主完成挑战性练习（自主学习单中评价和创造类问题）。
	课堂：小组讨论合作分析、展讲交流、补充完善。
	课后：地理"小老师"公布答案，学有余力的学生自主矫正和再学习。

五、课堂流程

流程	时间	教师活动	学生活动
导入新课展示目标	2分钟	展示数据，引入问题。	依据展示数据，思考降水量与城市能否被淹的关系。
学生展示教师点拨	5分钟	请学生上台展讲思维导图，遇学生紧张或思维短路时，及时点拨，注意思维的逻辑性、缜密性。待学生展讲完毕，追问："这幅导图有缺陷吗？还能怎么改？请结合这幅完善后的思维导图，修正自己的导图。"	学生代表展讲思维导图，其他同学听完展讲后，诊断自己绘制的导图，修改完善。
	6分钟	展示问题1、问题2，2分钟后，随机抽取小组展示。小组展示后，通过追问、引导，让学生完善答案，提醒学生及时记笔记。	与小组内组员交流问题1、问题2的答案，然后组内统一答案，准备展示。其他小组展示时，如实记录，可随时发问，订正完善答案。
合作探讨拓展能力	3分钟	1. 展示问题3、问题4，将全班6个小组分成两个队，第1、2、3组为一队，负责解决问题3；第4、5、6组为二队，负责解决问题4。 2. 播放视频《扎龙湿地》并展示图文材料。	观看视频、读图文、写出问题答案，然后与小组内成员交流答案，小组内统一答案。
	7分钟	从每一队中选出一组展讲，仔细聆听，遇到逻辑性或知识性错误时及时追问，让学生修正。简要概括圈层关系、湿地的作用。	队内非本组展讲时，积极补充，做好记录。其他队展讲时，详细记录，可适时发问。

续表

流程	时间	教师活动	学生活动
突破自我挑战难点	10 分钟	展示评价类问题，组织学生讨论，及时肯定、点拨、引导。	先自行作答，然后小组内讨论，统一答案，再展示交流。
	4 分钟	展示创造类问题，恰当时机点拨，讲解疑难点，帮助学生补充缺漏。	自主作答，小组讨论，交流展示，及时发问，完善答案（若课堂时间不足，可课外完成）。
课堂升华，小结归纳	2 分钟	1. 整理本节课主线，简述关键问题间的逻辑关系，凸显课堂整体性。 2. 提醒学生用发展的眼光看待地理问题，活学活用，以"发现"学习的"新大陆"。	完善思维导图，整理笔记。
目标自查	1 分钟	教师再次展示三层目标，引导学生自我评价。	在对应目标栏后面做标记，以示掌握与否。
检测练习	课后		独立完成 5 道选择题和 1 道简答题。

六、检测练习

【基础性练习】

1. 下图为水循环示意图，读图并回答问题。

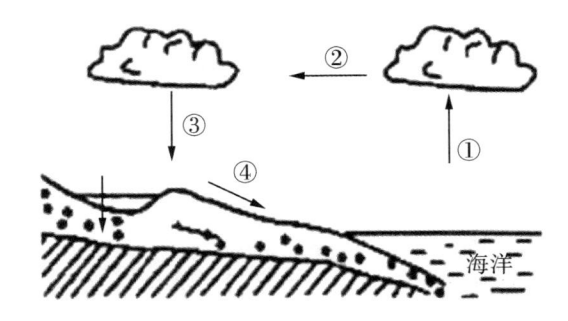

历史上南唐后主李煜曾在《虞美人》中写道："问君能有几多愁，恰似一江春水向东流。""一江春水向东流"指的是图中的（　　）。

A. ①　　　　B. ②　　　　C. ③　　　　D. ④

【拓展性练习】

2. 有关水循环意义的叙述，正确的是（　　）。

①塑造地形地貌

②促进海陆间能量交换和物质转移

③使地球上各种水体不断更新

④促使全球水资源的空间分布趋于平衡

A. ①②③　　　　B. ①②④　　　　C. ①③④　　　　D. ②③④

3. 水循环的各个环节中，目前受人类活动影响最大的是（　　）。

A. 海洋蒸发　　　B. 地表径流　　　C. 水汽输送　　　D. 凝结降水

下图为水循环联系四大圈层示意图。读图，回答问题4、问题5。

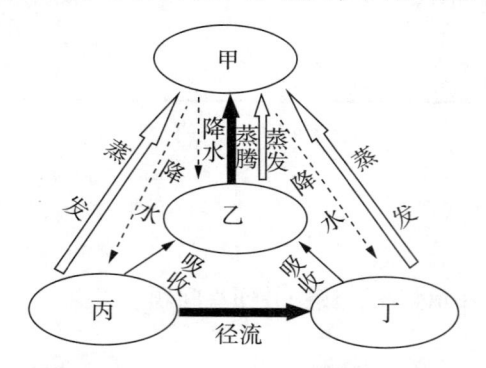

4. 甲、乙、丙、丁所代表的圈层依次是（　　）。

A. 大气圈、生物圈、岩石圈、水圈　　　B. 水圈、大气圈、生物圈、岩石圈

C. 岩石圈、水圈、大气圈、生物圈　　　D. 生物圈、岩石圈、水圈、大气圈

5. 水循环能（　　）。

A. 使全球水资源总量趋于增多　　　B. 使水资源短缺不再出现

C. 使地表各地水体均匀分布　　　　D. 使能量在四大圈层中交换

6. 结合所学知识，回答下列问题。

河流的侵蚀、沉积及沼泽的吸收（附）会影响河流泥沙含量。西西伯利亚平原地势低平，冻土发育，沼泽广布。试分析西西伯利亚平原沼泽广布的原因。

七、自主学习单

自主学习单——温故篇	
预备性知识	相关练习
1. 复习地球的圈层结构（内三圈、外三圈）及其关系。 2. 初步认识水循环的环节（降水、径流、蒸发等）。	1. 地球的内部圈层有_____、_____、_____，地球的外部圈层有_____、_____、_____。 2. 晾晒衣服你重点考虑的因素是_____、_____、_____等。

自主学习单——知新篇	
基础性知识	基础性练习
一、水循环的过程 1. 水圈的构成 水圈主体是_____，陆地淡水主体是_____，其次是_____。 2. 水循环主要环节有：_____。 3. 水循环的动力是：_____。 4. 水循环的类型：_____。	材料：乌裕尔河原为嫩江的支流。受嫩江西移、泥沙沉积等影响，乌裕尔河下游排水受阻，成为内流河（最终未能流入海洋的河流）。河水泛滥，最终形成面积相对稳定的扎龙湿地。扎龙湿地面积广大，积水较浅。 ［理解］（基础性目标2）问题1：结合水循环图，判断并说明乌裕尔河各区域参与的水循环类型，并说出你的依据。 ［理解］（基础性目标1）问题2：水为什么会发生循环运动？发生循环需要的条件是什么？

自主学习单——拓展篇	
拓展性知识	拓展性练习
二、水循环的意义 意义1：使各种水体不断更新，从而维护全球的_____。 意义2：在地球各圈层之间、海陆之间实现_____和_____。 意义3：影响全球的气候和_____，塑造_____。 水循环是几大圈层联系的重要纽带，对地理环境要素作用明显，最终可能引起整个地理环境的变化。	［应用］（拓展性目标1）问题3：结合视频，思考水循环联系了哪些圈层（在圈中写出名称）。请用示意图表示水循环过程与这些圈层的关系。

续表

自主学习单——拓展篇	
拓展性知识	拓展性练习
	（图示：三个椭圆，其中一个标注"水圈"） 材料：扎龙湿地内湖泊星罗棋布，河道纵横，水质清澈，苇草肥美，沼泽湿地生态保持良好，被誉为鸟和水禽的"天然乐园"。 [应用]（拓展性目标2）问题4：结合视频（扎龙湿地）及材料，分析水循环对湿地环境的影响。

自主学习单——挑战篇	
挑战性知识	挑战性练习
三、人类对水循环的影响 1. 主要干预环节有哪些？ 径流、下渗、蒸发。 2. 干预某环节后带来哪些影响？ （1）有利影响：加大蒸发，增加湿度，增加降水，调节气候等。 （2）不利影响：湿度降低，调蓄能力减弱，生态破坏等。	[评价]（挑战性目标1）问题5：有人建议，通过工程措施恢复乌裕尔河为外流河（最终流入海洋的河流）。你是否同意，并说明理由。 [创造]（挑战性目标2）问题6：请你根据水循环环节的相关知识，对改善深圳城市内涝提出建议。

〔设计说明〕

一、分层目标设计依据

地理学习注重解决生活中的问题，注重强化基于问题的学习方式，而问题情境又是不断变化的，所以应该用动态的眼光看待地理教学。在教学时，也应将这一理念渗透到拓展性目标和挑战性目标中。水循环部分，高考重点考查水循环的应用。水循环环节、类型、动力部分的知识，学生通过查阅教材能掌握，故被列为基础性目标，通过绘制水循环示意图及说出水循环环节、类型来达成。水循环意义部分，教材内容不多，需借助实际情境帮助学生理解，故被列为拓展性目标。对于水循环意义的创造性应用，要站在时间、空间的角度思考，以解决生活中的问题。这一部分内容综合性强，需要高阶思维的参与，故被列为挑战性目标。整堂课遵循识记—理解—应用—评价—创造的逻辑组织教学。

二、关键问题设计依据与解决路径

学科教学需关注学科核心素养，地理学科四大核心素养是人地协调观、综合思维、区域认知、地理实践力。虽然一节课不能培养所有的核心素养，但需要有所渗透。基于水循环内容的特点，需要提供情境帮助学生理解水循环的意义，所以本节课以具体流域（区域）为背景，让学生体会地理情境都是以区域为载体的，加强对区域认知的理解；另外，通过分析水循环的变化对流域地理环境的影响，让学生认识全面地看待地理问题的重要性，以提升学生的综合思维能力；最后，通过为解决城市内涝问题建言献策，进一步理解水循环与人类活动的关系，了解人类活动与自然环境是相互影响的，逐步养成人地协调观。

基于以上考虑，本节课对 2018 年全国高考 I 卷 37 题进行改编，对试题所涉及的水循环知识进行分层，设计关键问题如下表。

关键问题	知识点	思维层次	核心素养	解决路径
1. 结合视频，思考水循环联系了哪些圈层，并用示意图表示水循环过程与这些圈层的关系。 2. 结合视频及材料，分析水循环对湿地环境的影响。	水循环意义之迁移交换作用、联系调节作用、塑造地表作用	应用	区域认知	订正完善 小组合作 交流展示 多向互动 评价完善

续表

关键问题	设计依据			解决路径
	知识点	思维层次	核心素养	
3. 有人建议，通过工程措施恢复乌裕尔河为外流河，你是否同意，并说明理由。	径流变化带来的影响	评价	综合思维	小组合作 交流展示 多向互动 评价完善
4. 请你根据水循环环节的相关知识，对改善深圳城市内涝提出建议。	水循环与灾害	创造	人地协调观	小组合作 交流展示 多向互动 评价完善

以上问题均由小组协作完成。全班分6个小组，每组6—8人，6个小组编号1到6，然后将编号为1、2、3的组合成A组，编号为4、5、6的组合成B组。对于问题3、4，A、B组领取不同任务同时进行讨论，然后交流分享，其他问题均由所有小组讨论完成。小组协作机制如下：组员轮流做小组长、核心发言人、记录员、计时员。核心发言人展示，展示组其他成员仔细听汇报并适时补充，其他组成员仔细听并做好记录，待展示完毕，可质疑、可补充。

三、学生自主合作学习的要求及课前、课后完成任务的时间预设

合作学习要求：小组内设置小组长、核心发言人、记录员、计时员，小组长组织讨论，明确组员分工，给组员编号，组织展示。

时间预设：课前需完成自主学习单内容，预设时间20分钟。课后作业，单项选择题5道，简答题1道，预估完成时间8分钟。

四、学习目标达成度分析

本节课学习目标设置具体，易自查。小组分组已兼顾学生学习基础、表达能力、性别、性格等差异，尽量缩小组间差异，避免无效分组带来的学习差异化。给予小组充分的讨论时间及问题消化理解时间。本节课内容贴近生

活，教学方式视听结合，学生体验丰富，生活化情境（如内涝）带入感强，易生成新的理解和认知。高一学生发散思维较弱，综合思维还不够强，答题难免片面，小组合作有可能解决这一问题。

课前，学生通过绘制本节思维导图，对知识要点进行梳理，基础性目标达成度100%。拓展性目标融合在情境材料中，让抽象地理原理可知、可感，化难为易。本节课以乌裕尔河流域的变迁为载体，在学生个体分析的基础上，配合小组讨论分析，85%学生能达成拓展性目标。以深圳城市内涝现象入手，教师引导学生分析、讨论，约10%学生能为缓解城市内涝提供建议，挑战性目标达成度较高。

[课堂实录]

活动一：导入新课，展示目标

师：请大家看一组数据，"深圳各月30年平均降水数据"，可以看出30年累计降水超过58m，而福田、南山平均海拔低于50m，为何福田、南山未被淹？学完今天这一课，你就会知道其中缘由。

（教师书写课题后展示学习目标。）

活动二：学生展示，教师点拨

师：课前，大家已经预习了本节内容并按要求绘制了思维导图，现请优秀思维导图绘制者（课前让该学生在黑板上绘制思维导图）和大家分享，掌声有请！

生：我绘制的思维导图有四个关键词，环节、类型、动力、意义，现在重点讲述水循环的环节及类型。水循环的起始环节为蒸发或者植物的蒸腾作用，之后经水汽输送环节到达海洋或陆地上空，遇冷成云致雨降到海洋或陆地上，降在陆地上的一部分形成地表径流流走，一部分渗入地下，汇聚成地下径流，流入河湖或者海洋，然后再经蒸发、蒸腾重复上述环节。水循环按照环节发生的空间位置可分为海上内循环、陆地内循环、海陆间循环。如果一条河流注入了海洋，那么它参与的水循环类型就是海陆间循环。我的分享结束，谢谢大家！

师：这位同学比较流畅地讲述了水循环的环节及类型，大家看看此图（本书略）是不是就无"刺"可挑呢？

生：不是！没有标注"降水"，"渗入地下"应改为"下渗"。

师：感谢大家的合作，让这幅图接近完美。我们学习了优秀的思维导图，请大家以此为参照，看看自己的思维导图，快速修正。

师：同学们效率都很高。我们生活中有没有跟水循环相关的现象呢？请直接说出来。

生：下雨、晒衣服、饮用水、露水、雾……

师：非常不错，大家生活体验很丰富。那么，换个陌生的情境，能否把水循环应用好呢？我们一起来试试。先给大家2分钟时间，小组内核对自主学习单上问题1、2的答案。若有问题，随时发问。

（学生核对答案，质疑、释疑，达成共识。）

活动三：合作探讨，拓展能力

师：（提示）水有三态的变化，外加太阳辐射和重力影响，水循环得以发生。水循环发生后，会使哪些圈层间产生联系？又会对圈层产生怎样的影响呢？请欣赏短片《扎龙湿地》。看短片前，请各组明确自己的问题：第1、2、3组思考自主学习单问题3，第4、5、6组思考自主学习单问题4。

（学生观看视频，思考讨论问题，3分钟后展示。）

师：时间到。请思考问题3的小组展示，请第4、5、6组同学仔细听并做好记录。

生：水圈的水通过蒸发进入大气圈后，冷却凝结形成降水，到达岩石圈，形成地表径流和地下径流，汇入海洋或者湖泊，再次进入水圈。此外植物的蒸腾作用也将水汽送入大气层。所以水循环联系了水圈、大气圈、生物圈和岩石圈四大圈层。

师：对于这一小组的结论，其他小组有补充或质疑的吗？

生：没有。

师：好。有请思考问题4的小组展示，请第1、2、3组同学仔细听并做好记录。

生：第一，水域面积较广，调解了当地温度和湿度，改善了当地气候；第二，径流带来了大量营养盐类，为动植物生长提供养料；第三，水循环使当地水域面积相对稳定，为动植物生存提供了空间，保持了湿地生态环境的稳定；第四，水循环使得水体不断更新净化，改善了水质；第五，水循环使湿地生物多样性得以保持。

师：小组内部有补充吗？

生：没有。

师：其他小组有补充或质疑的吗？

生：水循环还塑造了湿地特有的地表形态，保持水体的动态平衡。

（教师在黑板上写出学生汇报中的关键词：气候、生态、水质、栖息地、生物多样性，这些实际上是湿地的作用。教师同时梳理圈层间关系，边讲边绘图。）

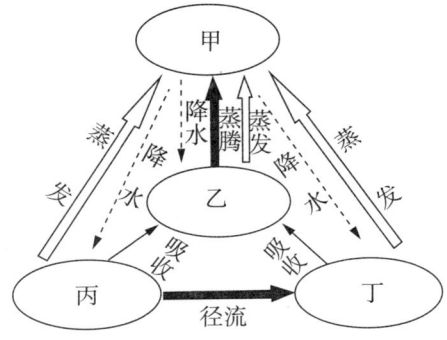

活动四：突破自我，挑战难点

师：扎龙湿地给当地带来了良好的经济效益和生态效益，但有人提议将乌裕尔河改造成外流河，你是否赞同，并说明理由。请思考讨论，3分钟后交流展示。

生：不同意。如果改成外流河会破坏原有的生态系统；注入湿地的水量减少，湿地面积萎缩，生物栖息空间被压缩，生物种类会减少；此外，湿地面积减小导致水域环境变成陆域环境，地貌发生改变。

师：大家赞同吗？

生：赞同。

师：还有补充或质疑的吗？

生：湿地面积缩小后，会改变当地的气候，水质可能变差，也可能引起洪涝多发等现象。

师：大家积极动脑，相互补充，答案得以逐步完善，请为出色的自己鼓鼓掌！纸上得来终觉浅，绝知此事要躬行，让我们来做个实干家吧！课堂一开始，我们看到了"可怕"的数据——福田、南山的城市内涝情况。请你结合所学，想一想可以对水循环的哪些环节进行干预以改善城市内涝，对改善深圳城市内涝提出建议。

（学生小组讨论，3分钟后展示。）

生：一是完善排水系统，增强城市排水能力，减少地表径流；二是多植树种草，保证充足的绿植，增加下渗，减少地表径流。

生（补充）：铺设渗水砖，增加下渗量。兴修水利工程，调节径流，暴雨或雨季时蓄洪，降低城市内涝发生概率。

师：大家思维活跃，发言很积极，小组合作成效高，都能较好地完成任务。大家辛苦了。

活动五：课堂升华，小结归纳

师：这节课，我想大家习得了学习自然地理的两个重要思路。

一是我们围绕乌裕尔河的变迁来展开，它本是外流河，由于下游阻塞变成扎龙湿地，乌裕尔河成为内流河，有人提出通过人工措施恢复乌裕尔河为外流河，我们对此做出了评判。这一变化涉及水循环的环节、类型、动力及意义有关知识的学习。乌裕尔河的变迁是自然地理动态变化的过程，过程性地理问题往往是我们学习的难点，我们要养成用动态、发展的眼光看待地理问题的习惯。

二是通过分析水循环与圈层关系及其对湿地的影响，我们知道了自然地理要素是相互联系、相互影响的，即自然地理环境具有整体性。希望同学们学习自然地理中类似的大气运动、水的运动、地壳运动等知识时，会用地理环境整体性思维去剖析，去深度学习，去建构知识间、单元间的逻辑关系。课后作业为自主学习单上的检测练习。下课。

〔要素评课〕

在学科组组长孙业云老师的统筹安排下，孙业云老师负责学习目标的设计与达成维度的观察，王慧杰老师负责实现路径的规划与实施维度的观察，王冬老师负责关键问题的设计与解决维度的观察，黄琼老师负责教学资源的挖掘与利用维度的观察，王维峰老师负责多向交流的运用与效果维度的观察，詹婷慧老师负责教师点拨的智慧与启迪维度的观察。

维度一：学习目标的设计与达成

本节课目标设置具有科学性、激励性和层次性，目标细分为理解、应用、评价、创造四个维度，设计符合学生认知规律。学生在学习过程中，可通过不同的提示信息，自主选择需要达到什么层次的学习，具有一定的激励性。

这样的分层也充分重视了学生个体的差异。

目标表述有明确的行为指向，如说出、绘制等，学生可操作，课堂节奏合理，有序推进。

目标达成路径较科学，基础性目标部分，让学生课前绘制水循环思维导图，再交流展示，学生对自己的导图进行修正，进一步巩固基础知识。课前，全班学生都能按要求绘制思维导图，只是知识间联系梳理不够精准。但当学生在课堂上看完优秀思维导图展讲后，绝大部分学生都能搭建本节知识框架，初步达成基础性目标。拓展性目标融入情境，通过分层设问、问题导学逐渐达成。本节课以乌裕尔河流域变迁为主线，辅以视频、文字材料，让水循环知识"活化"，学生能轻松解决理解类的两个问题以及应用类第一个问题，应用类第二个问题及评价类问题，在学优生及教师提示下，也能较好解决。挑战性目标2有一定难度，但属于学优生"跳一跳就能够着"的，个别学生能在教师提示下较好作答，目标设计梯度合理。

最后让学生以打钩的形式自查目标达成情况，于下节课反馈。本节课重点观察了第3、4组，每组8人。基础性目标全部达成；拓展性目标每组有6人达成，达成率为75%；挑战性目标第3组有2人达成，达成率为25%，第4组有3人达成，达成率为37%。目标设计合理，达成率较高。

维度二：实现路径的规划与实施

第一，对应学习目标，本节课实现路径指向性强，整节课循序渐进、层层深入。本节课内容的学习主要分为两部分：课前预习，自主绘制思维导图，完成自主学习单；课堂上通过情境学习掌握水循环的应用。在掌握水循环应用的教学设计中，为不同层次的学生搭建了小组合作平台，学生能够较好地合作探究完成任务。

第二，教师教学视野开阔、思维活跃，学生合作探究水循环应用的任务指向明确，课堂流程层层递进，有条不紊，尤其在探究应用类的两个问题时，

3个组思考水循环联系的圈层，另外3个组分析水循环对湿地环境的影响，问题解决同时进行，之后展示汇报，节省课堂时间，提高了课堂效率。

第三，就参与程度而言，小组合作探究学生的参与度为100%，6个小组举手示意完成基础性练习，2个小组进行了展讲，其他小组一起订正，用时5分钟。拓展性练习，5个小组完成，完成率83%，4个小组汇报，用时7分钟。挑战性练习部分，重点观察了第3小组、第4小组，每组8人，第3小组有2人完成，完成率为25%，第4小组有3人完成，完成率37%，用时约4分钟。

维度三：关键问题的设计与解决

拓展性练习设置了一个主题的关键问题，由两个小问题构成，一是思考水循环联系的圈层并用示意图说明，二是分析水循环对湿地环境的影响。两个问题分组同时进行讨论，讨论时间3分钟，展示交流约6分钟，每个小组都能得出较完整的答案，问题解决到位。

挑战性练习设置了一个主题的关键问题，由两个小问题构成。一是评价类问题：是否同意通过工程措施将乌裕尔河改造为外流河，说明理由。讨论3分钟，小组展示交流用时约7分钟。二是创造类问题：对改善深圳城市内涝提出建议。该问题可以呼应课堂伊始提出的问题，应用所学知识，解决实际问题。讨论展示约4分钟，时间紧，没能充分展示，留待课后继续完善。

维度四：教学资源的挖掘与利用

第一，课堂设计充分利用学生资源，小组分组合理，组内分工明确，由小组长、核心发言人、记录员、计时员等角色构成，成员各司其职，极大调动了学生的积极性，学生主动参与，交流想法，碰撞思维。

第二，课堂上较好地利用了多媒体技术，展示图片、文字材料、视频，让学生视听结合，在体验性情境中加深对水循环地理意义的理解，学习氛围相对轻松。

第三，课堂上使用高考真题这一课外资源，将真题适当改编，设计成学习水循环的关键问题，贯穿课堂始终。高考题文本资源辅以视频及地图呈现，极大丰富了学习资源，让拓展性练习及挑战性练习都有真实情境，为学生解决问题提供了脚手架。

第四，整节课使用课本资源时间约 25 分钟，其中 20 分钟是发生在课前学生预习课本，另外 5 分钟是学生在课堂订正问题答案时用课本资源作参照。水循环基础内容简单易懂，完成基础性练习可主要参考课本资源；而学习抽象难理解的水循环地理意义时，则利用高考真题这一课外资源，能进一步提升学生的理解水平。从两部分内容难易度看，选择的课内外资源合理。

维度五：多向交流的运用与效果

第一，本节课所有环节在师生互动、生生互动中展开，从课堂预设到生成，环环相扣，学生活动层层推进，教师引导得当，学生主体性得到凸显，学生积极性大大提高。多向互动的设计，使每个人踊跃参与，让每个人都得到锻炼，"你说、我说、大家说"，课堂成了学生表现的舞台，同学及教师的及时肯定，极大增强了发言者的自信心。

第二，本节课采用问题导学的教学方式，学生组内交流用时约 10 分钟，展示汇报约 20 分钟，占总课时的 75%；双向及多向互动达 23 人，生生互动交流对话氛围热烈，讨论积极，形式多样，有助于达成本节课的目标。在师生互动中，教师的提问非常具有启发性，引导点拨恰到好处，引导学生积极质疑、释疑，较好地达成了挑战性目标。

维度六：教师点拨的智慧与启迪

第一，在订正基础性练习答案及完善思维导图时，选一名学优生展讲思维导图，然后请其他学生质疑，集体完善，最后教师进行整体点拨，整体评价。教师在短暂的 5 分钟内让学生初步了解了水循环的环节、过程、动力及地理意义，为后面的学习扫除了"拦路虎"，增强了学生信心。

第二，在小组合作探究水循环与圈层关系和水循环对湿地的影响时，全班 3 个组学生分析水循环与圈层关系，3 个组学生分析水循环对湿地的影响，提高了课堂效率。在完成基础性练习时，教师选取一名学困生对话，采用个别点拨及评价的方式，帮助学生理解水循环的动力。在完成拓展性练习时，基本全员参与，几个小组展示，师生共同评价与点拨，用时 5 分钟，帮助学生熟悉应用水循环的地理意义。

第三，在挑战性练习部分，先让小组讨论，然后采取答案接龙的方式，前后答案不可重复，迅速列出要点，最后教师对要点进行点拨和评价。临近课堂尾声，部分学生注意力分散，通过此方式，可有效抓住学生注意力，提升学习效率。

[教学反思]

一、研课过程简述

设计初稿形成后，与学科组成员交流设计意图、设计亮点、存在的困惑，然后学科组成员对设计目标、设计路径、课堂流程、关键问题进行评估，提出修改建议。之后进一步优化设计方案并施教，学科组成员观评课后再次提出建议。在此基础上再次完善教学设计，并实施此次授课。

二、设计与实施收获

一是将三维目标转化为具体务实的三层目标，通过设置具体的实现路径，优化课前、课堂、课后的师生行为，学生学习积极性、学习效率都有所提高，让学生真正成为课堂的主人。二是要让学生对学习内容感兴趣、理解，获得思维的延伸，则需要抓住每节课的核心问题，即关键问题，而关键问题必须体现一定的思维水平，可以是应用、分析层次，也可以是评价、创造层次，让每堂课的知识架构及活动设计有依据、规律可循。

三、存在的一些困惑及新思考

一是课前预习的效果跟预期有差异，期望摸索一套能提升预习效果的流程。二是小组协作分工中的问题。高中三年分班变动多，使学生在小组内缺乏存在感，致使协作积极性不高，效率低，小组协作形同虚设。要解决该问题，可否每人入校时就设置小组协作能力的评价项目？每周、每月小组成员均通过自评、他评方式获得小组协作贡献值，贡献值最高者被评为"每月之星"，张榜公示。三是关键问题的设计，看似有套路，但操作难度较大，因为"胖问题"的设置对教师学科素养、知识面、综合素养等要求很高，如果教师独立完成，实属不易，需要学科组成员通力协作。四是学生学习动力不足问题，教师可以通过精简作业、优化课堂流程提升学生学习效率，但不一定会提升学习动力。影响学习动力的因素，不仅仅是学习成绩，还跟学生的人生观、价值观、家庭背景、个性等有很大关系，所以，提升学生学习动力可能需要从多方面入手，除了紧盯学生学业，还得为学生的心灵成长提供温暖的港湾。当智育、德育并驾齐驱，形成良性循环后，学生学习的内驱力才能真正得到提升。

[专家点评]

地理学科被称为"文科中的理科"，尤其是自然地理，对于学习基础较弱的学生而言，理解起来有一定难度。余海波老师的这节地理课，通过生活情境的渗透、实际问题的联系与讨论，让学生感到地理知识就在身边，让看似相对枯燥的知识，变得有了灵气，有了活力，因而使学生易于接受。

从教学设计看，余老师将教学难点融入生活情境中，通过分层设问，问题导向，使难点化解于无形；通过绘制思维导图、创设情境进行学习，突破水循环应用这个关键内容；通过设计系列关键问题，引导学生围绕本节课的核心内容进行讨论和交流，提高了学生学习的创造性，为达成学习目标创造了条件。此外，余老师还将高考真题进行改编，能够调动学生的学习主动性和积极性，使课堂充满挑战性。假如在教学设计中进一步增强学习内容的逻辑性、整体性，学生学习的获得感会更多。

　　从教学实施看，余老师通过调动学生的不同感官，创造了体验性情境，寓教于乐，学习氛围相对轻松。在过程中重视学生思维激发、思维碰撞、思维进阶以及思维可视化，让学生在展示过程中收获自信，享受学习；为防止多次讨论引起课堂混乱等情况出现，余老师采取任务分解的方式组织教学，为学生的充分展示预留了较多时间。本节课最大的亮点是，提出问题——为改善城市内涝提供合理化建议，学生根据课堂导入中深圳市城市内涝现象的实际，结合所学知识纷纷建言献策，从而发现地理学科的价值和意义。假如课堂上能多引导小组之间进行质疑和讨论，将会使学习更加深入。

中学教育书单

书名	书号	作者
北京四中系列		
教育如此存在——北京四中教育故事	978-7-5041-7974-6	刘长铭
触摸北京四中的德育细节	978-7-5191-1172-4	孟海燕
北京四中人文游学课	978-7-5191-1746-7	于鸿雁
细读《红楼梦》：末世里的深情与荒唐	978-7-5191-2057-3	于鸿雁 白楠茁
细读《呐喊》：大先生的绝望与希望	978-7-5191-1988-1	王志彬
北京四中化学创造性探究教学设计：指向学生高阶思维培养	978-7-5191-2149-5	高 杰 刘 银
中学地理差异教学情境创设	978-7-5191-1174-8	刘 刚 曹 彤 赵丽娟
北京四中人文课 英语：文化之旅，心灵之约	978-7-5041-8040-7	方 芳
北京四中人文课 生物：育生命之真善美	978-7-5041-7493-2	陈月艳
北京四中人文课 历史：一堂人文课	978-7-5041-6731-6	赵利剑
北京十一学校系列		
学校转型 北京十一学校创新育人模式的探索	978-7-5041-7919-7	李希贵 等
学校如何运转	978-7-5191-1959-1	李希贵
为了自由呼吸的教育	978-7-5191-1121-2	李希贵
面向个体的教育	978-7-5041-8359-0	李希贵
新学校十讲	978-7-5041-7257-0	李希贵
学生第一	978-7-5041-5624-2	李希贵
一个校长的教育创新思考：北京十一学校改革发展20年（1987—2007）	978-7-5041-6929-7	李金初
非常理想，特别现实——北京十一学校章程与制度集萃	978-7-5191-0411-5	张之俊 杨 雄
为每个人开的学校——北京十一学校学生的成长故事	978-7-5191-0342-2	赵胤光 叶 枫
镜头里的北京十一学校	978-7-5041-8928-8	李 强
中国教育寻变：北京十一学校的1500天	978-7-5041-9938-6	李建平
我的人生供你参考——名家大师对话青少年	978-7-5041-7924-1	刘艳萍
其他名校名校长著作		
走向价值领导——一位中学校长的教育密码	978-7-5191-1492-3	孙先亮
勇毅笃行 大志大成——北京市第三十五中学课程建设与学校发展研究	978-7-5191-1699-6	朱建民 等
建设"雏鹰"课程，奠定人生基石——北京师范大学附属中学初中课程建设与学校发展研究	978-7-5191-0180-0	刘 沪 等
用和谐与卓越赢得教育未来——北京市第八十中学课程建设与学校发展研究	978-7-5191-0183-1	田树林 等
成德达才，走向卓越——浙江省嘉兴市第一中学课程建设与学校发展研究	978-7-5191-1766-5	孙国虎 等
唯有适合 成其发展——浙江省武岭中学课程建设与学校发展研究	978-7-5191-1192-2	杨元尔 等
南孔圣地的教育守望——浙江省衢州第二中学课程建设与学校发展研究	978-7-5191-1175-5	潘志强 等
品质教育 活力附中——浙江师范大学附属中学课程建设与学校发展研究	978-7-5191-0196-1	何通海 等
自觉自新 大器卓然——浙江省天台中学课程建设与学校发展研究	978-7-5191-0195-4	郑志湖 等
走向"大成"——浙江省绍兴市稽山中学课程建设与学校发展研究	978-7-5191-0185-5	朱 雯 等
走向唯新教育——浙江省台州市第一中学课程建设与学校发展研究	978-7-5191-0186-2	洪仙瑜 等
大气培育大器 开放成就多元——浙江省青田中学课程建设与学校发展研究	978-7-5191-0074-2	邓加富 等
卓尔不群，大器天下——四川省成都七中育才学校课程建设与学校发展研究	978-7-5191-0184-8	何伦忠 等

续表

书名	书号	作者
基于"衔接"的超越——四川省成都七中育才学校学道分校课程建设与学校发展研究	978-7-5191-0189-3	阳 波 等
学校文化管理	978-7-5041-7320-1	张东娇
给校长的101条建议	978-7-5041-9427-5	王铁军 等
学校变革关键词	978-7-5191-0824-3	邱华国
国际视角下的学术性高中建设	978-7-5191-0410-8	王占宝 段会冬
教育是什么：一所学校的百年故事	978-7-5041-9147-2	柳袁照
陶西平作品系列		
陶西平教育漫笔选集① 大家不同 大家都好	978-7-5041-6992-1	陶西平
陶西平教育漫笔选集② 在反思中创新	978-7-5041-7054-5	陶西平
陶西平教育漫笔选集③ 涌动的潮流	978-7-5191-1897-6	陶西平
陶西平教育漫笔选集④ 为生命而为	978-7-5191-1910-2	陶西平
陶西平教育漫笔选集（精装版）	978-7-5191-2020-7	陶西平
教育家书院丛书		
对话系列：留一块黑板 与顾明远先生对话现代学校发展	978-7-5041-7647-9	郭 华
聆听系列：教育与隐教育	978-7-5191-0825-0	郭 华
聆听系列：文化与教育	978-7-5041-9142-7	郭 华
聆听系列：读书与教书	978-7-5041-7666-0	郭 华
中国教育的思想遗产系列		
中国教育的思想遗产：回望春秋战国	978-7-5041-5485-6	郭齐家
中国教育的思想遗产：回望汉唐	978-7-5041-5587-0	郭齐家
中国教育的思想遗产：回望宋元明清	978-7-5041-5584-9	郭齐家
中国教育的思想遗产：回望民国	978-7-5041-5586-3	郭齐家
畅销单行本		
苏霍姆林斯基论劳动教育	978-7-5191-1951-5	苏霍姆林斯基
教育科学与儿童心理学	978-7-5191-1498-5	皮亚杰
教育的目的	978-7-5191-2024-5	怀特海
教育的情调	978-7-5191-1979-9	范梅南 李树英
中小学德育工作指南实施手册	978-7-5191-1293-6	教育部基础教育司
普通中小学校长工作手册	978-7-5191-1233-2	教育部基础教育司
防治中小学欺凌和暴力指导手册	978-7-5191-1491-6	教育部基础教育司
教育新理念	978-7-5041-3996-2	袁振国
深度学习：走向核心素养（理论普及读本）	978-7-5191-1751-1	刘月霞 郭 华
可见的学习（教师版）——最大程度地促进学习	978-7-5041-8922-6	约翰·哈蒂
教学成果这样培育	978-7-5191-1787-0	柳夕浪
学校生涯教育指南	978-7-5191-1911-9	曹新美 李浩英
全世界都想上的课——传奇教师桥本武的奇迹教室	978-7-5191-0806-2	黑岩祐治
静悄悄的革命：课堂改变，学校就会改变	978-7-5041-9071-0	佐藤学
破解神话——还原真实的芬兰教育	978-7-5191-2056-6	文 德
学校变革，我们一起来！——教育引导者的12种角色	978-7-5191-1703-0	R. 布鲁斯·威廉姆斯
就业？创业？——从美国教改的迷失看世界教育的趋势	978-7-5041-7920-3	赵 勇
穿越教育概念的丛林	978-7-5191-2041-2	石中英
叶圣陶语文教育论集	978-7-5041-9003-1	叶圣陶
高中经典阅读教学现场	978-7-5191-1556-2	吴欣歆
书册阅读教学现场	978-7-5191-0794-9	吴欣歆 许 艳

续表

书名	书号	作者
中学阅读高效教学	978-7-5191-1024-6	雷其坤
语文：生命的，文学的，美学的	978-7-5041-7823-7	熊芳芳
中学数学教学核心概念解读	978-7-5191-2127-3	安妮·沃森 等
深度学习：走向核心素养（学科教学指南·初中数学）	978-7-5191-2055-9	刘晓玫
深度学习：走向核心素养（学科教学指南·初中物理）	978-7-5191-2167-9	李春密
深度学习：走向核心素养（学科教学指南·初中化学）	978-7-5191-1844-0	胡久华
深度学习：走向核心素养（学科教学指南·初中生物）	978-7-5191-1917-1	王 健
以学生为本的教学设计（初中卷）	978-7-5191-1995-9	余 新　李宝荣
以学生为本的教学设计（高中卷）	978-7-5191-1965-2	余 新　李春艳
项目化学习设计：学习素养视角下的国际与本土实践	978-7-5191-1745-0	夏雪梅
项目化学习的实施：学习素养视角下的中国建构	978-7-5191-2358-1	夏雪梅
STEM教育这样做	978-7-5191-2000-9	王 素　李正福
为思维而教（第3版）	978-7-5191-2991-0	郅庭瑾
思维第一：全面提升学习力	978-7-5191-1636-1	房超平
思维第一：教学设计与实施	978-7-5191-2213-3	王殿军
关键在问——焦点讨论法在学校中的应用	978-7-5191-0805-2	乔·尼尔森
重构作业：课程视域下的单元作业	978-7-5191-2629-2	王月芬
作业设计：基于学生心理机制的学习反馈	978-7-5041-8646-1	方 臻　夏雪梅
以学生为中心的课堂观察	978-7-5041-6934-1	夏雪梅
学习性评价行动建议200条（中学版）	978-7-5191-0621-8	伊恩·史密斯
差异教学策略：不一样的孩子，不一样的方法	978-7-5191-1786-3	盖尔·格雷戈里，卡罗琳·查普曼
差异教学评估：不一样的孩子，不一样的评估	978-7-5191-1925-6	卡罗琳·查普曼，瑞塔·金
差异教学管理：不一样的课堂，不一样的管理	978-7-5191-1944-7	卡罗琳·查普曼，瑞塔·金
教师的能力	978-7-5191-1028-4	宁 虹
做一名高情商教师	978-7-5191-0018-6	艾伦·奎因 等
为什么我还在做老师——40个温暖心灵的真实故事	978-7-5191-1141-0	埃丝特·赖特
掌控你的健康（教师手边书）	978-7-5191-0018-6	艾伦·奎因 等
读书是教师最好的修行	978-7-5041-9926-3	常生龙
班主任工作思维导图	978-7-5191-1898-3	陈 宇
会做研究，班主任就赢了！	978-7-5191-1788-7	王立华
中小学新任教师培训指南	978-7-5191-1567-8	申军红 等

扫码与更多好书相遇